劳动预备制教材

职业培训教材

线切割机床及数控冲床操作与编程培训教程

劳动和社会保障部教材办公室组织编写

中国劳动社会保障出版社

图书在版编目（CIP）数据

线切割机床及数控冲床操作与编程培训教程/周晓宏编．—北京：中国劳动社会保障出版社，2006

劳动预备制教材　职业培训教材

ISBN 7-5045-5108-2

Ⅰ．线…　Ⅱ．周…　Ⅲ．①数控线切割-机床-操作-技术培训-教材　②数控线切割-机床-程序设计-技术培训-教材　③数控机床：冲压机-操作-技术培训-教材　④数控机床：冲压机-程序设计-技术培训-教材　Ⅳ．①TG481　②TG385.1

中国版本图书馆 CIP 数据核字(2005)第 091331 号

中国劳动社会保障出版社出版发行

（北京市惠新东街1号　邮政编码：100029）

出版人：张梦欣

*

北京市艺辉印刷有限公司印刷装订　新华书店经销

787毫米×1092毫米　16开本　8.75印张　215千字

2006年8月第1版　　2020年1月第9次印刷

定价：15.00元

读者服务部电话:(010)64929211/84209101/64921644

营销中心电话:(010)64962347

出版社网址:http://www.class.com.cn

前　　言

数控加工是机械制造业中的先进加工技术，在生产企业中，数控机床的使用越来越广泛。我国的机械制造行业正急需大批熟悉数控机床的编程、操作、故障诊断和维护等技术的应用型人才。本套数控技术劳动预备制、职业培训教材正是为适应这一形势的需要而编写的。

本套数控技术培训教材包括《数控加工技术基础》《数控车床操作与编程培训教程》《数控铣床操作与编程培训教程》《加工中心操作与编程培训教程》《线切割机床及数控冲床操作与编程培训教程》《数控机床维修技术培训教程》六本。这六本教材既相对独立，又保持了相互之间的连续性。

本套培训教材从培养职业技术型人才的目的出发，简述了数控机床的工作原理和结构，介绍了数控编程和数控加工工艺的基础知识，介绍了数控车床、铣床、加工中心、线切割机床及数控冲床的编程方法，详细地介绍了生产实际中常用的数控车床、铣床、加工中心、线切割机床及数控冲床的操作使用方法，涉及的数控系统主要有：日本 FANUC 系统、德国 SIEMENS 系统、西班牙 FAGOR 系统、国产 KENT－18T 系统、国产华中Ⅰ型数控系统等。此外，还介绍了数控机床故障诊断及维修的实用方法。

我们编写本套教材的指导思想是：读者通过学习本套教材，能迅速掌握数控机床的相关技术知识和操作技能，能编制中等难度的数控加工程序，能进行数控机床的一般维护和故障诊断工作。本套教材的编写者多年从事数控加工、编程及数控机床维修方面的教学、科研工作，并具有丰富的生产实践经验。本套教材内容重点突出，图文并茂，浅显易懂，实用性强，可操作性强。书中举例丰富，各章都附有复习题，以便于读者参考。

本套教材由深圳技师学院（深圳高级技工学校）周晓宏编写；湖南工业职业技术学院院长金潇明教授担任主审，并对教材的编审工作给予了许多具体指导。

由于编写时间仓促，这套教材中难免会有一些疏漏之处，我们将在相关职业培训的过程中，积极听取各方面的意见，不断修订和完善。

劳动和社会保障部教材办公室

2003 年 8 月

前言

内 容 简 介

本书共分五章。第一章讲述数控线切割机床程序编制的基础知识及编程方法。第二章讲述数控线切割加工的工艺方法与夹具知识。第三章讲述数控线切割机床的操作与维护方法，介绍了 HCKX250A 型线切割机床和 DK7740 型线切割机床的组成及操作方法。第四章讲述数控线切割自动编程的基础知识，介绍了 CAXA 线切割 V2 系统的使用方法，分析了一些自动编程实例。第五章讲述数控冲床的编程及操作方法，叙述了 GE－FANUC 数控冲床系统的编程指令及编程方法，介绍了 VIPRIS－357Q 型数控冲床的组成及操作方法。

本书所介绍的数控线切割机床和数控冲床在生产实际中应用很广；本书内容丰富，图文并茂，通俗易懂，实用性强，适用面广；各章都附有复习题，供读者参考、练习。

本书为数控技术职业技能培训的教材，可作为机电类本科、高职、中专、技校学生的教材或参考书，也可作为从事数控机床操作、编程、维修等相关工作的技术人员的培训教材或参考书。

本书由周晓宏主编，刘向阳参编；金潇明主审。

目　录

第一章　数控线切割机床的程序编制

电火花加工是利用电腐蚀作用原理，对金属工件进行加工的一种工艺方法。它既可以加工一般材料的工件，也可以加工用传统的切削方法难以加工的各种高熔点、高硬度、高强度、高韧性的金属材料及精度要求高的工件，特别适合模具零件的加工，因此电火花加工在模具加工领域得到广泛应用。电火花加工形式很多，其中以电火花成型加工（简称电火花加工）和电火花线切割加工（简称线切割加工）应用最为广泛。电火花成型加工主要用于形状复杂的型腔、凸模、凹模等的加工，电火花线切割加工主要用于冲模、挤压模等加工。

§1—1　数控线切割机床概述

一、数控线切割加工原理

在日常生活中，经常会看到电器在开关闭合或断开的瞬间产生火花，火花所产生的高温在触点上熔化出现凹凸不平的斑点，这就是电腐蚀现象。它会造成开关接触不良，最终损坏，这是电腐蚀现象有害的一面。但是随着人们对电腐蚀现象的深入研究，目前不但能够通过科学的方法减小并防止腐蚀，而且已经成功地利用电腐蚀对金属进行各种加工，从而发明了电火花加工方法。

电火花线切割加工简称“线切割”。它是采用电极丝（钼丝、钨钼丝等）作为工具电极，在脉冲电源的作用下，工具电极和加工工件之间形成火花放电，火花通道瞬间产生大量的热，使工件表面熔化甚至汽化。线切割机床通过 *XY* 拖板和 *UV* 拖板的运动，使电极丝沿着预定的轨迹运动，从而达到加工工件的目的。

二、数控线切割机床的基本组成

数控线切割机床由工作台、走丝机构、供液系统、脉冲电源和控制系统等组成，如图1—1 所示。

1. 工作台

工作台又称切割台，由工作台面、中拖板和下拖板组成，工作台面用以安装夹具和被切割工件，中拖板和下拖板分别由步进电动机拖动，通过齿轮变速及滚珠丝杠传动，完成工作台面的纵向和横向运动。工作台面的纵、横向运动既可以手动完成，又可以自动完成。

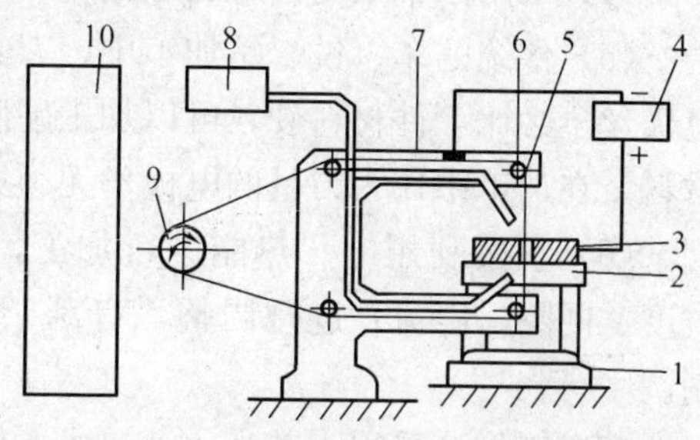

图 1—1　数控线切割机床的组成

1—工作台　2—夹具　3—工件　4—脉冲电源　5—电极丝　6—导轮　7—丝架　8—工作液箱　9—储丝筒　10—控制柜

2. 走丝机构

走丝机构主要由储丝筒、走丝电动机和导轮等部件组成。储丝筒安装在储丝筒拖板上，由走丝电动机通过联轴器带动，正反旋转。储丝筒的正反旋转运动通过齿轮同时传给储丝筒拖板的丝杠，使拖板作往复运动。电极丝安装在导轮和储丝筒上，开动走丝电动机，电极丝以一定的速度作往复运动，即走丝运动。

3. 供液系统

供液系统由工作液箱、液压泵和喷嘴组成，为机床的切割加工提供足够、合适的工作液。工作液主要有矿物油、乳化液和去离子水等。其主要作用有：对电极、工件和加工屑进行冷却，产生放电的爆炸压力，对放电区消电离及对放电产物除垢。

4. 脉冲电源

脉冲电源是产生脉冲电流的能源装置。线切割脉冲电源是影响线切割加工工艺指标最关键的设备之一。为了满足切割加工条件和工艺指标，对脉冲电源的要求为：较大的峰值电流，脉冲宽度要窄，要有较高的脉冲频率，线电极的损耗要小，参数设定方便。

5. 控制系统

对整个切割加工过程和钼丝轨迹作数字程序控制，可以根据 ISO 格式和 3B、4B 格式的加工指令控制切割。机床的功能主要是由控制系统的功能决定的。

三、数控线切割加工的特点和用途

线切割的加工精度可达±0.01 mm，表面粗糙度 R_a 为 1.25～2.5 μm。线切割可以加工用一般切削加工方法难以加工或无法加工的硬质合金和淬火钢等高硬度、复杂轮廓形状的板状金属工件，特别是对冲裁（落料）模具中的凸、凹模尤其适用。数控线切割加工是机械制造中不可缺少的一种先进的加工方法，具有如下特点：

（1）利用电蚀原理加工，电极丝与工件不直接接触，两者之间的作用力很小，因而工件的变形很小，电极丝、夹具不需要太高的强度。

（2）直接利用线状的电极丝做电极，不需要制作专用电极，可节约电极设计、制造费用。

（3）可以加工用传统切削加工方法难以加工或无法加工的形状复杂的工件。由于数控电火花线切割机床是数字控制系统，因此加工不同的工件只需编制不同的控制程序，对不同形状的工件都很容易实现自动化加工。很适合于小批量形状复杂零件、单件和试制品的加工，加工周期短。

（4）采用四轴联动，可加工锥度、上、下面异形体等零件。

（5）传统的车、铣、钻加工中，刀具硬度必须比工件硬度大，而数控电火花切割机床的电极丝不必比工件材料硬，可以加工硬度很高或很脆，用一般切割法难以加工或无法加工的材料。在加工中作为刀具的电极丝无须刃磨，可节约辅助时间和刀具费用。

（6）直接利用电、热能进行加工，可以方便地对影响加工精度的加工参数（如脉冲宽度、间隔、电流）进行调整，有利于加工精度的提高，便于实现加工过程的自动化控制。

（7）工作液采用水基乳化液，成本低，不会发生火灾。

（8）电火花切割不能加工非导电材料。

（9）与一般切削加工相比，线切割加工的金属去除率低，因此加工成本高，不适合形状简单的大批量零件加工。

四、数控线切割机床的型号及参数标准

线切割机床按电极丝运动的速度可分为高速走丝和低速走丝。电极丝运动速度7～10 m/s的为高速走丝，低于 0.2 m/s 的为低速走丝，国内现有线切割机床大多为前者，国外的产品和国内近些年开发的线切割机床大多为后者。

我国机床型号的编制是根据 JB 1838—76《金属切削机床型号编制方法》之规定进行的，机床型号由汉语拼音字母和阿拉伯数字组成，它表示机床的类别、特性和基本参数。

数控线切割机型号 DK7725 的含义如下：

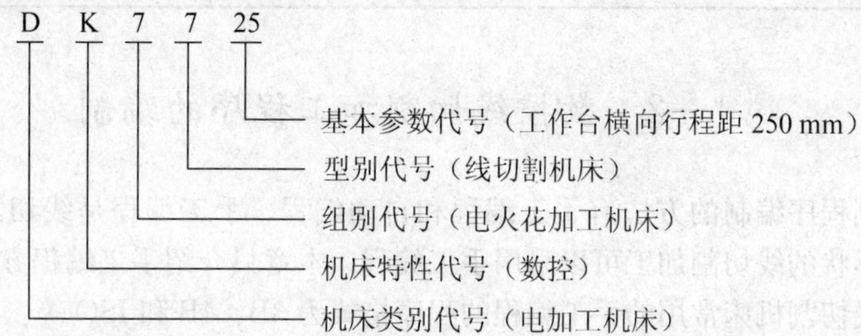

五、数控线切割机床的主要技术参数

表 1—1 为国家已颁布的《电火花线切割机床参数》（GB 7925—87）标准。

数控线切割机床的主要技术参数包括：工作台行程（纵向行程×横向行程）、最大切割厚度、加工表面粗糙度、加工精度、切割速度以及数控系统的控制功能等。表 1—2 为 DK77 系列数控线切割机床的主要型号及技术参数。

表 1—1　　线切割机床参数（GB 7925—87）

工作台	横向行程（mm）	100		125		160		200		250		320		400		500		630	
	纵向行程（mm）	125	160	160	200	200	250	250	320	320	400	400	500	500	630	630	800	800	1000
	最大承载质量（kg）	10	15	20	25	40	50	60	80	120	160	200	250	320	500	500	630	960	1 200
工件尺寸	最大宽度（mm）	125		160		200		250		320		400		500		630		800	
	最大长度（mm）	200	250	250	320	320	400	400	500	500	630	630	800	800	1 000	1 000	1 250	1 250	1 600
	最大切割厚度（mm）	40、60、80、100、120、180、200、250、300、350、400、450、500、550、600																	
最大切割锥度		0°、3°、6°、9°、12°、15°、18°（18°以上，每挡间隔增加 6°）																	

表 1—2　　DK77 系列数控线切割机床的主要型号及技术参数

机床型号	DK7716	DK7720	DK7725	DK7732	DK7740	DK7750	DK7763	DK77120
工作台行程（mm）	200×160	250×200	320×250	500×320	500×400	800×500	800×630	2 000×1 200
最大切割厚度（mm）	100	200	140	300（可调）	400（可调）	300	150	500（可调）
加工表面粗糙度 R_a（mm）	2.5	2.5	2.5	2.5	6.3～3.2	2.5	2.5	
加工精度（mm）	0.01	0.015	0.012	0.015	0.025	0.01	0.02	

续表

机床型号	DK7716	DK7720	DK7725	DK7732	DK7740	DK7750	DK7763	DK77120
切割速度 (mm^2/min)	70	80	80	100	120	120	120	
加工锥度	3°～60°（各厂家的型号不同）							
控制方式	各种型号均有单板（或单片）机或微机控制							
注：各厂家生产的机床切割速度有所不同								

§1—2 数控线切割加工程序的编制

数控线切割程序编制的方法有手工编程和自动编程。手工编程是线切割工作者的基本功，一般简单形状的线切割加工可以采用手工编程。本章只介绍手工编程方法。

我国数控线切割机床常用的手工编程的程序格式为3B、4B和ISO等。

一、3B格式程序编制

1. 程序格式与编程方法

3B代码编程格式是数控线切割机床上最常用的程序格式，在该程序格式中无间隙补偿，但可通过机床的数控装置或一些自动编程软件，自动实现间隙补偿，具体格式见表1—3。

表1—3 3B程序格式

B	X	B	Y	B	J	G	Z
分隔符号	*X*坐标值	分隔符号	*Y*坐标值	分隔符号	计数长度	计数方向	加工指令

注：B——间隔符，它的作用是将X、Y、J数码区分开来；

X、Y——增量（相对）坐标值；

J——加工线段的计数长度；

G——加工线段计数方向；

Z——加工指令。

例如：B1000　B2000　B2000　GY　L2。

有的系统要求在整个程序的最后要有停机符"MJ"，表示程序结束（加工完毕）。

（1）坐标系与坐标X、Y值的确定。平面坐标系是这样规定的：面对机床操作台，工作平台面为坐标系平面，左右方向为*X*轴，且右方向为正；前后方向为*Y*轴，前方为正。编程时，采用相对坐标系，即坐标系的原点随程序段的不同而变化。加工直线时，以该直线的起点为坐标系的原点，X、Y值取该直线终点的坐标值；加工圆弧时，以该圆弧的圆心为坐标系的原点，X、Y值取该圆弧起点的坐标值，单位为μm。坐标值的负号不写。对于与坐标轴重合的线段，在其程序中的X和Y值均不必写出。

（2）计数方向G的确定。不管是加工直线还是加工圆弧，计数方向均按终点的位置来确定。加工直线时，终点靠近何轴，则计数方向取该轴，加工与坐标轴成45°角的线段时，计数方向取*X*轴、*Y*轴均可，记作：GX或GY，如图1—2a所示；加工圆弧时，终点靠近何轴，则计数方向取另一轴，加工圆弧的终点与坐标轴成45°时，计数方向取 X 轴、Y 轴均可，记作：GX或GY，如图1—2b所示。

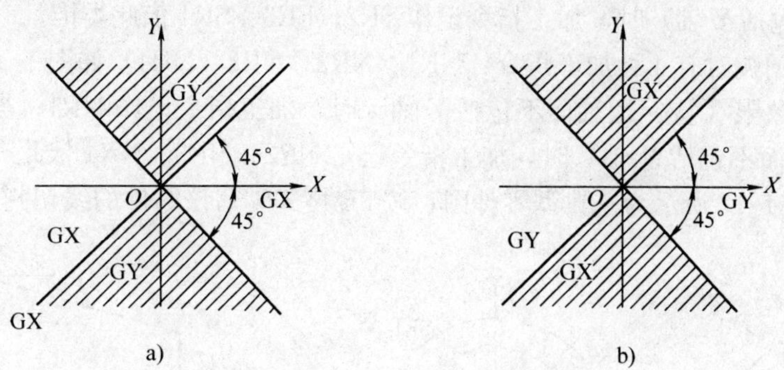

图1—2　计数方向的确定

a) 加工直线时计数方向的确定　b) 加工圆弧时计数方向的确定

(3) 计数长度J的确定。计数长度是在计数方向的基础上确定的。计数长度是被加工的直线或圆弧在计数方向坐标轴上投影的绝对值总和，其单位为 μm。

例1—1　切割如图1—3所示斜线 OA，其终点为 A（X_e，Y_e），且 $Y_e>X_e$，试确定G和J。

因为 $|Y_e|>|X_e|$，计数方向取GY，斜线 OA 在 Y 轴上的投影长度为 Y_e，所以 $J=Y_e$。

例1—2　加工如图1—4所示圆弧，加工起点在第四象限，终点 B（X_e，Y_e）在第一象限，试确定G和J。

因加工终点靠近 Y 轴，$|Y_e|>|X_e|$，计数方向取GX；计数长度为各象限中的圆弧段在 X 轴上投影长度的总和，即 $J=J_{X_1}+J_{X_2}$。

例1—3　加工如图1—5所示圆弧，加工起点在第四象限，终点 B（X_e，Y_e）在第一象限，试确定G和J。

因加工终点靠近 X 轴，$|X_e|>|Y_e|$，计数方向取GY；计数长度为各象限中的圆弧段在 Y 轴上投影长度的总和，即 $J=J_{Y_1}+J_{Y_2}+J_{Y_3}$。

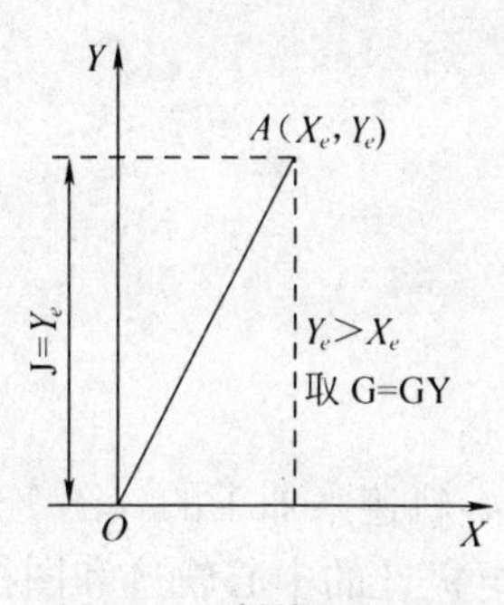

图1—3　斜线的G和J

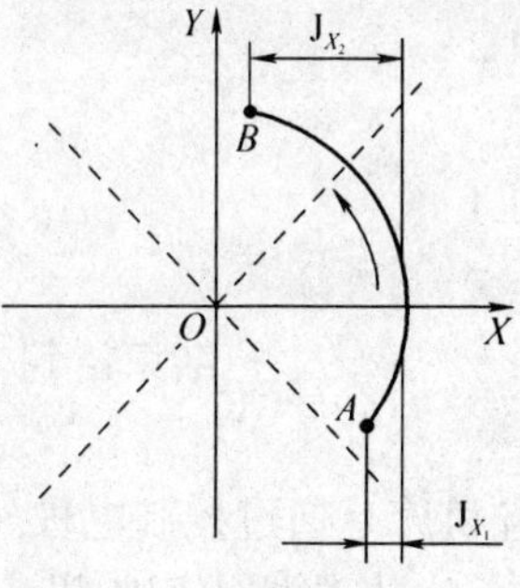

图1—4　圆弧的G和J

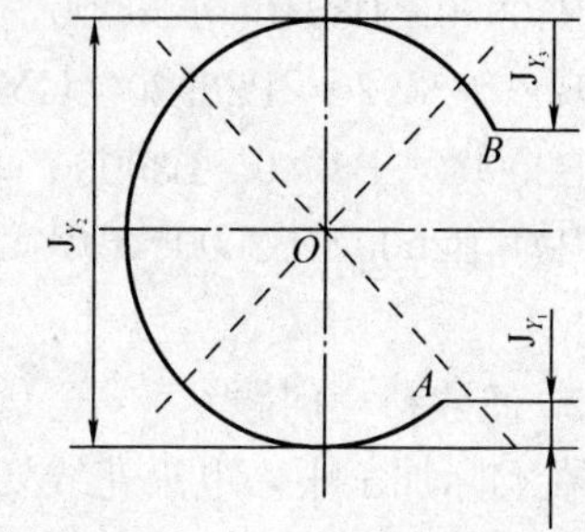

图1—5　大于半圆的圆弧的G和J

(4) 加工指令Z的确定。加工直线时有4种加工指令：L1、L2、L3、L4。如图1—6a所示，当直线在第一象限（包括 X 轴而不包括 Y 轴）时，加工指令记作L1；当处于第二象限（包括 Y 轴而不包括 X 轴）时，记作L2；L3、L4依此类推。

加工顺时针圆弧时有 4 种加工指令：SR1、SR2、SR3、SR4。如图 1—6b 所示，当圆弧的起点在第一象限（包括 Y 轴而不包括 X 轴）时，加工指令记作 SR1；当起点在第二象限（包括 X 轴而不包括 Y 轴）时，加工指令记作 SR2；SR3、SR4 依此类推。

加工逆时针圆弧时有 4 种加工指令：NR1、NR2、NR3、NR4。如图 1—6b 所示，当圆弧的起点在第一象限（包括 X 轴而不包括 Y 轴）时，加工指令记作 NR1；当起点在第二象限时（包括 Y 轴而不包括 X 轴）时，加工指令记作 NR2；NR3、NR4 依此类推。

例 1—4　图 1—7 所示为一典型零件图，按 3B 格式编写该零件的线切割加工程序。

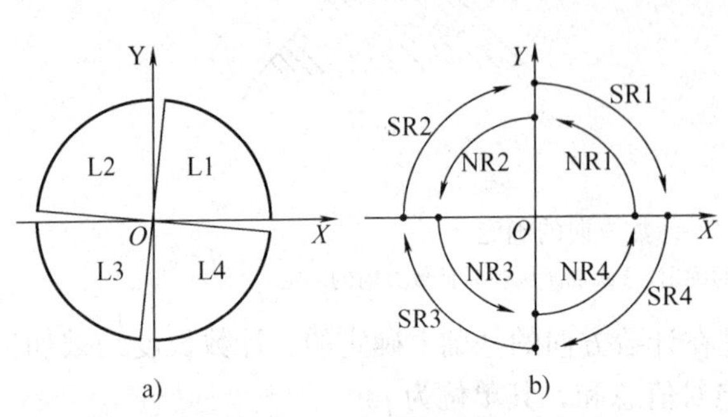

图 1—6　加工指令的确定范围

a）加工直线时的指令范围　b）加工圆弧时的指令范围

图 1—7　编程零件图

（1）确定加工路线。起点为 A，加工路线按照图中所示的①→②→…→⑧段的顺序进行。①段为切入，⑧段为切出，②～⑦段为程序零件轮廓。

（2）分别计算各段曲线的坐标值。

（3）按 3B 格式编写程序清单，程序如下：

```
Example. 3b                              ；扩展名为 .3b 的文件名
B0  B2000  B2000  GY  L2                 ；加工程序
B0  B10000  B10000  GY  L2               ；可与上句合并
B0  B10000  B20000  GX  NR4
B0  B10000  B10000  GY  L2
B30000  B8040  B30000  GX  L3
B0  B23920  B23920  GY  L4
B30000  B8040  B30000  GX  L4
B0  B2000  B2000  GY  L4
MJ                                       ；结束语句
```

2. 间隙补偿问题

在实际加工中，电火花线切割数控机床是通过控制电极丝的中心轨迹来加工的，图 1—8b、c 所示中电极丝中心轨迹用虚线表示。在数控线切割机床上，电极丝的中心轨迹和图样上工件轮廓之间差别的补偿称为间隙补偿，间隙补偿分编程补偿和自动补偿两种形式。

（1）编程补偿法。加工凸模时，电极丝中心轨迹应在所加工图形的外面，如图 1—8b 所示；加工凹模时，电极丝中心轨迹应在所加工图形的里面，如图 1—8c 所示。所加工工件图形与电极丝中心轨迹间的距离，在圆弧的半径方向和线段垂直方向都等于间隙补偿量 f。

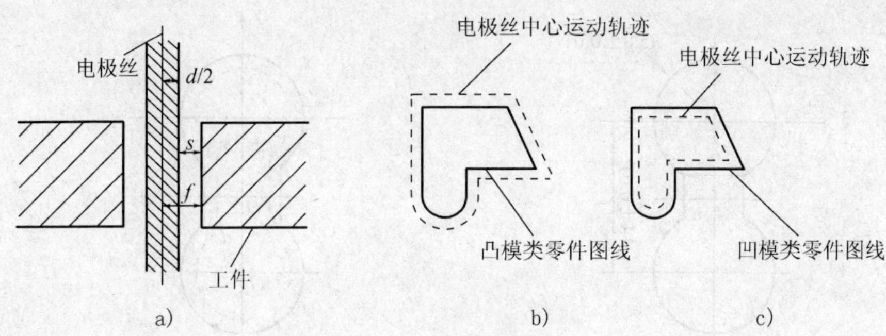

图 1—8　电极丝中心轨迹

a）电极丝直径与放电间隙　b）加工凸模类零件时　c）加工凹模类零件时

确定间隙补偿量正负的方法如图 1—9 所示。间隙补偿量的正负，可根据在电极丝中心轨迹图形中圆弧半径及直线段法线长度的变化情况来确定，对圆弧是用于修正圆弧半径 r，对直线段是用于修正其法线长度 P。对于圆弧，当考虑电极丝中心轨迹后，其圆弧半径比原图形半径增大时取 $+f$，减小时则取 $-f$。

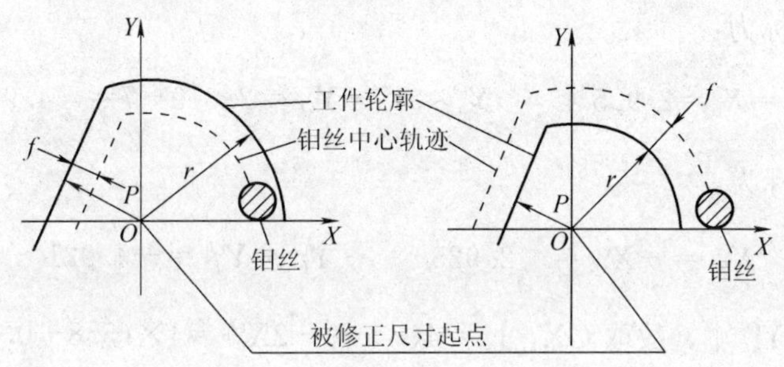

图 1—9　间隙补偿量的符号判别

间隙补偿量的算法：加工冲模的凸、凹模型时，应考虑电极丝半径 $r_{丝}$、电极丝和工件之间的单边放电间隙 $\delta_{电}$ 及凸模和凹模间的单边配合间隙 $\delta_{配}$。当加工冲孔模具时（即冲后要求工件保证孔的尺寸），凸模尺寸由孔的尺寸确定。因 $\delta_{配}$ 在凹模上扣除，故凸模的间隙补偿量 $f_{凸}=r_{丝}+\delta_{电}$，凹模的间隙补偿量 $f_{凹}=r_{丝}+\delta_{电}-\delta_{配}$。当加工落料模时（即冲后要求保证冲下的工件尺寸），凹模尺寸由工件的尺寸确定。因 $\delta_{配}$ 在凹模上扣除，故凸模的间隙补偿量 $f_{凸}=r_{丝}+\delta_{电}-\delta_{配}$，凹模的间隙补偿量 $f_{凹}=r_{丝}+\delta_{电}$。

例 1—5　编制加工图 1—10 所示零件的凹模和凸模程序，此模具是落料模，钼丝直径为 0.13 mm。

1）编凹模程序。因该模具是落料模，冲下零件的尺寸由凹模决定，模具配合间隙在凸模上扣除，故凹模的间隙补偿量为：

$$f_{凹}=r_{丝}+\delta_{电}=0.065+0.01=0.075\ \text{mm}$$

图 1—11 所示中虚线表示电极丝中心轨迹，此图对 X 轴上下对称，对 Y 轴左右对称。因此，只要计算一个点，其余 3 个点均可相应的得到。

圆心 O_1 的坐标为（0，7），虚线交点 a 的坐标为 $X_a=3-f_{凹}=3-0.075=2.925$ mm，$Y_a=7-\sqrt{(5.8-0.075)^2-X_a^2}=2.079$ mm。根据对称原理可得其余各点对 O 点的坐标如下：

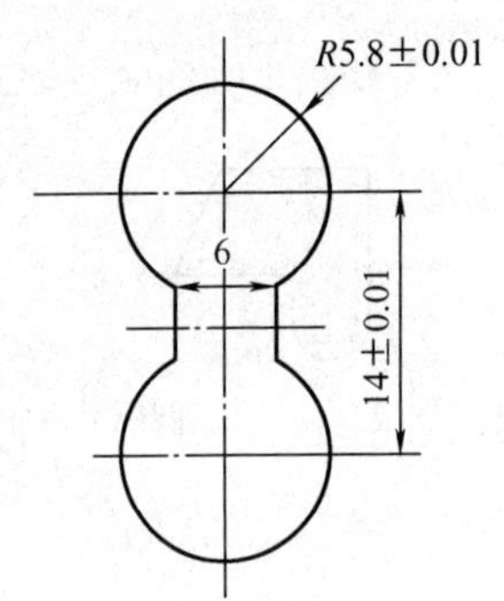

图 1—10　零件图

图 1—11　凹模电极丝中心轨迹及坐标

O_2（0，−7），b（−2.925，2.079），c（−2.925，−2.079），d（2.925，−2.079）。

①编 Oa 段程序。前面已求出 a 点对 O 点（穿丝孔中钼丝中心，起割点）的坐标为 $X_a=2.925$，$Y_a=2.079$。因 $X_a>Y_a$，故取 GX。程序为：

B2925　B2079　B2925　GX　L1

②编 ab 段程序。此时应以 O_1 为编程坐标原点。

a 点对 O_1 的坐标为：

$$X_a^{O_1}=X_a=2.925 \qquad Y_a^{O_1}=Y_a-Y_{O_1}=2.079-7=-4.921$$

b 点对 O_1 的坐标为：

$$X_b^{O_1}=-X_a^{O_1}=-2.925 \qquad Y_b^{O_1}=Y_a^{O_1}=-4.921$$

因 $|X_b^{O_1}|<|Y_b^{O_1}|$，故取 GX，$J_{ab}=4(r-f)-2X_a^{O_1}=4\times(5.8-0.075)-2\times2.925=17.05$。$ab$ 段程序为：

B2925　B4921　B17050　GX　NR4

③编 bc 段程序。$J_{bc}=Y_b+|Y_c|=2.079+2.079=4.158$，$bc$ 段程序为：

B　B　B4158　GY　L4

用与上述类同的方法可编出 cd、da 和 aO 各程序段。

此凹模的全部程序见表 1—4。

表 1—4　　**凹模的全部程序**

序号	B	X	B	Y	B	J	G	Z
1	B	2925	B	2079	B	2925	GX	L1
2	B	2925	B	4921	B	17050	GX	NR4
3	B		B		B	4158	GY	L4
4	B	2925	B	4921	B	17050	GX	NR2
5	B		B		B	4158	GY	L2
6	B	2925	B	2079	B	2925	GX	L3
7			D					

2）编凸模程序（见图 1—12）。凸模的间隙补偿量 $f_{凸}=0.065+0.01-0.01=0.065$ mm。圆心 O_1 的坐标为（0，7），计算虚线上圆线相交的交点 a 的坐标为 $X_a=3+f_{凸}=3.065$ mm，$Y_a=7-\sqrt{(5.8+0.065)-X_a^2}=2$ mm。按对称原理可得到其余各点的坐标如下：

O_2（0，−7），b（−3.065，2），c（−3.065，−2），d（−3.065，−2）。

加工时先用 L1 切进去 5 mm 至 b 点，沿凸模按逆时针方向切割回 b 点，再沿 L3 退回 5 mm至起点，其程序见表 1—5。

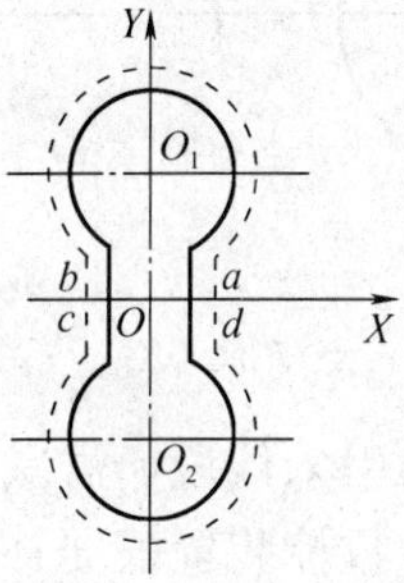

图 1—12　凸模电极丝中心轨迹及坐标

表 1—5　凸模程序

序号	B	X	B	Y	B	J	G	Z
1	B		B		B	5 000	GX	L1
2	B		B		B	4 000	GY	L4
3	B	3 065	B	5 000	B	17 330	GX	NR2
4	B		B		B	4 000	GY	L2
5	B	3 065	B	5 000	B	17 330	GX	NR4
6	B		B		B	5 000	GX	L3
	D							

（2）自动补偿法。加工前，将间隙补偿量 f 输入到机床的数控装置。编程时，按图样的名义尺寸编制线切割程序，间隙补偿量 f 不在程序段尺寸中，图形上所有非光滑连接处应加过渡圆弧修饰，使图形中不出现尖角，过渡圆弧的半径必须大于补偿量。这样在加工时，数控装置能自动将过渡圆弧处增大或减小一个 f 的距离实行补偿，而直线段保持不变。

例 1—6　编制图 1—13 所示中凸凹模（图中尺寸为计算后的平均尺寸）的电火花线切割加工程序。电极丝之间为 0.18 mm，单边放电间隙为 0.01 mm。

1）建立坐标系，确定穿丝孔位置。切割凸凹模时，不仅要切割外表面还要切割内表面，因此，加工顺序应先内后外，选取 ϕ20 mm 的圆心 O 为凹模穿丝孔的位置，选取 B 点为凸模穿丝孔的位置。

2）确定间隙补偿量。

$$\Delta R=\frac{0.18}{2}+0.01=0.10\text{ mm}$$

3）计算交点坐标。将图形分成单一的直线段或圆弧，求 F 点的坐标值。F 点是直线段 FE 与圆的切点，其坐标值可通过图 1—14 所示求得：

$$\alpha=\arctan\frac{5}{60}=4°46'$$

$$\beta=\alpha+\arccos\frac{R}{\sqrt{X_E^2+Y_E^2}}=\alpha+\arccos\frac{25}{\sqrt{60^2+5^2}}=70°14'$$

$$X_F = R\cos\beta = 8.456\ 1\ \text{mm}$$

$$Y_F = R\sin\beta = 23.525\ 5\ \text{mm}$$

其余交点坐标可直接由图形尺寸得到。

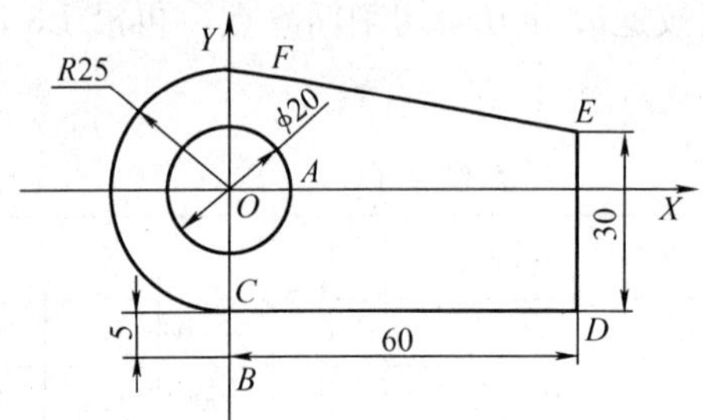

图 1—13　凸凹模

图 1—14　F 点坐标（X_F，Y_F）

4）编写程序。采用自动补偿时，图形中直线段 OA 和 BC 为引入线段，需减去间隙补偿量 0.10 mm，其余线段和圆弧不需考虑间隙补偿。切割时，由数控装置根据补偿特征自动进行补偿，但在 D 点和 E 点需加过渡圆弧，取 $R=0.15$ mm。

加工顺序为：先切割内孔，然后空走到外形 B 处，再按 $B \to C \to D \to E \to F \to C$ 的顺序切割，其加工程序清单见表 1—6。

表 1—6　　凸凹模加工程序清单（3B 程序格式）

序号	B	X	B	Y	B	J	G	Z	备　注
1	B		B		B	9900	GX	L1	穿丝切割，OA 段引入程序段
2	B	10000	B		B	40000	GY	NR1	内孔加工
3	B		B		B	9900	GX	L3	AO 段
4								D	拆卸钼丝
5	B		B		B	30000	GY	L2	空走
6								D	重新装丝
7	B		B		B	4900	GY	L2	BC 段
8	B	59850	B	0	B	59850	GX	L1	CD 段
9	B	0	B	150	B	150	GY	NR4	D 点过渡圆弧
10	B	0	B	29745	B	29745	GY	L2	DE 段
11	B	150	B	0	B	150	GX	NR1	E 点过渡圆弧
12	B	51445	B	18491	B	51445	GX	L2	EF 段
13	B	84561	B	23526	B	58456	GX	NR1	FC 圆弧
14	B		B		B	4900	GY	L4	CB 段为引出程序段
15								D	加工结束

二、4B 格式程序编制

为了减少线切割加工编程工作量，目前已广泛应用带有间隙补偿功能的数控系统，这种数控系统根据工件图形的基本尺寸编制程序，能使电极丝相对于编程的图形自动向内或向外偏移一个补偿距离完成切割加工。只要编制一个程序，便可加工出有配合关系的两个零件。例如，用同一程序加工冲压模具的凸、凹模，不仅减少了编程工作量，而且能很好的实现凸、凹模之间的间隙均匀。

1. 间隙补偿原理

数控装置自动将圆弧半径增大或减少 ΔR 的插补运算称偏移运算，下面以向外偏移为例，说明间隙补偿原理。如图 1—15 所示工件轮廓为圆弧 DE，其半径为 R。在加工时要使圆弧 DE 向外偏移一补偿值 ΔR，电极丝中心实际轨迹为圆弧 $D'E'$。根据几何关系可得：

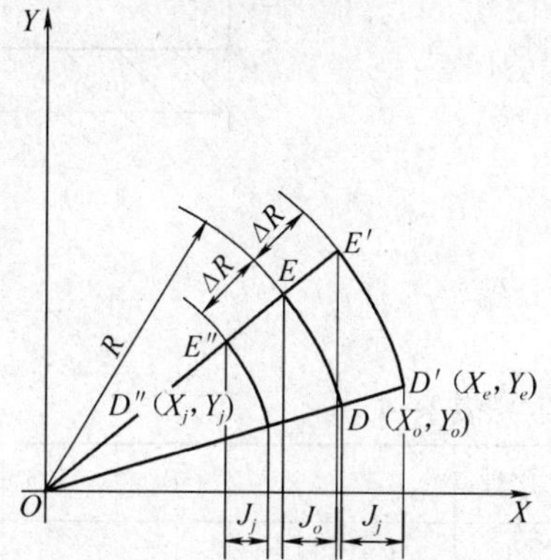

图 1—15　间隙自动补偿偏移原理

$\Delta X/X_o = DD'/OD = \Delta R/R$

$\Delta Y/Y_o = \Delta R/R$

$\Delta J/J_o = \Delta R/R$

式中增量 $\Delta X = X_e - X_o$　$\Delta Y = Y_e - Y_o$　$\Delta J = J_j - J_o$

根据以上公式，可逐点求出偏移后圆弧的起点坐标 X_e、Y_e 和投影长度的增量 J_j。如果从 D 点起逐点加入到工作台的进给中去，并逐点进行偏差计算、偏差判别、进给和终点判别，到终点 D' 时偏差为零。此时 ΔX、ΔY 就是所要求的偏移量 ΔR 在 X、Y 轴上的增量，点 D' 的坐标值就是要求的偏移后的起点坐标。

同理，内偏移的原理与外偏移类似。

2. 间隙补偿切割加工程序格式

间隙补偿的程序格式比 3B 型格式多一个圆弧半径 R（数值码）和图形曲线形式的信息符号，需增加一个分隔符号，其程序格式为：

BX　BY　BJ　BR　G　D(DD)　Z

式中 R 值为所要加工的圆弧半径，对于加工图形的尖角，一般取 $R = 0.1$ mm 的过渡圆弧编程。D 代表凸圆弧，DD 代表凹圆弧。半径增大时为正补偿，减少时为负补偿。数控装置接收补偿信息后，能自动区别是正补偿偏移还是负补偿偏移计算。

3. 编程实例

例 1—7　图 1—16a 所示为型孔，编写型孔线切割程序。电极丝直径为 0.12 mm，单边放电间隙为 0.01 mm。

建立图 1—16b 所示坐标系并计算出平均尺寸，穿丝孔选在 O 点，加工顺序为：$O \to H \to I \to J \to K \to L \to A \to B \to C \to D \to E \to F \to G \to H \to O$。

补偿距离 $\Delta R = 0.12/2 + 0.01 = 0.07$ mm，由面板开关或计算机按键输入数控系统。

计算直线、圆弧转接点直角坐标值并转换成编程坐标值，填写线切割程序单，见表 1—7。

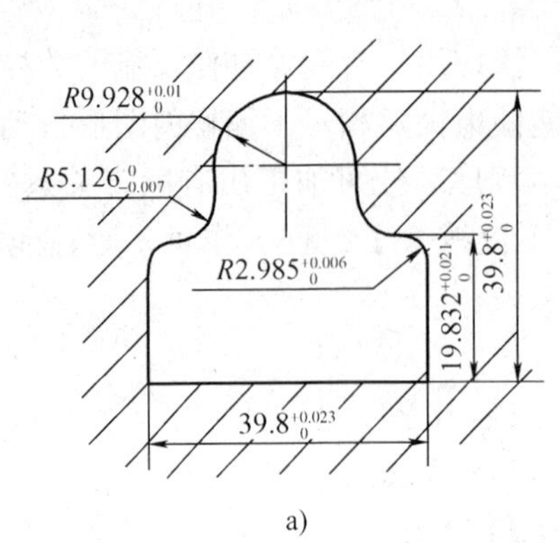

a)

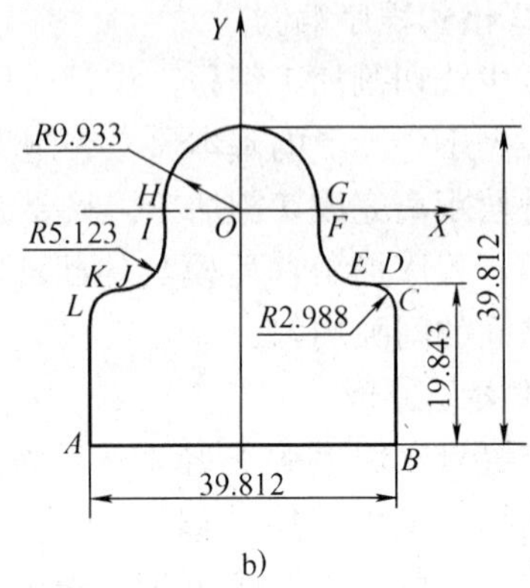

b)

图 1—16 型孔加工

a）型孔 b）坐标系

表 1—7 **型孔切割程序（4B 型）**

序号	B	X	B	Y	B	J	B	R	G	D 或 DD	Z	备 注
1	B		B		B	009933	B		GX		L3	引入
2	B		B		B	004913	B		GY		L4	
3	B	5123	B		B	005123	B	005123	GX	DD	SR4	
4	B		B		B	001862	B		GX		L3	
5	B		B	2988	B	002988	B	002988	GY	D	NR2	
6	B		B		B	016755	B		GY		L4	
7	B	100	B		B	000100	B	000100	GX	D	NR3	过渡圆弧
8	B		B		B	039612	B		GX		L1	
9	B		B	100	B	000100	B	000100	GY	D	NR4	过渡圆弧
10	B		B		B	016755	B		GY		L2	
11	B	2988	B		B	002988	B	002988	GX	D	NR1	
12	B		B		B	001862	B		GX		L3	
13	B		B	5123	B	005123	B	005123	GY	DD	NR3	
14	B		B		B	004913	B		GY		L2	
15	B	9933	B		B	019866	B	009933	GY	D	NR1	
16	B		B		B	009933	B		GX		L1	引出
17											D	停机

三、ISO 代码程序编制

1. 程序段格式和程序格式

（1）程序段格式。程序段是由若干个程序字组成的，其格式如下：

N__ G__ X__ Y__

字是组成程序段的基本单元，一般都是由一个英文字母加若干位十进制数字组成（如：X8000），这个英文字母为地址字符。不同的地址字符表示的功能不一样。

1）顺序号。位于程序段之首，表示程序的序号，后续数字 2～4 位。如 N03、N0010。

2）准备功能G。准备功能G（以下称G功能）是建立机床或控制系统工作方式的一种指令，其后续有两位正整数，即G00～G99。

3）尺寸字。尺寸字在程序段中主要是用来指定电极丝运动到达的坐标位置。电火花线切割加工常用的尺寸字有X、Y、U、V、A、I、J等。尺寸字的后续数字在要求代数符号时应加正负号，单位为μm。

4）辅助功能M。由M功能指令及后续的两位数字组成，即M00～M99，用来指令机床辅助装置的接通或断开。

（2）程序格式。一个完整的加工程序是由程序名、程序的主体（若干程序段）、程序结束指令组成，如：

```
P10
N01  G92  X0  Y0
N02  G01  X8000  Y8000
N03  G01  X3000  Y6000
N04  G01  X2500  Y3500
N05  G01  X0  Y0
N06  M02
```

1）程序名。由文件名和扩展名组成。程序的文件名可以用字母和数字表示，最多可用8个字符，如P10，但文件名不能重复。扩展名最多用3个字母表示，如P10.CUT。

2）程序的主体。程序的主体由若干程序段组成，如上面加工程序中N01～N05段。在程序的主体中又分为主程序和子程序。一段重复出现的、单独组成的程序，成为子程序。子程序取出命名后单独储存，即可重复调用。子程序常应用在某个工件上有几个相同型面的加工中。调用子程序所用的程序，称为主程序。

3）程序结束指令M02。M02指令安排在程序的最后，单列一段。当数控系统执行到M02程序段时，就会自动停止进给并使数控系统复位。

2. ISO代码及其编程

电火花线切割数控机床常用的ISO代码见表1—8。

表1—8　　电火花线切割数控机床常用ISO代码

代码	功能	代码	功能
G00	快速定位	G09	*X*轴镜像，*X*、*Y*轴交换
G01	直线插补	G10	*Y*轴镜像，*X*、*Y*轴交换
G02	顺圆插补	G11	*Y*轴镜像，*X*轴镜像，*X*、*Y*轴交换
G03	逆圆插补	G12	消除镜像
G05	*X*轴镜像	G40	取消间隙补偿
G06	*Y*轴镜像	G41	左偏间隙补偿
G07	*X*、*Y*轴交换	G42	右偏间隙补偿
G08	*X*轴镜像，*Y*轴镜像	G50	消除锥度

续表

代码	功能	代码	功能
G51	锥度左偏	G90	绝对尺寸
G52	锥度右偏	G91	增量尺寸
G54	加工坐标系 1	G92	定起点
G55	加工坐标系 2	M00	程序暂停
G56	加工坐标系 3	M02	程序结束
G57	加工坐标系 4	M05	接触感知解除
G58	加工坐标系 5	M96	主程序调用文件程序
G59	加工坐标系 6	M97	主程序调用文件结束
G80	接触感知	W	下导轮到工作台面高度
G82	半程移动	H	工件厚度
G84	微弱放电找正	S	工作台面上导轮高度

（1）快速定位指令 G00。在机床不加工情况下，G00 指令可使指定的某轴以最快速度移动到指定位置。其程序段格式为：

G00　X＿　Y＿

（2）直线插补指令 G01。该指令可使机床在各个坐标平面内加工任意斜率直线轮廓和用直线段逼近曲线轮廓，其程序段格式为：

G01　X＿　Y＿

目前，可加工锥度的电火花线切割数控机床具有 X、Y 坐标轴及 U、V 附加轴工作台，其程序段格式为：

G01　X＿　Y＿　U＿　V＿

注意：

1）线切割加工中的直线插补和圆弧插补程序中不要写进给速度指令。

2）U、V 轴使电极丝工作部分与工作台平面保持一定的几何角度，由丝架拖板移动来实现，用于切割锥度。

3）程序中尺寸字取值的单位为 μm，不用小数点。

（3）圆弧插补指令 G02、G03。G02 为顺时针圆弧插补指令，G03 为逆时针圆弧插补指令。用圆弧插补指令编写的程序段格式为：

G02　X＿　Y＿　I＿　J＿

G03　X＿　Y＿　I＿　J＿

程序段中，X、Y 取值分别为圆弧终点坐标，I、J 取值分别为圆心相对圆弧起点在 X、Y 方向的增量尺寸。

例 1—8　编制图 1—17 所示中圆弧插补的程序段。

程序段如下：

G92　X10000　Y10000　　　　；起切点 A

G02　X30000　Y30000　I20000　J0　　　　　；*AB* 段圆弧
G03　X45000　Y15000　I15000　J0　　　　　；*BC* 段圆弧

（4）指令 G90、G91、G92。G90 为绝对尺寸指令，表示该程序中的编程尺寸是按绝对尺寸给定的，即移动指令终点坐标值 X、Y 都是以工件坐标系原点（程序的零点）为基准来计算的。

G91 为增量尺寸指令，该指令表示程序段中编程尺寸是按增量尺寸给定的，即坐标值均以前一个坐标位置作为起点来计算下一点位置值。3B、4B 程序格式均按此方法计算坐标点。

G92 为定起点坐标指令，G92 指令中的坐标值为加工程序的起点坐标值（见图 1—17 中的 *A* 点），其程序段格式为：

G92　X__　Y__

例 1—9　加工图 1—18 中的零件，按图样尺寸编程。

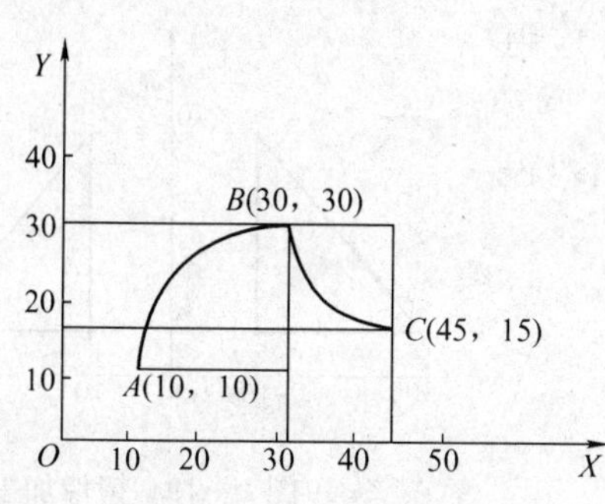

图 1—17　圆弧插补

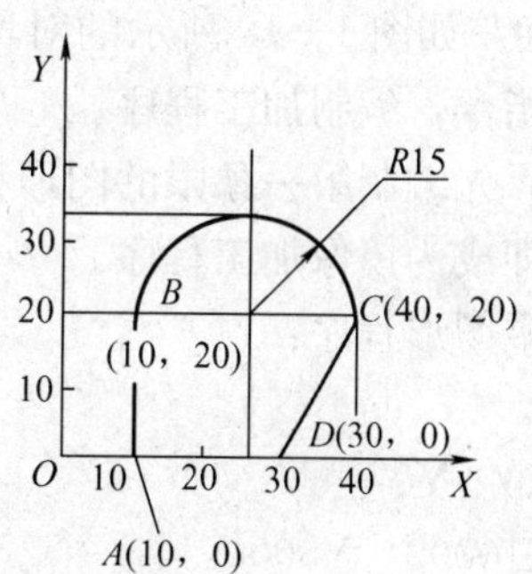

图 1—18　零件图

用 G90 指令编程：

A1　　　　　　　　　　　　　　　　　　　；程序名
N01　G92　X0　Y0　　　　　　　　　　　　；确定加工程序起点 *O* 点
N02　G01　X10000　Y0　　　　　　　　　　；*O*→*A*
N03　G01　X10000　Y20000　　　　　　　　；*A*→*B*
N04　G02　X40000　Y20000　I15000　J0　　；*B*→*C*
N05　G01　X30000　Y0　　　　　　　　　　；*C*→*D*
N06　G01　X0　Y0　　　　　　　　　　　　；*D*→*O*
N07　M02　　　　　　　　　　　　　　　　；程序结束

用 G91 指令编程：

A2　　　　　　　　　　　　　　　　　　　；程序名
N01　G92　X0　Y0
N02　G91　　　　　　　　　　　　　　　　；以下为增量尺寸编程
N03　G01　X10000　Y0
N04　G02　X0　Y20000　I15000　J0
N05　G01　X30000　Y0
N06　G01　X−10000　Y−20000
N07　G01　X−30000　Y0

N08　M02

（5）镜像及交换指令 G05、G06、G07、G08、G10、G11、G12。在加工零件时，常遇到零件上的加工要素是对称的，此时可用镜像或交换指令进行加工。

G05——X 轴镜像，函数关系式：$X=-X$。

G06——Y 轴镜像，函数关系式：$Y=-Y$。

G07——X、Y 轴交换，函数关系式：$X=Y$，$Y=X$。

G08——X 轴镜像，Y 轴镜像，函数关系式：$X=-X$，$Y=-Y$。即：G08=G05+G06。

G09——X 轴镜像，X、Y 轴交换，即：G09=G05+G07。

G10——Y 轴镜像，X、Y 轴交换，即：G10=G06+G07。

G11——X 轴镜像，Y 轴镜像，X、Y 轴交换。即：G11=G05+G06+G07。

G12——消除镜像，每个程序镜像结束后使用。

例 1—10　如图 1—19 所示的对称三角形，应用镜像及交换指令，编制加工程序。

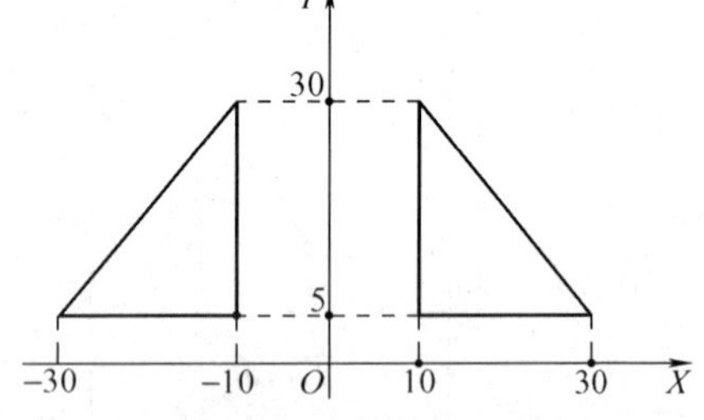

图 1—19　镜像加工

编程时，先编制第一象限的图形程序，然后对程序稍加修改即成为镜像加工程序。

第一象限图形程序：

```
P10
G92　X0　Y0
G01　X10000　Y5000
G01　X30000　Y5000
G01　X10000　Y30000
G01　X0　Y0
M02
```

镜像加工程序：

```
P20
G05　　　　　　　　　　；X 轴镜像
G92　X0　Y0
G01　X10000　Y5000
G01　X30000　Y5000
G01　X10000　Y30000
G01　X0　Y0
G12　　　　　　　　　　；消除镜像
M02
```

（6）丝半径补偿指令 G40、G41、G42。

G41 为左偏补偿指令，其程序段格式为：

G41　D__

G42 为右偏补偿指令，其程序段格式为：

G42　D__

程序段中的 D 表示半径补偿量，其计算方法与前面的方法相同。

注意：左偏、右偏是沿加工方向看，电极丝在加工图形左边为左偏，电极丝在右边为右偏，如图 1—20 所示。

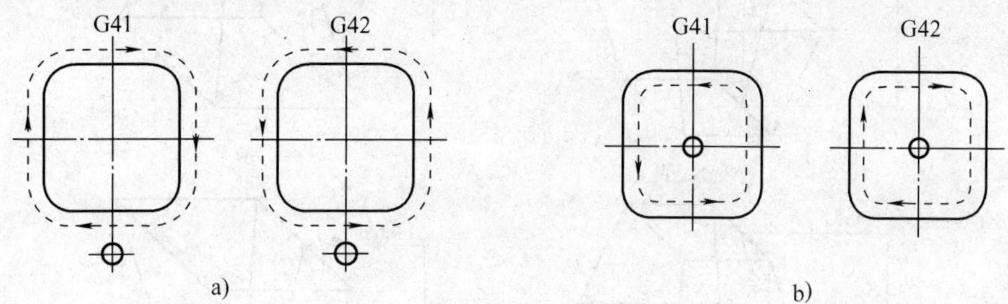

图 1—20　丝半径补偿指令
a）凸模加工　b）凹模加工

丝半径补偿的建立和取消与数控铣削加工中的刀具半径补偿的建立和取消过程完全相同。丝半径补偿的建立和取消必须用 G01 直线插补指令，而且必须在切入过程（进刀线）和切出过程（退刀线）中完成，如图 1—21 所示。

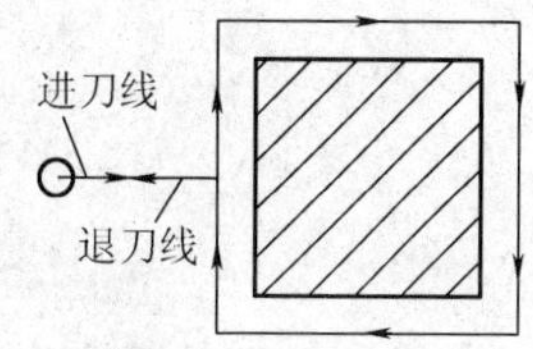

图 1—21　丝半径补偿（G41）的建立和取消

例如：

G92　X0　Y0

G41　D100　　　　；丝半径左补偿，D100 为补偿值，表示 100 μm，此程序段须放在进刀线之前

G01　X5000　Y0　　；进刀线，建立丝半径补偿

⋮

G40　　　　　　　；G40 须放在退刀线之前

G01　X0　Y0　　　；退刀线，退出丝半径补偿

（7）锥度加工指令 G50、G51、G52。在目前的一些电火花线切割数控机床上，锥度加工都是通过装在导轮部位的 U、V 附加轴工作台实现的。加工时，控制系统驱动 U、V 附加轴工作台，使上导轮相对于 X、Y 坐标轴工作台移动，以获得所要求的锥角。用此方法可以解决凹模的漏料问题。

1）编程指令。G51 为锥度左偏指令，即沿走丝方向看，电极丝向左偏离。顺时针加工，锥度左偏加工的工件为上大下小，如图 1—22a 所示；逆时针加工，左偏时工件上小下大，如图 1—22c 所示。锥度左偏指令的程序段格式为：

G51　A __

G52 为锥度右偏指令，用此指令顺时针加工，工件上小下大，如图 1—22b 所示；逆时针加工，工件上大下小，如图 1—22d 所示。锥度右偏指令的程序段格式为：

G52　A __

程序段中，A 取值为锥度值，G50 为取消锥度指令。

2）锥度加工条件。如图 1—23 所示，进行锥度线切割加工时，必须首先输入下列参数：

①上导轮中心到工作台面的距离 S。

②工作台面到下导轮中心的距离 W。

③工件厚度 H。

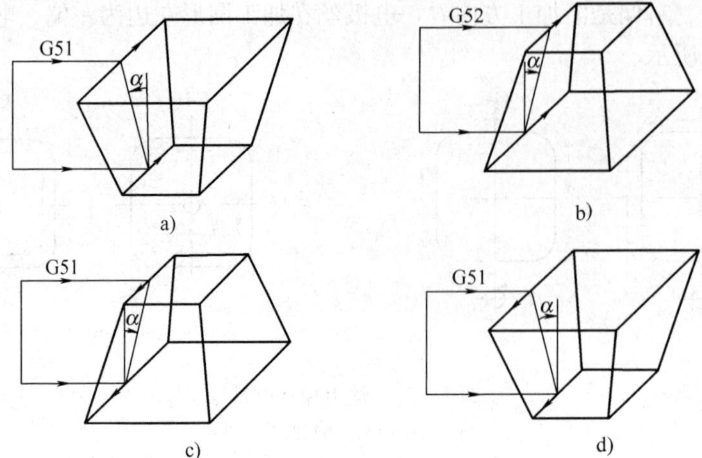

图 1—22　锥度加工指令的意义

a）顺时针方向加工：G51　b）顺时针方向加工：G52

c）逆时针方向加工：G51　d）逆时针方向加工：G52

3）锥度加工的建立和退出。锥度加工的建立和退出过程如图 1—24 所示，建立锥度加工（G51 或 G52）和退出锥度加工（G50）程序段必须是 G01 直线插补程序段，分别在进刀线和退刀线中完成。

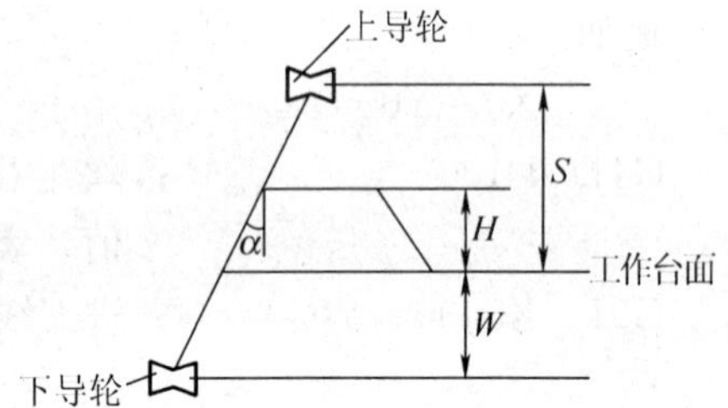

图 1—23　锥度线切割加工中的参数定义

锥度加工的建立是从建立锥度加工直线插补程序段的起始点开始偏摆电极丝，到该程序段的终点时电极丝偏摆到指定的锥度值，如图 1—24a 所示。图中的程序面为待加工工件的下表面，与工作台面重合。

锥度加工的退出是从退出锥度加工直线插补程序段的起始点开始偏摆电极丝，到该程序段的终点时电极丝摆回 0°值（垂直状态），如图 1—24b 所示。

4）不可能得到理论规定倾斜度加工面的情况。

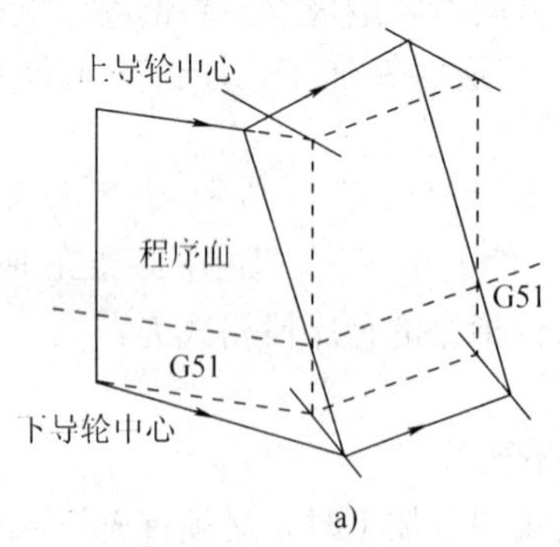

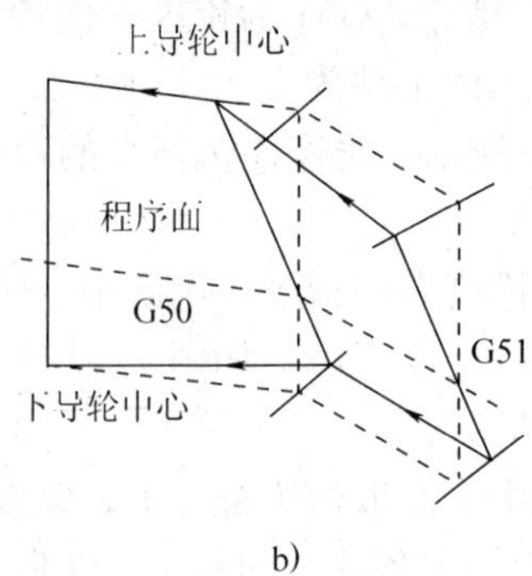

图 1—24　锥度加工的建立和退出

a）建立锥度加工　b）退出锥度加工

①直线与圆弧相交，如图 1—25 所示。

②圆弧与圆弧相交，如图 1—26 所示。

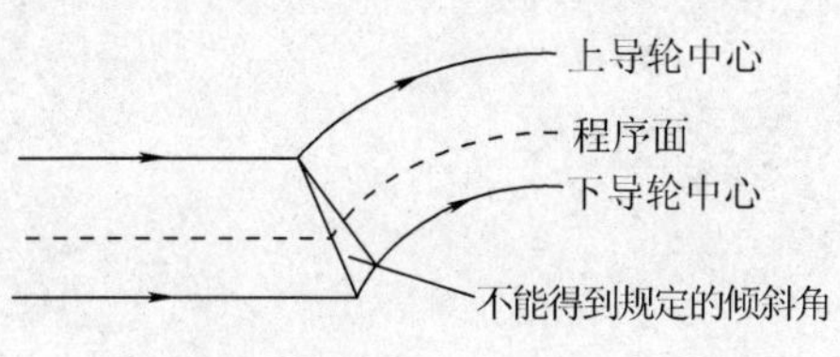

图 1—25 直线与圆弧相交

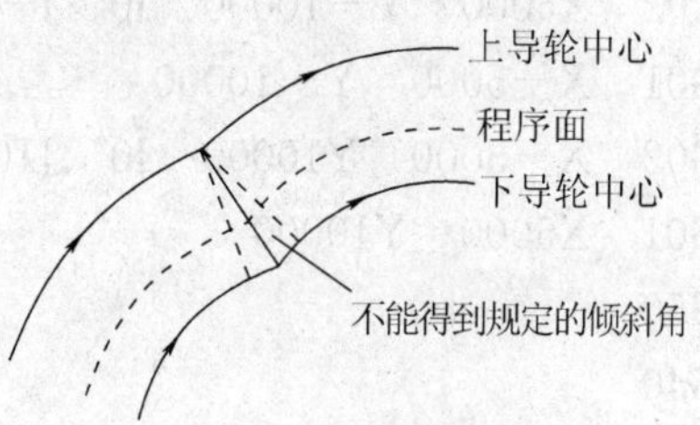

图 1—26 圆弧与圆弧相交

5）程序格式。如下例所示：

G92 X0 Y0

W60000 ；工作台面到下导轮中心的距离 W=60 mm

H40000 ；工件厚度 H=40 mm

S100000 ；上导轮中心到工作台面的距离 S=100 mm

G52 A3 ；在进刀线之前，设定锥度为 3°

⋮

G50 ；G50 须放在退刀线之前

M02

例 1—11 顺时针加工如图 1—27 所示的锥孔，编写线切割程序。电极丝直径为 0.12 mm，单边放电间隙为 0.01 mm，刃口斜度 A=0.5°，工件厚度 H=15 mm，下导轮中心到工作台面的距离 W=60 mm，工作台面到上导轮中心高度 S=100 mm。

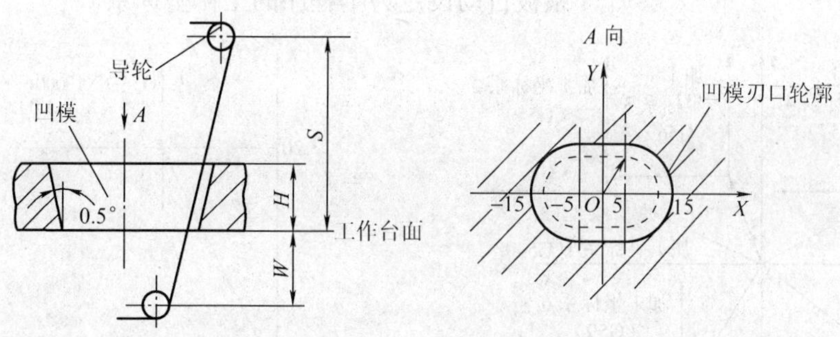

图 1—27 锥度加工

偏移量 D=0.12/2+0.01=0.07 mm

如图 1—27 所示的坐标系，穿丝孔中心为 O，线切割程序如下：

AM1

W60000

H15000

S100000

G51 A0.5 ；锥度左偏

```
G42  D70                          ；电极丝右偏间隙补偿
G01  X5000  Y10000
G02  X5000  Y－10000  I0  J－10000
G01  X－5000  Y－10000
G02  X－5000  Y10000  I0  J10000
G01  X5000  Y10000
G50
G40
G01  X0  Y0
M02
```

（8）加工坐标系1～6指令G54、G55、G56、G57、G58、G59。多孔零件加工时，可以设定不同程序零点，如图1—28所示。利用G54～G59建立不同的加工坐标系后，其坐标系原点（程序零点）可设在每个型孔便于编程的某一点上，建立这样的加工坐标系后，只需按选定的加工坐标系编程，可使尺寸计算简化，方便编程。在采用G92设定起点坐标之前，可以用G54～G59选择坐标系，加工坐标系程序零点的转换如图1—29所示，即：

```
G54                 ；建立G54坐标系，原点为电极丝当前所在位置
G92  X0  Y0         ；设定电极丝当前位置在所选坐标系中的位置为（0，0）
G00  X10000  Y20000 ；在G54坐标系中，将电极丝快速移动到（10，20）的位置
G55                 ；建立G55坐标系
G92  X0  Y0         ；设定原点为电极丝当前所在位置，即G54坐标系中（10，
                      20）位置后面的程序如果不选择工作坐标系，则当前坐标
                      系被自动设定为本程序的工作坐标系
```

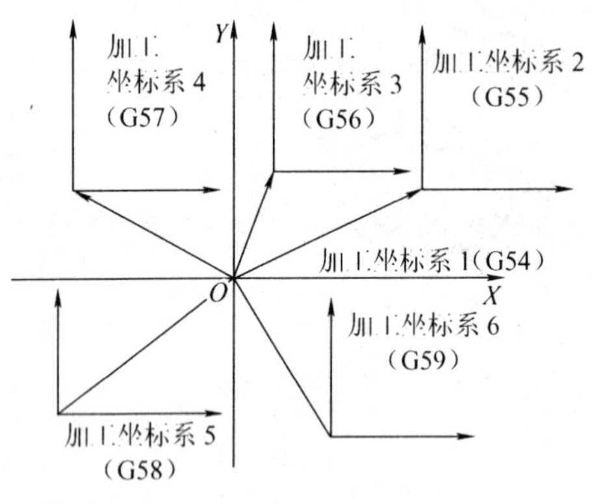

图1—28　加工坐标系

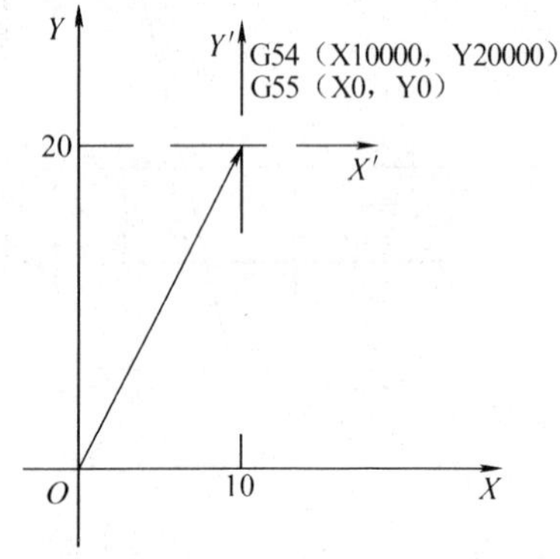

图1—29　加工坐标系程序零点转换

（9）手动操作指令G80、G82、G84。

G80——接触感知指令，使电极丝从现行位置接触到工件，然后停止。

G82——半程移动指令，使加工位置沿着指定坐标轴返回一半距离，即当前坐标系中坐标值一半的位置。

G84——校正电极丝指令，通过微弱放电校正电极丝与工作台垂直，在加工前一般要先

进行校正。

(10) 辅助功能指令。

M00——程序暂停，按“回车”键才能执行后面的程序。

M02——程序结束。

M05——接触感知解除。

M96——子程序调用。子程序调用格式为：M96　SUB1.（调用子程序 SUB1，后面要求加圆点）。

M97——调用子程序结束。

T84——打开冷却泵。

T85——关闭冷却泵。

T86——启动走丝。

T87——关闭走丝。

§1—3　数控线切割编程及加工综合实例

一、凸模加工

例 1—12　如图 1—30 所示凸模零件，用直径为 0.14 mm 的电极丝加工，取单边放电间隙为 0.01 mm。编制凸模加工程序（假设图中标注尺寸为平均尺寸）。

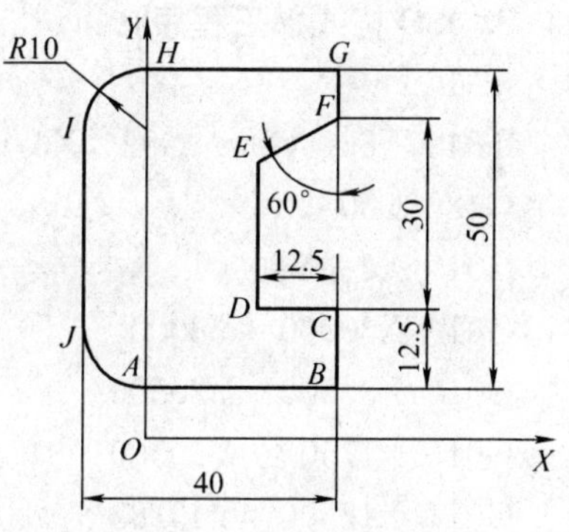

图 1—30　凸模零件图

首先按平均尺寸绘制凸模刃口轮廓图，建立如图 1—30 所示的坐标系，用 CAD 查询（或计算）求出节点坐标值；取 O 点为穿丝点，加工顺序为 $O \to A \to B \to C \to D \to E \to F \to G \to H \to I \to J \to A \to O$；计算凸模间隙补偿 $R = 0.14/2 + 0.01 = 0.08$ mm。

1. 3B 格式加工程序：

```
B   B0   B7920   7920   GY   L2
B   B30080   B0   30080   GX   L1
B   B0   B12660   12660   GY   L2
B   B12500   B0   12500   GX   L3
B   B0   B22657   22657   GY   L2
B   B12500   B7217   12500   GX   L1
B   B0   B7626   7626   GY   L2
B   30080B   B0   30080   GX   L3
B   B0   B10080   10080   GY   NR2
B   B0   B15000   15000   GY   L4
B   B0   B15000   15000   GY   L4
B   B10080   B0   10080   GX   NR3
B   B0   B7920   7920   GY   L4
DD
```

2. 4B 格式加工程序：

```
B0  B8000  B8000  B8000  GY  DD  L2
B30000  B0  B30000  GX  L1
B0  B12500  B12500  GY  L2
B12500  B0  B12500  GX  L3
B0  B22783  B22783  GY  L2
B12500  B7217  B12500  GX  L1
B0  B7500  B7500  GY  L2
B30000  B0  B30000  GX  L3
B0  B10000  B10000  B10000  GY  D  NR2
B0  B15000  B15000  GY  L4
B0  B15000  B15000  GY  L4
B10000  B0  B10000  B10000  GX  D  NR3
B0  B8000  B8000  B8000  GY  DD  L4
DD
```

3. ISO 格式加工程序：

```
TM
T84  T86  G90  G92  X0  Y0
G42  D80
G01  X0  Y8000
G01  X30000  Y8000
G01  X30000  Y20500
G01  X17500  Y20500
G01  X17500  Y43283
G01  X30000  Y50500
G01  X30000  Y58000
G01  X0  Y58000
G03  X-10000  Y48000  I0  J-10000
G01  X-10000  Y33000
G01  X-10000  Y18000
G03  X0  Y8000  I10000  J0
G40
G01  X0  Y0
T85  T87  M02
```

二、凹模加工

例 1—13 如图 1—31 所示落料模，取电极丝直径为 0.12 mm，单边放电间隙为 0.01 mm，编制凹模的加工程序。

因该模具是落料模，冲下零件的尺寸由凹模决定，模具配合间隙在凸模上扣除，故凹模的间隙补偿量为 $R=r_s+\delta_d=0.12/2+0.01=0.07$ mm，即要求间隙补偿量为0.07 mm。

按平均尺寸用 CAD 工具绘制，以 O 为坐标原点建立坐标系，如图 1—32 所示。然后用 CAD 查询（或计算）凹模刃口轮廓节点和圆心坐标值，列于表 1—9 待用。

穿丝孔设在 O 点，按 $O \to A \to B \to C \to D \to E \to F \to G \to H \to A \to O$ 的顺序加工。

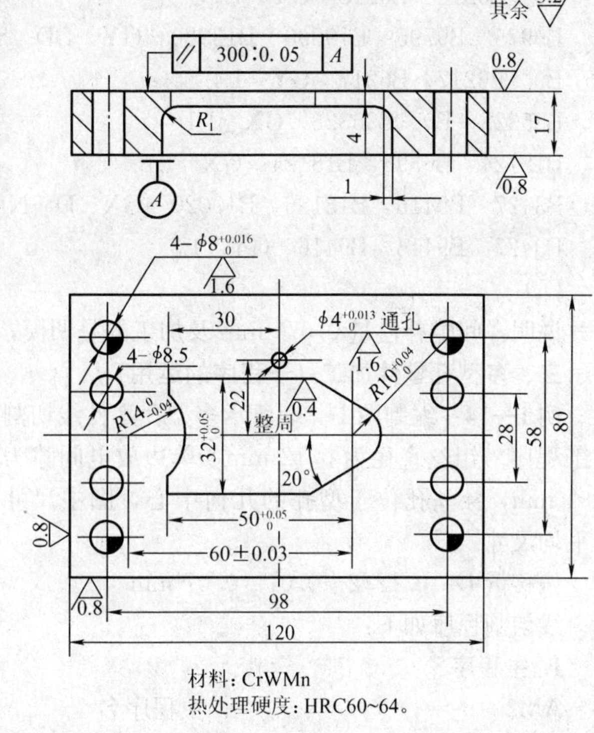

材料：CrWMn

热处理硬度：HRC60~64。

图 1—31 凹模零件图

1. 线切割 ISO 加工程序：

```
AM
G90  G92  X0  Y0
G41  D70
G01  X3427  Y9416
G01  Y－14697  Y16012
G01  X－50025  Y9795
G02  X－50025  Y－9795  I－9975  J－9795
G01  X－50025  Y－16013
G01  X－14697  Y－16013
G01  X3427  Y－9416
G03  X3427  Y9416  I－3427  J9416
G40
G01  X0  Y0
M02
```

图 1—32 凹模刃口轮廓图

表 1—9 凹模刃口轮廓节点和圆心坐标值

节点和圆心	X	Y	节点和圆心	X	Y
O	0	0	D	−50.025	9.794 9
O_1	−60	0	E	−50.025	−9.794 9
A	3.427 0	9.415 7	F	−50.025	−16.012 5
B	−14.697 6	16.012 5	G	−14.697 6	−16.012 5
C	−50.025	16.012 5	H	3.427 0	−9.415 7

2. 线切割 4B 加工程序：

```
B3427  B9416  B9416  GY  L1
B18124  B6597  B18124  GX  L2
B35328  B0  B35328  GX  L3
```

B0　B6218　B6218　GY　L4

B9975　B9795　B19590　B13980　GY　DD　SR1

B0　B6217　B6217　GY　L4

B35328　B0　B35328　GX　L1

B18124　B6596　B18124　GX　L1

B3427　B9416　B13186　B10020　GX　D　NR4

B3427　B9416　B9416　GY　L3

DD

说明：间隙补偿量 0.070 mm 及加工的是凹模，这两条信息单独送进数控系统。

三、多型孔零件加工（子程序的运用）

例 1—14　编制图 1—33 所示多型孔零件线切割加工程序。钼丝直径为 0.12 mm，单边放电间隙为 0.01 mm，穿丝孔位于型孔的几何中心，图中尺寸为平均尺寸。

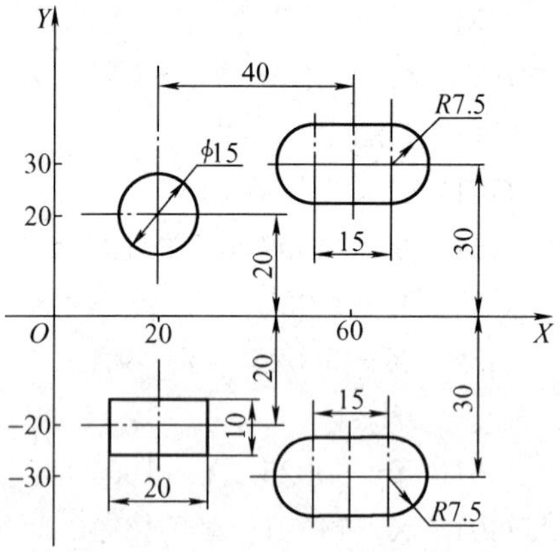

图 1—33　多型孔零件

偏移量 $D=0.12/2+0.01=0.07$ mm

线切割程序如下：

1. 主程序

```
AM2                  ；主程序名
G90                  ；绝对坐标
G54                  ；坐标系 1
G92  X0  Y0
G00  X20000  Y20000
M00                  ；程序暂停，装钼丝
M96 B：ZCX1.         ；调用 B 盘文件，ZCX1 为加工孔 φ15 mm 子程序名
M00                  ；拆钼丝
G54
G00  X60000  Y30000
M00                  ；装钼丝
M96 B：ZCX2.
M00                  ；拆钼丝
G54
G00  X60000  Y−30000
M00                  ；装钼丝
M96 B：ZCX2.
M00                  ；拆钼丝
G54
G00  X20000  Y−20000
M00                  ；装钼丝
M96 B：ZCX3.
```

```
M97
M02
```

2. 子程序 1

```
ZCX1                       ；子程序 1
G55                        ；坐标系 2，如图 1—34a 所示
G92  X0  Y0
G42  D70
G01  X7500  Y0
G02  X7500  Y0  I－7500  J0
G40
G01  X0  Y0
M02
```

3. 子程序 2

```
ZCX2                       ；子程序 2
G56                        ；坐标系 3，如图 1—34b 所示
G92  X0  Y0
G42  D70
G01  X7500  Y7500
G02  X7500  Y－7500  I0  J－7500
G01  X－7500  Y－7500
G02  X－7500  Y7500  I0  J－7500
G01  X7500  Y7500
G40
G01  X0  Y0
M02
```

4. 子程序 3

```
ZCX3                       ；子程序 3
G57                        ；坐标系 4，如图 1—34c 所示
G92  X0  Y0
G41  D70
G01  X0  Y5000
G01  X－10000  Y5000
G01  X10000  Y－5000
G01  X10000  Y5000
G01  X0  Y5000
G40
G01  X0  Y0
M02
```

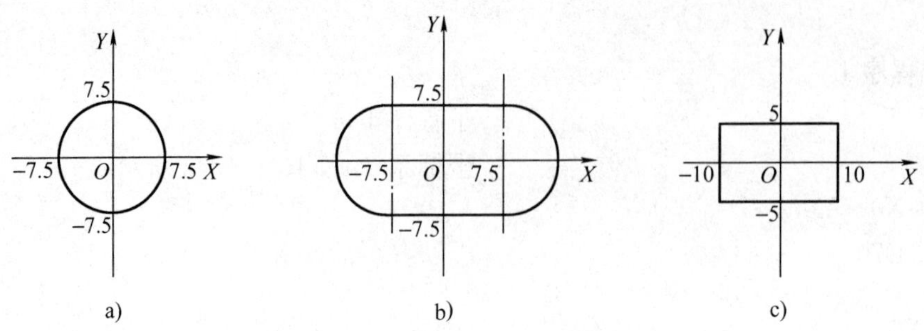

图 1—34　子程序坐标系

a）G55 坐标系　b）G56 坐标系　c）G57 坐标系

复　习　题

1. 简述电火花线切割加工原理。

2. 分别用 3B 和 4B 格式编制题图 1—1 所示中各个零件的线切割加工程序。

3. 用 3B、4B、ISO 格式编制题图 1—2 所示型孔的线切割加工程序。电极丝直径为 0.12 mm，单边放电间隙为 0.01 mm。

4. 用 45 钢板（厚度为 20 mm）加工如题图 1—3 所示长圆锥孔，编写加工程序。

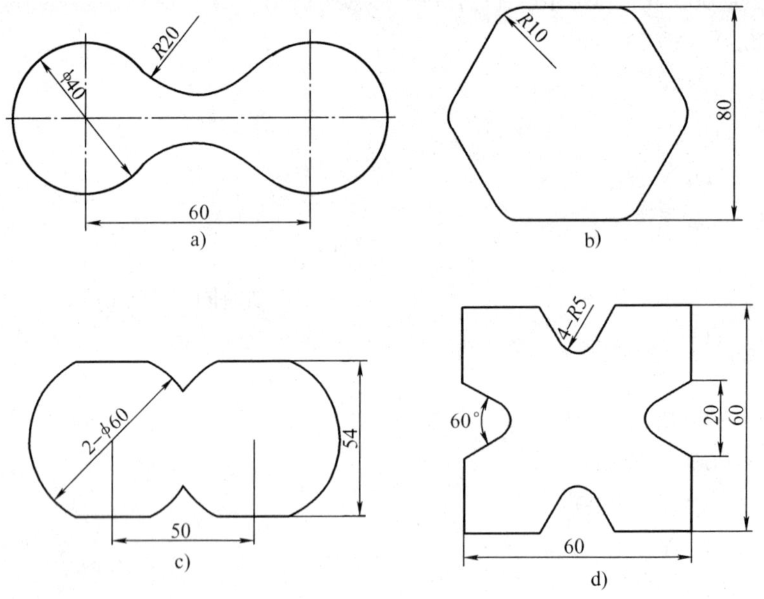

题图 1—1

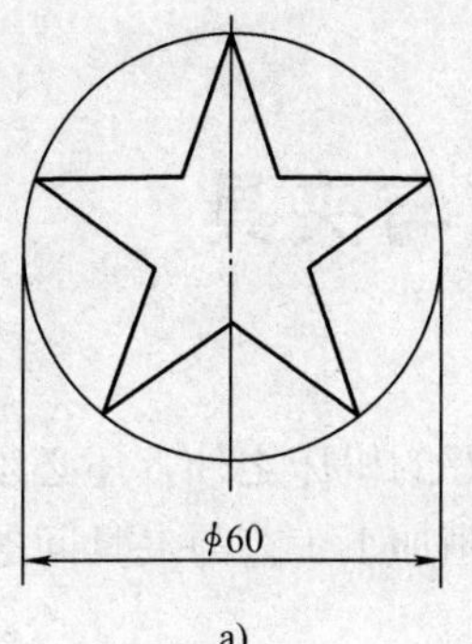

a)

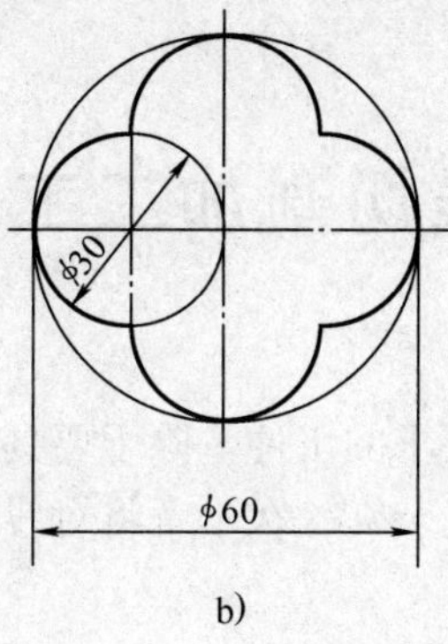

b)

题图 1—2

a）直线型孔 b）圆弧型孔

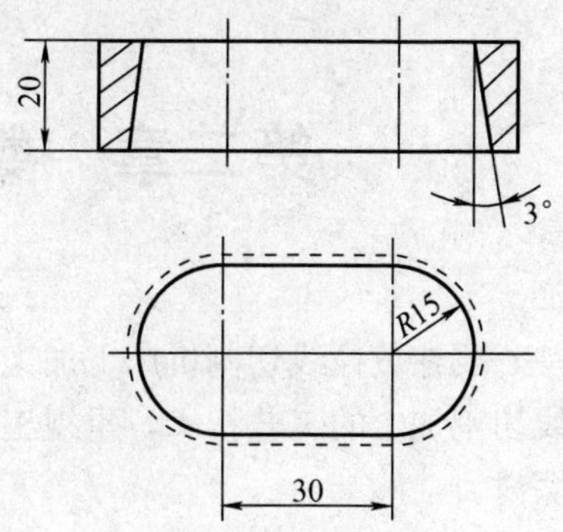

题图 1—3 长圆锥孔

第二章　数控线切割加工工艺与夹具

要在数控线切割机床上加工出符合要求的工件，除了要具备好的机床之外，还必须重视线切割加工的工艺技术，重视工件的正确装夹。在本章将对线切割加工工艺与夹具问题进行探讨。

§2—1　数控线切割加工步骤及要求

数控线切割加工，一般是作为工件加工中的最后工序。要达到零件的精度及表面粗糙度要求，应合理控制线切割加工时的各种工艺因素（电参数、切割速度、工件装夹等），同时应安排好零件的工艺路线及线切割加工前的准备工作。有关线切割加工的工艺准备和工艺过程如图 2—1 所示。下面将对运用线切割机床加工模具零件的工作步骤进行分析。

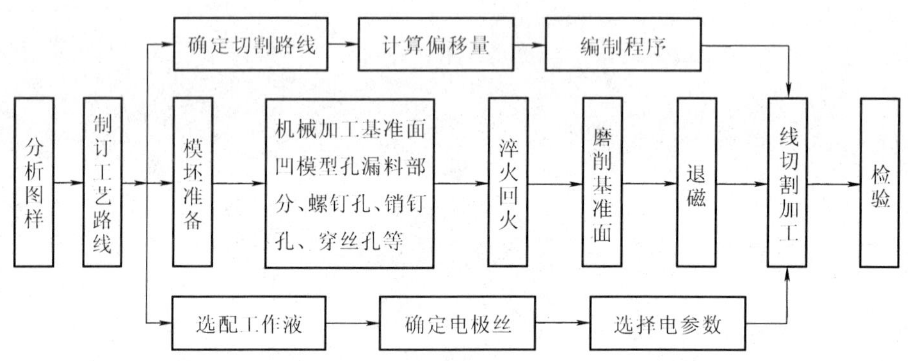

图 2—1　线切割加工的工艺准备和工艺过程

一、对图样进行分析和审核

分析图样对保证工件质量和工件的综合技术指标是有决定意义的第一步。在加工冲裁模时，首先要挑出不能进行或不宜用线切割加工的工件图样，大致有如下几种情况：

（1）表面粗糙度和尺寸精度要求很高，切割后无法进行手工研磨的工件。

（2）窄缝小于电极丝直径加放电间隙的工件，或图形内拐角处不允许带有电极丝半径加放电间隙所形成的圆角的工件。

（3）厚度超过丝架跨距的零件。

（4）加工长度超过 X、Y 拖板的有效行程长度，且精度要求较高的工件。

（5）非导电材料。

对于可以用数控线切割加工工艺的工件，应着重在表面粗糙度、尺寸精度、工件厚度、工件材料、尺寸大小、配合间隙和制件厚度等方面仔细考虑。

对工件图样进行审核和分析主要包括下列内容。

1. 凹角和尖角的尺寸要符合线切割加工的特点

线切割加工是用电极丝作为工具电极来加工的，因为电极丝有一定的半径 R，加工时又有一加工间隙 δ，从而使电极丝中心运动轨迹与给定图形相差距离 f，如图 2—2 所示，即 $f=R+\delta$。这样，加工凸模类零件时，电极丝中心轨迹应放大；加工凹模类零件时，电极丝中心轨迹应缩小。

线切割加工过程中，在工件的凹角处不能得到“清角”，而是半径等于 f 的圆弧。对于形状复杂的精密冲模，在凸、凹模设计图样上应注明拐角处的过渡圆弧半径 R'。加工凹模时：$R'\geqslant R+\delta$；加工尖角时：$R'=R-\Delta$，其中 Δ 为配合间隙。

2. 材料的选用和热处理

以线切割加工为主要工艺时，钢的加工路线是：下料→锻造→退火→机械粗加工→淬火与回火→磨削加工→线切割加工→钳工修整。

这种工艺路线的特点之一是工件在加工的全过程中会出现两次较大的变形。经过机械粗加工的整块坯件先经过热处理，材料在该过程中会产生第一次较大的变形，材料内部的残余应力显著地增加了。热处理后的坯件进行切割加工时，由于大面积去除金属和切断加工，会使材料内部残余应力的相对平衡状态受到破坏，材料又会产生第二次较大变形。例如，对经过淬火的钢坯件切割时，如图 2—3 所示，在 a—b 的割开过程中，发生的变形如双点画线所示，可以看到材料内部残存着拉应力。切割完的工件与电极丝轨迹有很大差异。

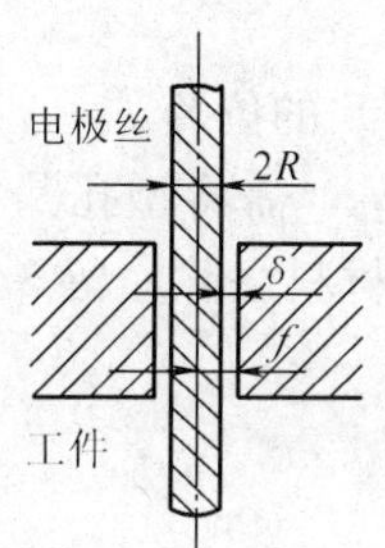

图 2—2 电极丝与工件放电位置关系

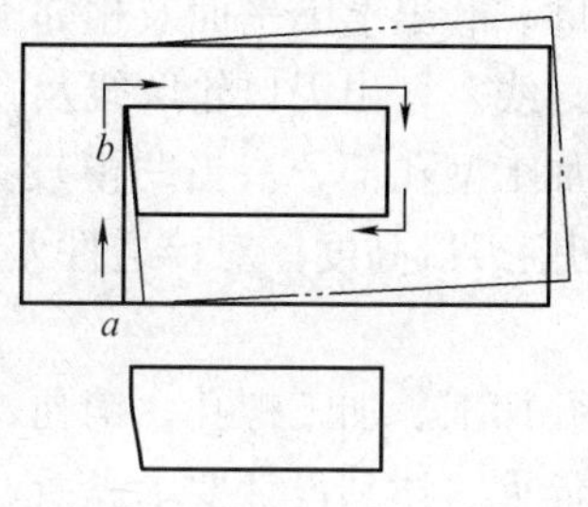

图 2—3 切割加工后钢材的变形情况

图 2—4 所示为切割孔类工件的变形，在切割矩形孔过程中，由于材料有残余应力，当材料去除后，可能导致矩形孔变为双点画线表示的鼓形或虚线表示的鞍形。

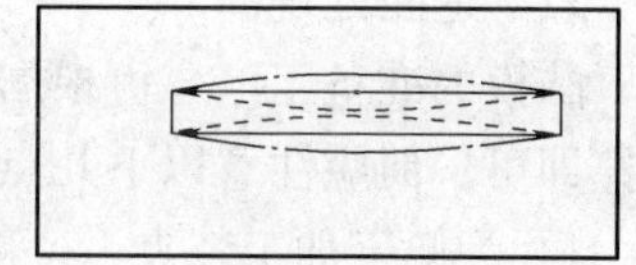

图 2—4 切割孔类工件的变形

3. 合理选择表面粗糙度和加工精度

线切割加工表面是由无数的小坑和凸起组成的，粗细较均匀，所以在相同的粗细程度下，耐用度比机械加工的表面好。采用线切割加工时，工件表面粗糙度的要求可以较机械加工法减低半级到一级；同时，线切割加工的表面粗糙度等级提高一级，加工速度将大幅度的下降。所以，图样要合理地给定表面粗糙度。线切割加工所能达到的最好粗糙度是有限的。若无特殊要求，对表面粗糙度的要求不能太高。同样，加工精度的给定也要合理，目前，绝大多数数控线切割机床的脉冲当量一般每步为 0.001 mm，由于工作台传动精度所限，加工走丝系统和其他方面的影响，切割加工精度一般为 6 级左右，如果加工精度要求很高，是难以实现的。

二、加工前的工艺准备

1. 模坯准备

（1）工件材料及毛坯。工件材料是设计时确定的。在采用快走丝机床和乳化液介质的情况下，通常切割铜、铝、淬火钢等材料较稳定，切割速度也快。而切割不锈钢、磁钢、硬质合金等材料时，加工不太稳定，切割速度也慢。

模具零件一般采用锻造毛坯，其线切割加工常在淬火与回火后进行。由于受材料淬透性的影响，当大面积去除金属和切断加工时，会使材料内部残余应力的相对平衡状态遭到破坏而产生变形，影响加工精度，甚至在切割过程中造成材料突然开裂。为减少这种影响，除在设计时选用锻造性能好、淬透性好、热处理变形小的合金工具钢（如 Cr12、Cr12MoV、CrWMn）作模具材料外，对模具毛坯锻造及热处理工艺也应正确进行。

（2）模坯准备工序。模坯的准备工序是指凸模或凹模在线切割加工之前的全部加工工序。

凹模的准备工序如下：

1）下料。用锯床切断所需材料。

2）锻造。改善内部组织，并锻成所需形状。

3）退火。消除锻造内应力，改善加工性能。

4）刨（铣）。刨六面，厚度留磨余量 0.4～0.6 mm。

5）磨。磨出上下平面及相邻两侧面，对角尺。

6）划线。划出刃口轮廓线及孔（螺孔、销孔、穿丝孔等）的位置。

7）加工型孔部分。当凹模较大时，为减少线切割加工量，需将型孔漏料部分铣（车）出，只切削刃口高度；对淬透性差的材料，可将型孔的部分材料去除，留 3～5 mm 切割余量。

8）孔加工。加工螺孔、销孔、穿丝孔等。

9）淬火。达到设计要求。

10）磨。磨削上下平面及相邻两侧面。

11）退磁处理。

凸模的准备工序，可根据凸模的结构特点，参照凹模的准备工序，将其中不需要的工序去掉即可。但应注意以下几点：

1）为便于加工装夹，一般都将毛坯锻造成平行六面体。对尺寸、形状相同，断面尺寸较小的凸模，可将几个凸模制成一个毛坯。

2）凸模的切割轮廓线与毛坯侧面之间应留足够的切割余量（一般不小于 5 mm）。毛坯上还要留出装夹部位。

3）在有些情况下，为防止切割时模坯产生变形，在模上加工出穿丝孔，切割的引入程序从穿丝孔开始。

2. 加工程序的编制

（1）冲模间隙和过渡圆半径的确定。

1）合理确定冲模间隙。冲模间隙的合理选用，是关系到模具的寿命及冲制件毛刺大小的关键因素之一。不同材料的冲模间隙一般选择范围如下：

①软的冲裁材料，如紫铜、软铝、半硬铝、胶木板、红纸板、云母片等，凸凹模间隙可

选为冲材厚度的 8%～10%。

②半硬冲裁材料，如黄铜、磷铜、青铜、硬铝等，凸凹模间隙可选为冲材厚度的 10%～15%。

③硬质冲裁材料，如铁片、钢片、硅钢片等，凸凹模间隙可选为冲材厚度的 15%～20%。

以上是线切割加工冲裁模的一些实际经验数据，比国际上流行的大间隙冲模要小一些。因为线切割加工的工件表面有一层组织松脆的熔化层，加工电参数越大，工件表面粗糙度越差，熔化层越厚。随着模具冲次的增加，这层松脆的表面会渐渐磨去，使模具间隙逐渐增大。

2）合理确定过渡圆半径。为了提高一般模具的使用寿命，在线线、线圆、圆圆相交处，特别是小角度的拐角上都应加过渡圆。过渡圆的大小可根据冲裁材料厚度、模具形状和要求寿命及冲制件技术条件考虑，随着冲制件的增厚，过渡圆亦可相应增大。一般可在 0.1～0.5 mm 范围内选用。

对于冲件材料较薄、模具配合间隙很小、冲件又不允许加大的过渡圆，为了得到良好的凸、凹模配合间隙，一般在图形拐角处也要加过渡圆。因为电极丝加工轨迹会在内拐角处自然加工出半径等于电极丝半径加单面放电间隙的过渡圆。

（2）计算和编写加工程序。编程时，要根据坯料的情况，选择一个合理的装夹位置，同时确定一个合理的起割点和切割路线。

起割点应取在图形的拐角处，或在容易将凸尖修去的部位。

切割路线主要以防止或减少模具变形为原则，一般应考虑使靠近装夹这一边的图形最后切割为宜。

（3）程序输入和试切。根据实际情况，程序可以直接由键盘输入，或从编程机直接把程序传输到控制器中。对简单有把握的工件可以直接加工，对尺寸精度要求高、凸凹模配合间隙小的模具，必须要用薄料试切，从试切件上可检查其精度和配合间隙。如发现不符合要求，应及时分析，找出问题，修改程序直到合格后才能正式加工模具。这一步骤是避免工件报废的一个重要环节。

3. 机床的检查与调整

加工前，特别是加工精密工件之前，要对机床进行检查与调整。

（1）检查纵、横方向拖板丝杠副间隙。由于频繁往复运动，纵、横方向拖板丝杠副的配合间隙会发生变化。因此在加工微精工件前，要认真检查与调整，符合相应精度标准后，再开始加工。

（2）检查导轮。加工前，应仔细检查导轮 V 形槽是否受损。因导轮与电极丝间的电腐蚀及滑动摩擦等，易使导轮 V 形槽出现沟槽，如图 2—5 所示，这不但会引起电极丝产生抖动，也易被卡断，所以要经常检查和更换。另外，应注意去除堆积在 V 形槽内的电蚀产物。

a)

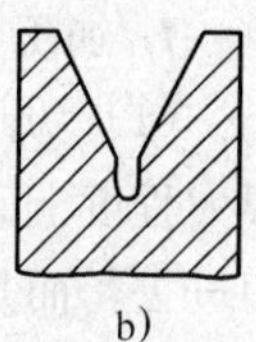

b)

图 2—5　导轮 V 形槽
a）正常　b）损坏

（3）检查保持器。电极丝导向定位采用保持器或辅助导轮时，必须经常检查其工作面是否出现沟槽。如果出现沟槽，应调换保持器工作台面位置或更换辅助导轮。

4. 电极丝的选择、盘绕和调整

根据加工要求选用一定直径、质量合格的电极丝。

盘绕电极丝时应掌握好松紧程序，一般在抗拉强度允许条件下，可绷紧些。采用单丝筒快速走丝机构时，排丝距应大于丝径。采用双机双丝轮结构时，要调整好电极丝之间的拉力与张力，使之既能将电极丝绷直，又能使电极丝在使用时不被拉断。

加工前应校正和调整电极丝对工作台面的垂直度，目前多借助校正工具来调整电极丝对工作台面的垂直度。

5. 选配工作液与检验工作液循环系统

根据线切割机床的类型和加工对象，选择工作液的种类、浓度及电导率等。对于快速走丝系统常用乳化液，浓度为10%左右。对于慢速走丝系统，选用去离子水或煤油等。使用去离子水时，应注意调节离子浓度。工作液应保持一定的清洁度，如果发现过脏，应及时更换。选配好工作液后应检查工作液循环系统工作是否正常，并调节工作液喷流压力。

6. 加工基准的准备

为了便于线切割加工，根据工件外形和加工要求，应准备相应的校正和加工基准。此基准应尽量与图样的设计基准一致。

（1）以外形为校正加工基准。外形是矩形状的工件，一般需要有两个相互垂直的基准面，并垂直于工件的上下平面，如图 2—6 所示。

（2）以外形为校正基准，内孔为加工基准。无论外形是矩形还是圆形或其他异形的工件，都应准备一个与工件上下面保持垂直的校正基准，此时其中一个内孔可作为加工基准，如图 2—7 所示。在大多数情况下，外形基面在线切割加工前的机械加工中就已制备了。工件淬硬后，若基面变形很小，可稍加打光便可用线切割加工；若变形较大，则基面应当重新修磨。

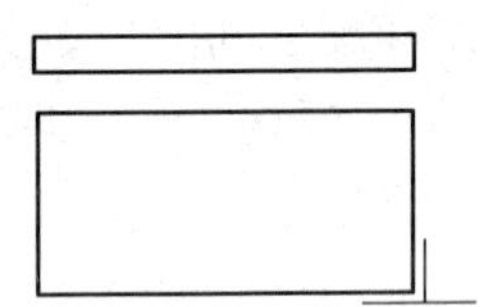

图 2—6 矩形工件的校正与加工基准

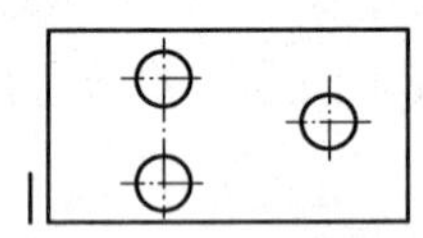

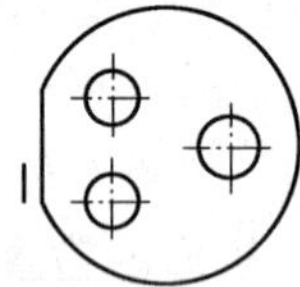

图 2—7 以工件外形为校正基准，内孔为加工基准

三、加工与检验

1. 加工穿丝孔

（1）切割凸模类零件。加工凸模类零件通常由外向内顺序切割。但坯件材料的割断会在很大程度上破坏材料内部应力平衡状态，使材料变形。因此，电极丝最好不要由坯件的外部切进去，而是将切割的起点取在坯件预制的穿丝孔中，如图 2—8 所示。

（2）切割孔类工作。

1）确定穿丝孔位置。穿丝孔位置选在工件待切割型孔的中心时，操作加工较方便。选在靠近待切割型孔的边角处时，切割无用轨迹最短。选在已知坐标尺寸的交点处时，有利于尺寸的推算。因此，要根据实际情况妥善选取穿丝孔位置。

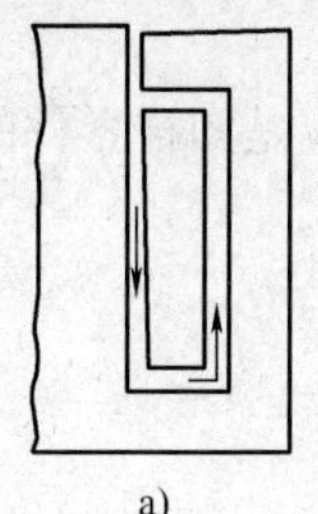

a)

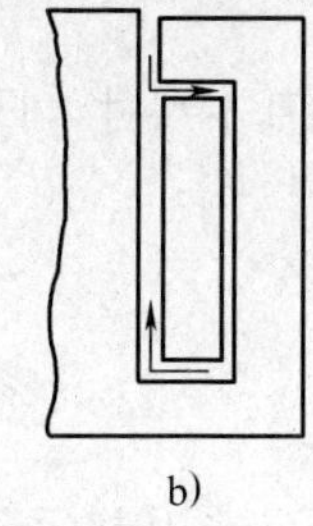

b)

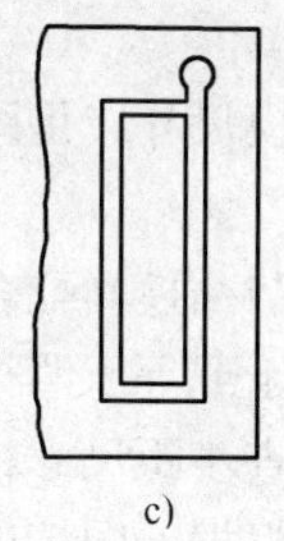

c)

图 2—8　在坯件内部预制穿丝孔

a）不正确　b）不好　c）好

2）确定穿丝孔的大小。穿丝孔的大小要适宜，一般不宜太小。如果穿丝孔很小，不但增加钻孔困难，而且不便穿丝。太大也会增加工艺上的困难，一般选用直径范围为 3～10 mm。如预制孔可用车削等方法加工，在允许的范围内可加大直径。

2. 加工

（1）加工时的调整。

1）调整电极丝垂直度。在装夹工件前必须以工作台为基准，先将电极丝垂直度调整好，再根据技术要求装夹加工坯料。条件许可时最好以角尺刀口再复测一次电极丝对装夹好工件的垂直度。如发现不垂直，说明工件装夹可能翘起或低头，也可能工件有毛刺或电极丝没挂进导轮，需立即修正。因为模具加工面垂直与否直接影响模具质量。

2）调整脉冲电源的电参数。脉冲电源的电参数选择是否恰当，对加工模具的表面粗糙度、精度及切割速度起着决定性的作用。

电参数与加工工件技术工艺指标的关系是：脉冲宽度增加、脉冲间隙减小、脉冲电压幅值增大（电源电压升高）、峰值电流增大（功率管增多）都会使切割速度提高，但加工的表面粗糙度和精度则会下降；反之，则可改善表面粗糙度和提高加工精度。

随着峰值电流的增大，脉冲间隙减小、频率提高、脉冲宽度增大、电极丝损耗增大，脉冲波前沿变陡，电极丝损耗也增大。

3）调整进给速度。当电参数选好后，在采用第一条程序切割时，要对变频进给速度进行调整，这是保证稳定加工的必要步骤。如果加工不稳，工件表面质量会大大下降，工件表面粗糙度和精度变差，同时还会造成断丝。只有电参数选择恰当，同时变频进给调得比较稳定，才能获得好的加工质量。

变频进给跟踪是否处于最佳状态，可用示波器监视工件和电极丝之间的电压波形。

（2）正式切割加工。经过以上各方面的准备调整工作，可以正式加工模具，一般是先加工固定板、卸料板，然后加工凸模，最后加工凹模。凹模加工完毕，先不要松压板取下工件，而要把凹模中的废料芯拿开，把切割好的凸模试插入凹模中，看看模具间隙是否符合要求，如过小可再修大一些，如凹模有差错，可根据加工的坐标进行必要的修补。

3. 检验

检验内容如下：

（1）模具的尺寸精度和配合间隙。

落料模：凹模尺寸应是图样零件的基本尺寸，凸模尺寸应是图样零件的基本尺寸减去冲模间隙。

冲孔模：凸模尺寸应是图样零件的基本尺寸，凹模尺寸应是图样零件的基本尺寸加上冲模间隙。

固定板：应与凸模静配合。

卸料模：大于或等于凹模尺寸。

级进模：检查步距尺寸精度。

检验工具：根据不同精度的模具，可选用游标卡尺、内外径千分尺、塞规、投影仪等量具。模具间隙均匀性亦可用透光法目测。

（2）垂直度。检验工具：可采用平板、刀口角尺。

（3）表面粗糙度。检验工具：在现场可采用电火花加工表面粗糙度等级比较、样板目测或凭手感；在实验室中采用轮廓仪检测。

§2—2 线切割工艺参数对加工质量的影响及其选择

脉冲电源的波形与参数对材料的电腐蚀过程影响极大，它们决定着放电痕（表面粗糙度）、蚀除率、切缝宽度的大小和钼丝的损耗率，进而影响加工的工艺指标。

一般情况下，电火花线切割加工脉冲电源的单个脉冲放电能量较小，除受工件加工表面粗糙度要求的限制外，还受电极丝允许承载放电电流的限制。欲获得较好的表面粗糙度，每次脉冲放电的能量不能太大。表面粗糙度要求不高时，单个脉冲放电能量可取大些，以便得到较高的切割速度。

在实际应用中，脉冲宽度约为1～60 μs，而脉冲重复频率为10～100 kHz，有时也可以高于或低于这个范围。脉冲宽度窄、重复频率高，有利于降低表面粗糙度，提高切割速度。

实践证明，在其他工艺条件大体相同的情况下，脉冲电源的波形及参数对工艺效果影响是相当大的。目前广泛应用的脉冲电源波形是矩形波，下面以矩形波脉冲电源为例，说明脉冲参数对工艺指标的影响。

矩形波脉冲电源的波形如图 2—9 所示，它是晶体管脉冲电源中使用最普遍的一种波形，也是线切割加工中行之有效的波形之一。

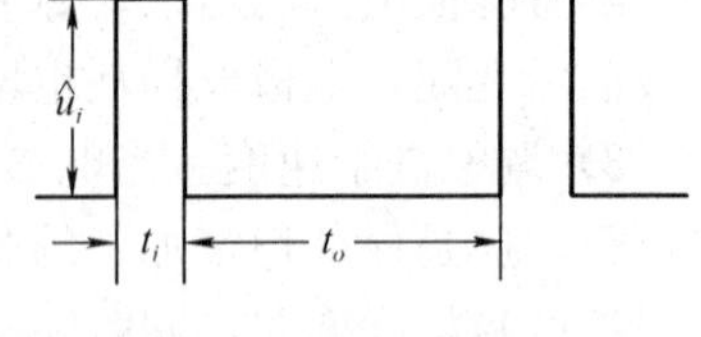

图 2—9 矩形波脉冲

一、脉冲宽度对工艺指标的影响

图 2—10 所示是在一定工艺条件下，脉冲宽度 t_i 对切割速度 v_{wi} 和表面粗糙度 R_a 影响的曲线。由图可知，增加脉冲宽度，使切割速度提高，但表面粗糙度变差。这是因为脉冲宽度增加，使单个脉冲放电能量增大，则放电痕也大。同时，随着脉冲宽度的增加，电极丝损耗变大。

通常，电火花线切割加工用于精加工和中加工时，单个脉冲放电能量应限制在一定范围内。当短路峰值电流选定后，脉冲宽度要根据具体的加工要求来选定，精加工时，脉冲宽度可在 20 μs 内选择，中加工时，可在 20～60 μs 内选择。

二、脉冲间隔对工艺指标的影响

图 2—11 所示为在一定的工艺条件下，脉冲间隔 t_o 对切割速度 v_{wi} 和表面粗糙度 R_a 影响

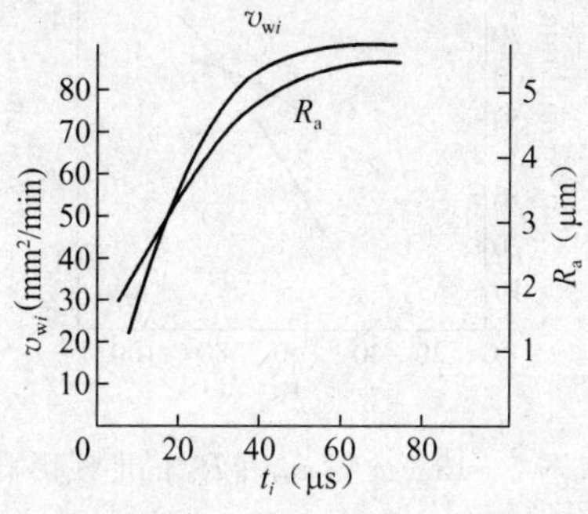

图 2—10　t_i 对 v_{wi} 和 R_a 的影响曲线

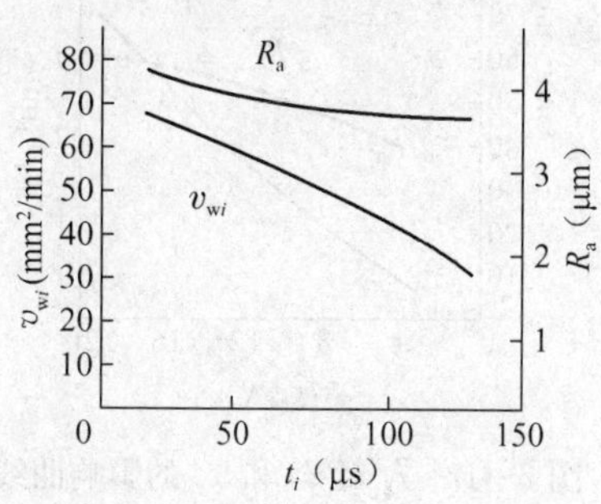

图 2—11　t_o 对 v_{wi} 和 R_a 的影响曲线

的曲线。

由图可知，减小脉冲间隔，切割速度提高，表面粗糙度 R_a 稍有增大，这表明脉冲间隔对切割速度影响较大，对表面粗糙度影响较小。因为在单个脉冲放电能量确定的情况下，脉冲间隔较小，致使脉冲频率提高，即单位时间内放电加工的次数增多，平均加工电流增大，故切割速度提高。

实际上，脉冲间隔不能太小，它受间隙绝缘状态恢复速度限制。如果脉冲间隔太小，放电产物来不及排除，放电间隙来不及充分消电离，这将使加工变得不稳定，易造成烧伤工件或断丝。但是脉冲间隔也不能太大，因为这会使切割速度明显降低，严重时不能连续进给，使加工变得不够稳定。

一般脉冲间隔在 10～250 μs 范围内，基本上能适应各种加工条件，可进行稳定加工。

选择脉冲间隔和脉冲宽度与工件厚度有很大关系。一般来说，工件厚，脉冲间隔也要大，以保持加工的稳定性。

三、短路峰值电流对工艺指标的影响

图 2—12 所示为在一定的工艺条件下，短路峰值电流 $\hat{i}_s$ 对切割速度 v_{wi} 和表面粗糙度 R_a 影响的曲线。由图可知，当其他工艺条件不变时，增加短路峰值电流，切割速度提高，表面粗糙度变差。这是因为短路峰值电流大，表明相应的加工电流峰值就大，单个脉冲能量亦大，所以放电痕大，故切割速度高，表面粗糙度差。

增大短路峰值电流，不但使工件放电痕变大，而且使电极丝损耗变大，这两者均使加工精度稍有降低。

四、开路电压对工艺指标的影响

图 2—13 所示为在一定的工艺条件下，开路电压 u_i 对加工速度 v_{wi} 和表面粗糙度 R_a 影响的曲线。

由图 2—13 所示可知，随着开路电压峰值提高，加工电流增大，切割速度提高，表面变粗糙。因电压高使加工间隙变大，所以加工精度略有降低。但间隙大，有利于放电产物的排除和消电离，从而提高了加工稳定性和脉冲利用率。

采用乳化液介质和高速走丝方式，开路电压峰值一般都在 60～150 V 的范围内，个别的用 300 V 左右。

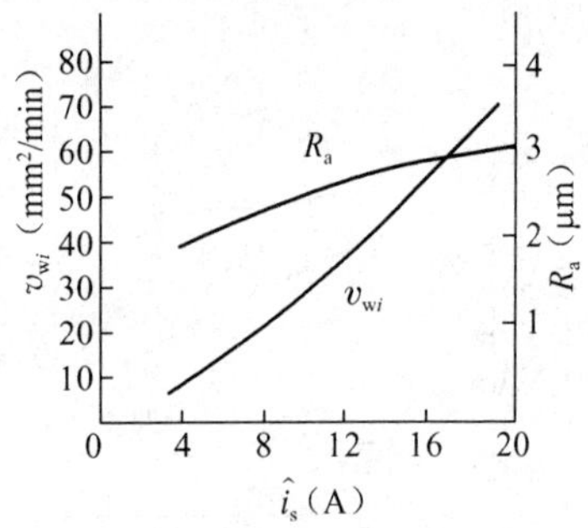

图 2—12　$\hat{i}_s$ 对 v_{wi} 和 R_a 的影响曲线

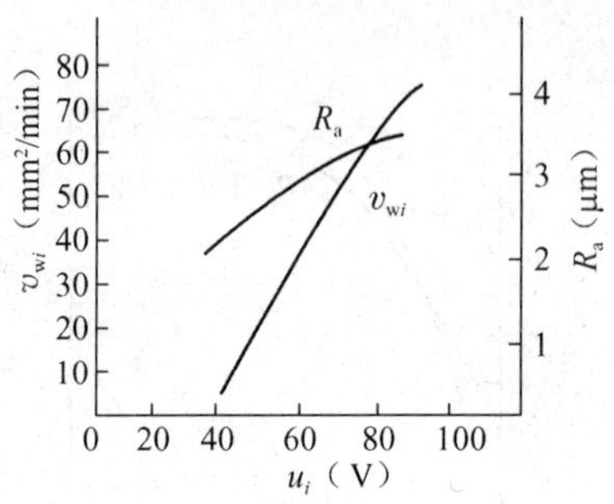

图 2—13　u_i 对 v_{wi} 和 R_a 的曲线影响

综上所述，在工艺条件大体相同的情况下，利用矩形波脉冲电源进行加工时，电参数对工艺指标的影响有如下规律：

（1）切割速度随着加工电流峰值、脉冲宽度、脉冲频率和开路电压的增大而提高，即切割速度随着加工平均电流的增加而提高。

（2）加工表面粗糙度 R_a 值随着加工电流峰值、脉冲宽度及开路电压的减小而减小。

（3）加工间隙随着开路电压的提高而增大。

（4）在电流峰值一定的情况下，开路电压的增大，有利于提高加工稳定性和脉冲利用率。

（5）表面粗糙度的改善，有利于提高加工精度。

实践表明，改变矩形波脉冲电源的一项或几项电参数，对工艺指标的影响很大，须根据具体的加工对象和要求，全面考虑诸因素及其相互影响关系。选取合适的电参数，既要满足主要加工要求，又要注意提高各项加工指标。例如，加工精小模具或零件时，选择电参数要满足尺寸精度高、表面粗糙度好的要求，选取较小的加工电流的峰值和较窄的脉冲宽度，这必然带来加工速度的降低。又如，加工中、大型模具和零件时，对尺寸精度和表面粗糙度要求低一些，故可选用加工电流峰值大、脉冲宽度宽些的电参数值，尽量获得较高的切割速度。此外，不管加工对象和要求如何，还须选择适当的脉冲间隔，以保证加工稳定进行，提高脉冲利用率。因此，选择电参数值相当重要，只要能客观地运用它们的最佳组合，就一定能够获得良好的加工效果。

五、根据加工对象合理选择电参数

1. 加工工艺指标

电火花线切割加工工艺指标主要包括切割速度、表面粗糙度、加工精度等。此外，放电间隙、电极丝损耗和加工表面层变化也是反映加工效果的重要内容。

表面粗糙度是指加工后表面的微观不平度，通常用不平度的算术平均偏差 R_a 值来衡量，单位为 μm。

加工精度是指加工后工件的尺寸、几何形状精度和相互位置精度。

影响工艺指标的因素很多，如机床精度、脉冲电源的性能、工作液脏污程度、电极丝与工件材料及切割工艺路线等。它们是互相关联又互相矛盾的。其中，脉冲电源的波形及参数的影响是相当大的，如矩形波脉冲电源的参数主要有电压、电流、脉冲宽度、脉冲间隔等，所以，根据不同的加工对象选择合理的电参数是非常重要的。

2. 合理选择电参数

（1）要求切割速度高时。当脉冲电源的空载电压高、短路电流大、脉冲宽度大时，则切割速度高。但是切割速度和表面粗糙度的要求是互相矛盾的两个工艺指标，所以，必须在满足表面粗糙度的前提下再追求高的切割速度。而且切割速度还受到间隙消电离的限制，也就是说，脉冲间隔也要适宜。

(2) 要求表面粗糙度低时。若切割的工件厚度在 80 mm 以内，则选用分组波的脉冲电源为好，它与同样能量的矩形波脉冲电源相比，在相同的切割速度条件下，可以获得较好的表面粗糙度。

无论是矩形波还是分组波，其单个脉冲能量小，则 R_a 值小。也就是说，脉冲宽度小、脉冲间隔适当、峰值电压低、峰值电流小时，表面粗糙度较低。

(3) 要求电极丝损耗小时。此种情况下，可多选用前阶梯脉冲波形或脉冲前沿上升缓慢的波形，由于这种波形电流的上升率低（di/dt 小)，故可以减小丝损。

(4) 要求切割厚工件时。此种情况下，可选用矩形波、高电压、大电流、大脉冲宽度和大的脉冲间隔，因其可充分消电离，从而可保证加工的稳定性。

若加工模具厚度为 20～60 mm，表面粗糙度 R_a 值为 1.6～3.2 μm，脉冲电源的电参数可在如下范围内选取：

脉冲宽度　4～20 μs；

脉冲幅值　60～80 V；

功率管数　3～6 个；

加工电流　0.8～2 A；

切割速度约为　15～40 mm²/min。

选择上述的下限参数，表面粗糙度为 R_a＝1.6 μm，随着参数的增大，表面粗糙度值增至 R_a＝3.2 μm。

加工薄工件和试切样板时，电参数应取小些，否则会使放电间隙增大。

加工厚工件（如凸模）时，电参数应适当取大些，否则会使加工不稳定，模具质量下降。

3. 合理调整变频进给的方法

整个变频进给控制电路有多个调整环节，其中大多安装在机床控制柜内部，出厂时已调整好，一般不应再变动。另有一个调节旋钮安装在控制台操作面板上，操作工人可以根据工件材料、厚度及加工要求等来调节此旋钮，以改变进给速度。

不要以为变频进给的电路能自动跟踪工件的蚀除速度并始终维持某一放电间隙（即不会开路不走或短路闷死），便错误地认为加工时可不必或可随便调节变频进给量。实际上某一具体加工条件下只存在一个相应的最佳进给量，此时钼丝的进给速度恰好等于工件实际可能的最大蚀除速度。如果人们设置的进给速度小于工件实际可能的蚀除速度（称欠跟踪或欠进给），则加工状态偏开路，无形中降低了生产率；如果设置好的进给速度大于工件实际可能的蚀除速度（过跟踪或过进给），则加工状态偏短路，实际进给和切割速度反而也将下降，而且增加了断丝和“短路闷死”的危险。实际上，由于进给系统中步进电动机、传动部件等有机械惯性及滞后现象，不论是欠进给或过进给，自动调节系统都将使进给速度忽快忽慢，加工过程变得不稳定。因此，合理调节变频进给，使其达到较好的加工状态是很重要的，主要有以下两种方法：

(1) 用示波器观察和分析加工状态的方法。如果条件允许，最好用示波器来观察加工状态，它不仅直观，而且还可以测量脉冲电源的各种参数。图 2—14 所示为加工时可能出现的几种典型波形。

将示波器输入线的正极接工件，负极接电极丝，调整好示波器，则观察到的较好波形应如图 2—15 所示。若变频进给调整得合适，则加工波最浓，空载波和短路波很淡，此时为最佳加工状态。

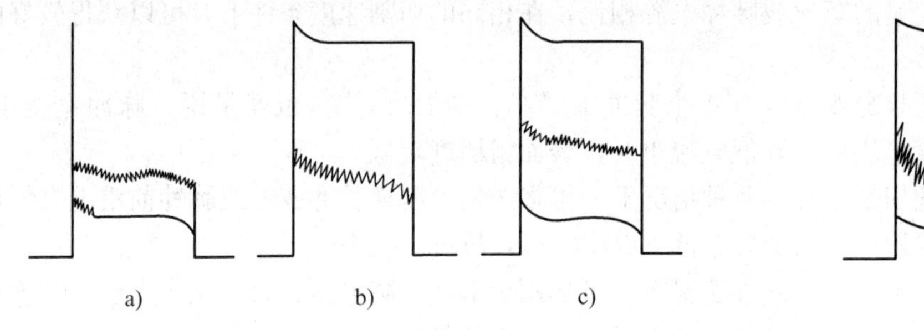

图 2—14　加工时的几种波形

a）过跟踪　b）欠跟踪　c）正常跟踪

图 2—15　加工波形图

1—空载波　2—加工波　3—短路波

数控线切割机床加工效果的好坏，在很大程度上还取决于操作者调整进给速度是否适宜，为此可将示波器接到放电间隙，根据加工波形来直观地判断与调整（见图 2—14）。

1）进给速度过高（过跟踪）（见图 2—14a）。此时间隙中空载电压波形消失，加工电压波形变弱，短路电压波形浓。这时工件蚀除的线速度低于进给速度，间隙接近于短路，加工表面发焦呈褐色，工件的上下端面均有过烧现象。

2）进给速度过低（欠跟踪）（见图 2—14b）。此时间隙中空载电压波形较浓，时而出现加工波形，短路波形出现较少。这时工件蚀除的线速度大于进给速度，间隙近于开路，加工表面亦发焦呈淡褐色，工件的上下端面也有过烧现象。

3）进给速度稍低（欠佳跟踪）。此时间隙中空载、加工、短路 3 种波形均较明显，波形比较稳定。这时工件蚀除的线速度略高于进给速度，加工表面较粗、较白，两端面有黑白交错相间的条纹。

4）进给速度适宜（最佳跟踪）（见图 2—14c）。此时间隙中空载及短路波形弱，加工波形浓而稳定。这时工件蚀除的速度与进给速度相当，加工表面细而亮，丝纹均匀。因此在这种情况下，能得到表面粗糙度低、精度高的加工效果。

表 2—1 给出了根据进给状态调整变频的方法。

表 2—1　　根据进给状态调整变频的方法

实频状态	进给状态	加工面状况	切割速度	电极丝	变频调整
过跟踪	慢而稳	焦褐色	低	略焦，老化快	应减慢进给速度
欠跟踪	忽慢忽快 不均匀	不光洁 易出深痕	较快	易烧丝，丝上 有白斑伤痕	应加快进给速度
欠佳跟踪	慢而稳	略焦褐，有条纹	低	焦色	应稍增加进给速度
最佳跟踪	很稳	发白，光洁	快	发白，老化慢	不需再调整

（2）用电流表观察分析加工状态的方法。利用电压表和电流表以及示波器等来观察加工

状态，使之处于较好的加工状态，实质上也是一种调节合理的变频进给速度的方法。现在介绍一种用电流表根据工作电流和短路电流的比值来更快速、有效地调节最佳变频进给速度的方法。

根据工人长期操作实践，并经理论推导证明，用矩形波脉冲电源进行线切割加工时，无论工件材料、厚度、规准大小，只要调节变频进给旋钮，把加工电流（电流表上指示出的平均电流）调节到大小等于短路电流（即脉冲电源短路时表上指示的电流）的70%～80%，就可保证为最佳工作状态，即此时变频进给速度合理、加工最稳定、切割速度最高。

更严格、准确地说，加工电流与短路电流的最佳比值β与脉冲电源的空载电压（峰值电压$\hat{u}_i$）和火花放电的维持电压u_e的关系为：

$$\beta = 1 - \frac{u_e}{\hat{u}_i}$$

当火花放电维持电压u_e为20 V时，用不同空载电压的脉冲电源加工时，加工电流与短路电流的最佳比值可列于表2—2。

表2—2　　加工电流与短路电流的最佳比值

脉冲电源空载电压$\hat{u}_i$（V）	40	50	60	70	80	90	100	110	120
加工电流与短路电流最佳比值β	0.5	0.6	0.66	0.71	0.75	0.78	0.8	0.82	0.83

短路电流的获取，可以用计算法，也可用实测法。例如，某种电源的空载电压为100 V，共用6个功放管，每管的限流电阻为25 Ω，则每管导通时的最大电流为100÷25＝4 A，6个功放管全用时，导通时的短路峰值电流为6×4＝24 A。设选用的脉冲宽度和脉冲间隔的比值为1∶5，则短路时的短路电流（平均值）为：

$$24 \times \frac{1}{5+1} = 4\ \text{A}$$

由此，在切割加工中，调节加工电流到4×0.8＝3.2 A时，进给速度和切割速度可认为最佳。

实测短路电流的方法为用一根较粗的导线或一字旋具，人为地将脉冲电源输出端搭接短路，此时由电表上读得的数值即为短路电流值。按此法可对上述电源将不同电压、不同脉宽间隔比时的短路电流列成表，以备随时查用。

本方法可使操作工人在调节和寻找最佳变频进给速度时有一个明确的目标值，可很快地调节到较好的进给和加工状态的大致范围，必要时再根据前述电压表和电流表指针的摆动方向，补偿调节到表针稳定不动的状态。

必须指出，所有上述调节方法，都必须在工作液供给充足、导轮精度良好、钼丝松紧合适等正常切割条件下才能取得较好的效果。

4. 进给速度对切割速度和表面质量的影响

（1）进给速度调得过快。超过工件的蚀除速度，会频繁地出现短路，造成加工不稳定，反而使实际切割速度降低，加工表面发焦呈褐色，工件上下端面处有过烧现象。

（2）进给速度调得太慢。大大落后于可能的蚀除速度，极间将偏开路，使脉冲利用率过低，切割速度大大降低，加工表面发焦呈淡褐色，工件上下端面处有过烧现象。

上述两种情况，都可能引起进给速度忽快忽慢，加工不稳定，且易断丝，并且加工表面出现不稳定条纹，或出现烧蚀现象。

（3）进给速度调得稍慢。加工表面较粗、较白，两端有黑白交错的条纹。

（4）进给速度调得适宜。加工稳定，切割速度高，加工表面细而亮，丝纹均匀，可获得较好的表面粗糙度和较高的精度。

§2—3　电极丝对线切割工艺性能的影响及选择与调整

一、对电极丝材料性能的要求

1. 良好的导电性

电极丝应是良好的导电体，单位长度上的电阻越小越好。如果电极丝的导电性不好，消耗在电极丝电阻上的能量就多，这不但使加工电源输送到放电间隙的能量减少，而且消耗在电极丝上的能量使电极丝发热，容易造成断丝。

2. 较低的电子逸出功

电极丝材料的电子逸出功低，放电时能够发出大量电子，形成到阳极的强大电子流。

3. 耐电腐蚀性强

电极丝在加工中也会被放电腐蚀，即电极丝发生损耗。这会使电极丝变细，强度降低，寿命减短。如果电极丝往复运转使用，还会影响加工精度。通常熔点高和导热性好，将有助于减少电极丝损耗。

4. 抗拉强度大

电极丝在使用时承受一定的张紧力，特别是快速走丝时，电极丝往复运转，受到的拉力更大些，因此电极丝应该具有足够大的抗拉强度。此外，弹性极限值亦应较高，经过长期拉伸不易产生永久变形，避免延伸造成松丝和断丝。

5. 丝质均匀、平直

电极丝在放电间隙中必须是直的。为保证这一要求，电极丝不能出现弯折、打结现象。

二、电极丝材料的选择

电火花线切割加工使用的电极丝材料有钼丝、钨丝、钨钼丝、黄铜丝、铜钨丝等，其中以钼丝和黄铜丝用得较多。

采用钨丝加工时，可获得较高的加工速度，但放电后丝质变脆，容易断丝，故应用较少，只在慢速走丝弱规准加工中尚有使用。钼丝比钨丝熔点低，抗拉强度低，但韧性好，在频繁急热急冷变化中，丝质不易变脆，不易断丝。因此，尽管加工速度比钨丝低，却仍被广泛采用。钨钼丝（钨钼各50%合金）加工效果比前两种都好，它具有钨钼两者的特性，因此，使用寿命比钼丝长，加工速度都比钼丝高。铜钨丝有较好的加工效果，但抗拉强度差些，价格比较昂贵，来源较少，故应用较少。采用黄铜丝加工时，加工速度较高，加工稳定性好，但抗拉强度差，损耗大。一般采用直径0.1 mm以上的黄铜丝，特别是在大型线切割加工设备中，采用直径0.3 mm左右的粗黄铜丝时加工效果较好。表2—3是常用电极丝材料的性能。

表 2—3　　常用电极丝材料的性能

材料	适用温度（℃）		伸长率（%）	抗张力（MPa）	熔点（℃）	电阻率（Ω·cm）	备注
	长期	短期					
钨 W	2 000	2 500	0	1 200～1 400	3 400	0.061 2	较脆
钼 Mo	2 000	2 300	30	700	2 600	0.047 2	较韧
钨钼 W50Mo	2 000	2 400	15	1 000～1 100	3 000	0.053 2	脆韧适中

三、电极丝直径的选择

电极丝的直径是根据加工要求和工艺条件选取的。在加工要求允许的情况下，可选用直径大些的电极丝。直径大，抗拉强度大，承受电流大，可采用较强的电规准进行加工，能够提高输出的脉冲能量，提高加工速度。同时，电极丝粗，切缝宽，放电产物排除条件好，加工过程稳定，能提高脉冲利用率，也能提高加工速度。但是粗丝难以加工出内尖角工件，降低了加工精度；切缝宽使材料的蚀除量变大，加工速度降低。电极丝直径太细，抗拉强度低，易断丝；切缝窄使放电产物排除条件差，加工经常出现不稳定现象，导致加工速度降低，但是可得到较小半径的内尖角，使加工精度相应提高。

一般情况下，慢速走丝时，多采用 0.06～0.12 mm 直径的电极丝；快速走丝时，多采用 0.10～0.25 mm 直径的电极丝。在精密微细加工中，还有采用直径小于 0.06 mm 细丝的。采用铜丝时，电极丝直径稍粗些。

四、电极丝上丝、紧丝对工艺指标的影响及调整方法

电极丝的上丝、紧丝是线切割操作的一个重要环节，它的好坏，直接影响到加工零件的质量和切割速度。如图 2—16 所示，当电极丝张力适中时，切割速度（$v_{wi}=v_f\times$工件厚度）最大。在上丝、紧丝的过程中，如果上丝过紧，电极丝超过弹性变形的限度，由于频繁地往复弯曲、摩擦，加上放电时遭受急热、急冷变换的影响，可能发生疲劳而造成断丝。高速走丝时，上丝过紧断丝往往发生在换向瞬间，严重时即使空走也会断丝。

但若上丝过松，由于电极丝具有延伸性，在切割较厚工件时，电极丝的跨距较大，除了它的振动幅度大以外，还会在加工过程中受放电压力的作用而弯曲变形，结果电极丝切割轨迹落后并偏离工件轮廓，即出现加工滞后现象，如图 2—17 所示，从而造成型状与尺寸误差，如切割较厚的圆柱体会出现腰鼓形状，严重时电极丝快速运转容易跳出导轮槽或限位槽而被卡断或拉断。所以，电极丝张力的大小，对运行时电极丝的振幅和加工稳定性有很大影

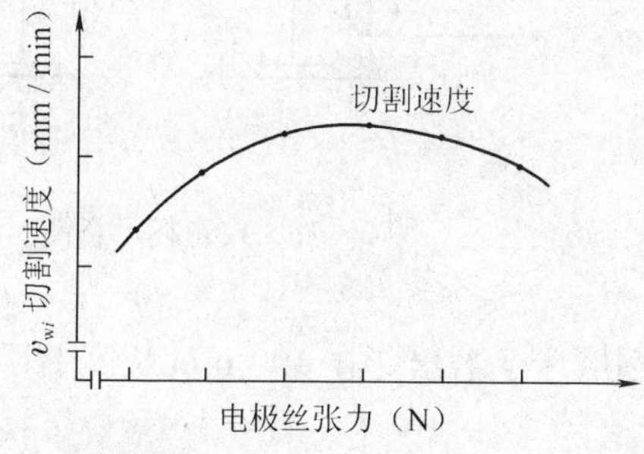

图 2—16　线切割电极丝张力与加工进给速度的关系

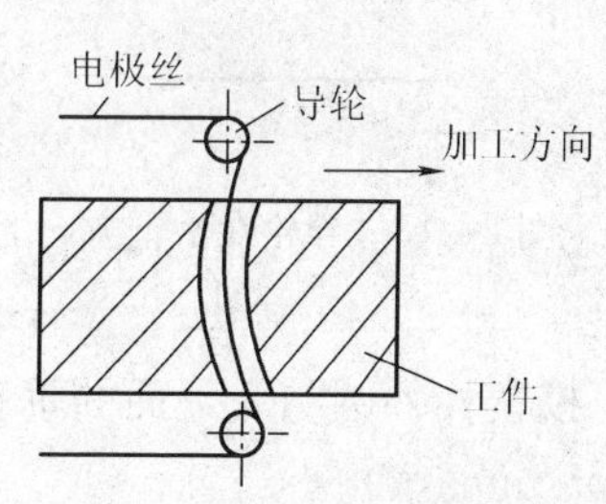

图 2—17　放电切割时电极丝弯曲滞后

响，所以在上电极丝时应采取张紧电极丝措施。如在上丝过程中外加辅助张紧力，通常可逆转电动机，或上丝后再张紧一次（如采用张紧手持滑轮）。为了不降低电火花线切割的工艺指标，张紧力在电极丝抗拉强度允许范围内应尽可能大一点，张紧力的大小应视电极丝的材料与直径的不同而异，一般高速走丝线切割机床钼丝张力应在 5～10 N。

五、电极丝垂直度对工艺指标的影响及校正方法

由于电极丝运动的位置主要由导轮决定，如果导轮有径向跳动或轴向窜动，电极丝就会发生振动，振幅决定于导轮的跳动或窜动值。假定下导轮是精确的，上导轮在水平方向有径向跳动，如图 2—18 所示。这时切割出的圆柱体工件必然出现圆柱度偏差，如果上下导轮都不精确，两导轮的跳动方向又不可能相同，因此，在工件加工部位各空间位置上的精度均可能降低。

导轮 V 形槽的圆角半径超过电极丝半径时，将不能保持电极丝的精确位置。两只导轮的轴线不平行，或者两导轮轴线虽平行，但 V 形槽不在同一平面内，导轮的圆角半径会较快地磨损，使电极丝正反向运动时不是靠在同一侧面上，加工表面上产生正反向条纹。这就直接影响加工精度和表面粗糙度。同时，由于电极丝抖动，使电极丝与工件间瞬时短路和开路次数增多，脉冲利用率降低，切缝变宽。对于同样长度的切缝，工件的电蚀量增大，使得切割效率降低。因此，应提高电极丝的位置精度，以利于提高各项加工工艺指标。

为了准确地切割出符合精度要求的工件，电极丝必须垂直于工件的装夹基面或工作台定位面。在具有锥度加工功能的机床上，加工起点的电极丝位置也应该是这种垂直状态。机床运行一定时间后，应更换导轮，或更换导轮轴承。切割锥度工件之后和进行再次加工之前，应再进行电极丝的垂直度校正。

1. 电极丝垂直度校正工具

（1）校正尺或校正杯。校正尺是一种精密角尺，其直角精度很高，一般在 100 mm 长度上误差不超过 0.01 mm。自行制造较困难，多为外购成品。一般线切割机床生产厂自制的校正工具多数是校正杯，如图 2—19 所示。

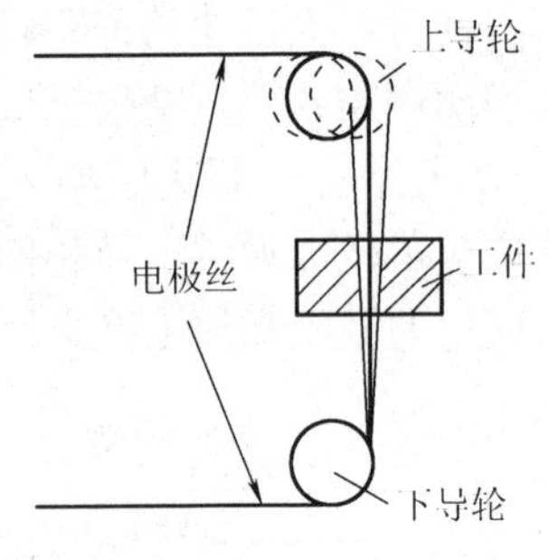

图 2—18　导轮在水平方向上径向跳动示意图

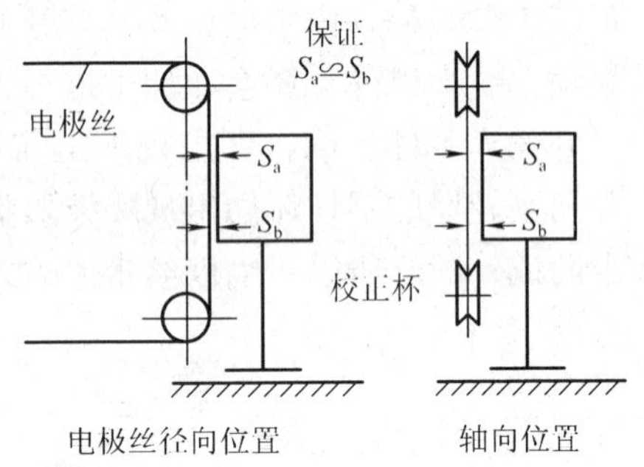

图 2—19　校正杯示意图

校正杯外圆与底平面的垂直度可在精密外圆磨床上磨出，在 100 mm 长度上误差不超过 0.005 mm。

（2）校正器。校正器是触点与指示灯构成的光电校正装置，电极丝与触点接触时指示灯

亮。它灵敏度高，使用方便而直观。底座用耐磨不变形的大理石或花岗岩制成，如图2—20和图 2—21 所示。

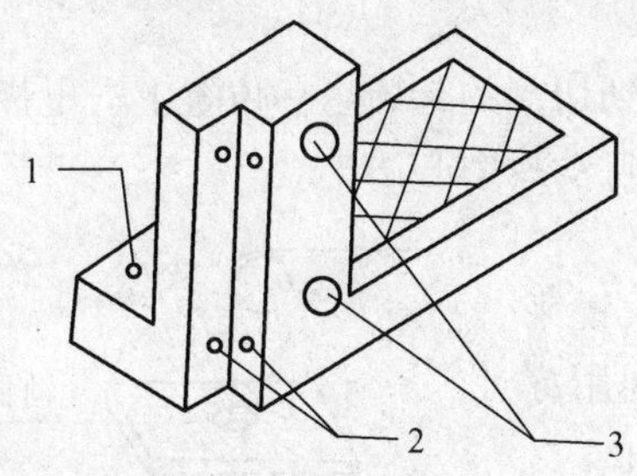

图 2—20　垂直度校正器

1—导线　2—触点　3—指示灯

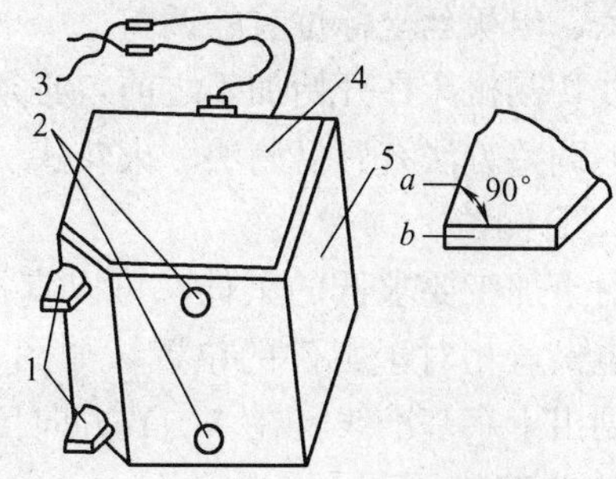

图 2—21　DF55－J50A 型垂直度校正器

1—上、下测量头（a、b 为放大的测量面）

2—上、下指示灯　3—导线及夹子

4—盖板　5—支座

2. 垂直度校正方法

用校正尺或校正杯校正时，应将校正工具慢慢移至电极丝，目测 X、Y 方向电极丝与校正工具的上下间隙是否一致；或者送上小能量脉冲电源，根据上下是否同时放电来观察电极丝的垂直度，如图 2—22 所示。使用光学校正器时，按使用说明书操作。使用 DF55－J50A 型垂直度校正器时，可直接观察上下指示灯是否同时亮（或暗），能精确地检测电极丝垂直度。若有偏差，可通过调整导轮体位置、丝架位置等来达到调整电极丝垂直度的目的。若机床带有锥度切割功能丝架时，可调节锥度伺服轴，使电极丝垂直。

在锥度切割加工之前，应考虑锥度切割系统的误差，再检测一次电极丝垂直度，以免再次切割时产生积累误差。

在对电极丝进行垂直度校正之前，应将电极丝张紧，张力应与加工中使用的张力相同。

用校正器校正电极丝时，应将电极丝表面处理干净，使其易于导电，否则校正精度将受影响。

垂直度校正的具体方法如下：由于导轮一般固定在一个带有偏心的基座上，如图 2—23 所示，所以调整偏心的位置，使基座旋转一个角度，就调整了电极丝在径向方向的垂直度。

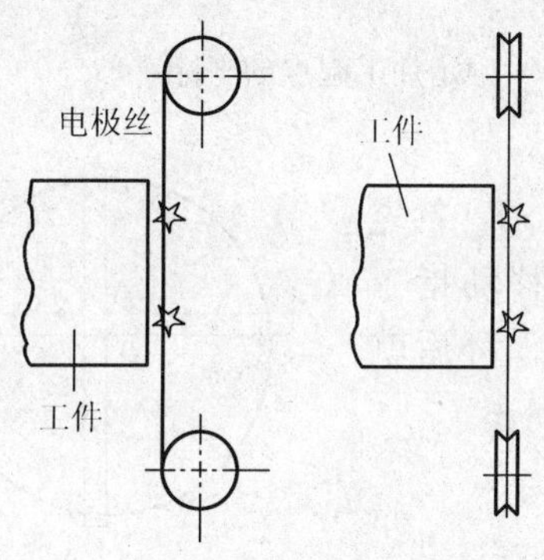

图 2—22　垂直位置的调整

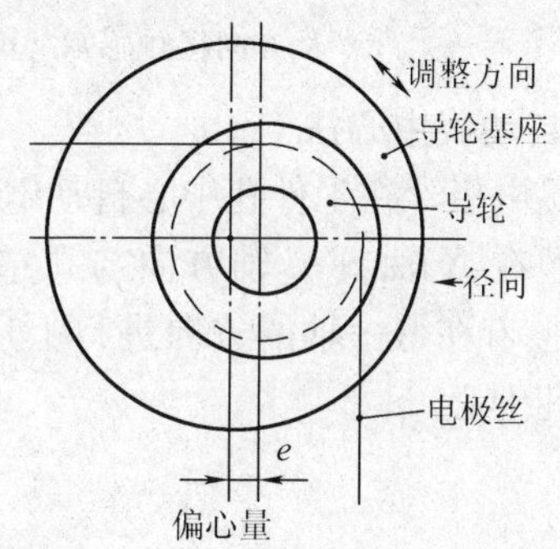

图 2—23　导轮基座偏心示意图

电极丝若轴向垂直度有偏差，调整导轮基座的轴向位置，从而达到调整电极丝轴向垂直度的目的。

六、电极丝坐标位置的调整

线切割机床在开始加工之前，必须将电极丝调整到切割的起始坐标位置上。电极丝坐标位置的调整方法有：目测法、火花法、接触感知法和自动找中心法。

1. 目测法

对于加工要求低的工件，可以直接用目测或放大镜来确定电极丝相对于工件的位置。如图 2—24 所示，利用穿丝孔划出十字基准线，在 X、Y 方向目测对中孔的中心。

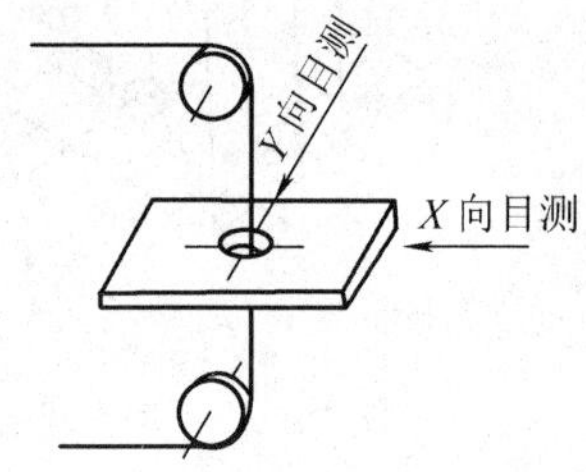

图 2—24　目测法调整电极丝位置

2. 火花法

在垂直度校正产生微弱的电火花瞬时，记下工作台的相应坐标，再根据放电间隙推算电极丝中心坐标，此法简单易行，但因其放电间隙与正常切割条件下的放电间隙不完全相同而存在误差。

3. 接触感知法

利用电极丝与工件的短路信号，让电极丝在工件孔的中心自动定位。图 2—25 所示为其工作过程：启动 X（或 Y）方向接触感知（G80），工件（工作台）慢慢移动靠近电极丝，系统感知并记下该点坐标，以此计算出加工起点的坐标 X（或 Y），再用相同的办法得出起点的坐标 Y（或 X），这样就确定出加工起点的坐标（X，Y）。如果机床没有接触感知（G80），也可用万用表来感知电极丝与工件的短路信号，通过计算，将电极丝手动调整到中心。

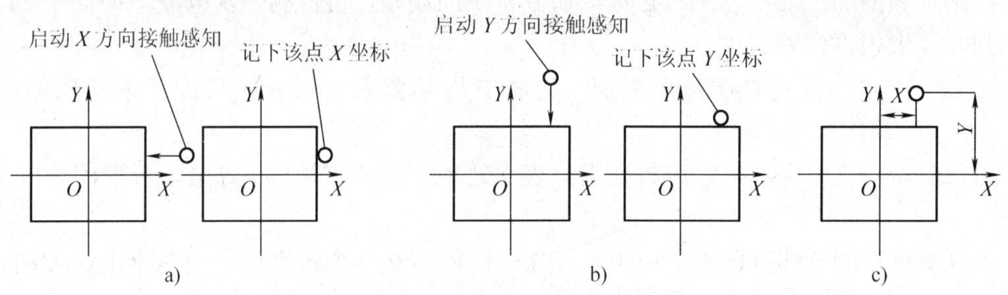

图 2—25　接触感知法

a）X 方向接触感知　b）Y 方向接触感知　c）确定加工起点的坐标

4. 自动找中心法

这是电极丝在工件孔中心自动定位。如图 2—26 所示，首先让电极丝在 X 轴或 Y 轴方向与孔壁接触（使用半程移动指令 G82），接着在另一轴的方向进行上述过程，经过几个循环后就可找到孔中心。

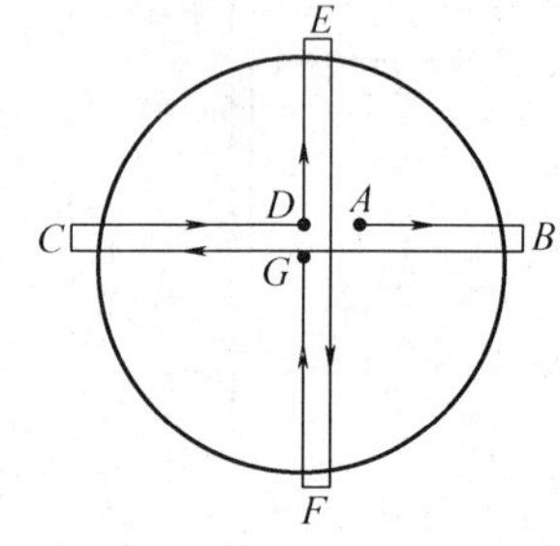

图 2—26　自动找中心法

§2—4 线切割工作液的作用及使用方法

一、工作液的作用

在电火花线切割加工中，工作液是脉冲放电介质，对加工工艺指标的影响很大。它对切割速度、表面粗糙度、加工精度也有影响。高速走丝电火花线切割机床使用的工作液是专用的乳化液。目前供应的乳化液有多种，各有特点，有的适于精加工，有的适于大厚度切割，也有的是在原来工作液中添加某些化学成分来提高其切割速度或增加防锈能力等。无论哪种工作液都应具有以下性能。

1. 较好的冷却性能

在放电过程中，放电点局部、瞬时温度极高，尤其是大电流加工时表现更突出。为防止电极丝烧断和工件表面局部退火，必须充分冷却，要求工作液具有较好的吸热、传热、散热性能。

2. 一定的绝缘性能

火花放电必须在具有一定绝缘性能的液体介质中进行。普通自来水的绝缘性能较差，其电阻率仅为 $10^3 \sim 10^4\ \Omega \cdot cm$，加上电压后容易产生电解作用而不能火花放电。加入矿物油、皂化钾等后制成的乳化液，电阻率约为 $10^4 \sim 10^5\ \Omega \cdot cm$，适合于电火花线切割加工。煤油绝缘性能较高，其电阻率大于 $10^6\ \Omega \cdot cm$，同样电压之下较难击穿放电，放电间隙小，生产率低，只有在特殊精加工时才采用。

工作液的绝缘性能可使击穿后的放电通道压缩，局限在较小的通道半径内火花放电，形成瞬时局部高温熔化、汽化金属。放电结束后又迅速恢复放电间隙成为绝缘状态。

3. 较好的洗涤性能

所谓洗涤性能，是指液体有较小的表面张力，对工件有较大的亲和附着力，能渗透进入窄缝中，且有一定去除油污能力的性能。洗涤性能好的工作液，切割时排屑效果好，切割速度高，切割后表面光亮清洁，割缝中没有油污粘糊。洗涤性能不好的工作液则相反，有时切割下来的料芯被油污糊状物粘住，不易取下来，切割表面也不易清洗干净。

4. 对环境无污染，对人体无危害

在加工中不应产生有害气体，不应对操作人员的皮肤、呼吸道产生刺激等反应，不应锈蚀工件、夹具和机床。

此外，工作液还应配制方便、使用寿命长、乳化充分，冲制后油水不分离，长时间储存也不应有沉淀或变质现象。

二、工作液的配制方法和使用方法

1. 工作液的正确配制

(1) 工作液的配制方法。一般按一定比例将自来水冲入乳化油，搅拌后使工作液充分乳化成均匀白色。天冷（在 0℃以下）时可用少量开水冲入拌匀，再加冷水搅拌。某些工作液要求用蒸馏水配制，最好按生产厂的说明配制。

(2) 工作液的配制比例。根据不同的加工工艺指标，一般在 5%～20%范围内（乳化油 5%～20%，水 95%～80%），通常均按质量比配制。在称量不方便或要求不太严时，也可大致按体积比配制。

2. 工作液的使用方法

(1) 新配制的工作液，当加工电流约为 2 A 时，其切割速度约 40 mm^2/min，若每天工作 8 h，使用约 2 天后效果最好，继续使用 8～10 天后就易断丝，须更换新的工作液。加工时供液一定要充分，且要使工作液包住电极丝，这样才能使工作液顺利进入加工区，达到稳定加工的效果。

(2) 对要求切割速度高或大厚度工件，浓度可适当小些，约 5%～8%，这样加工比较稳定，且不易断丝。

(3) 对加工表面粗糙度和精度要求比较高的工件，浓度比可适当大些，约 10%～20%，这可使加工表面洁白均匀，加工后的料芯可轻松地从料块中取出，或靠自重落下。

(4) 对材料为 Cr12 的工件，工作液用蒸馏水配制，浓度稍小些，这样可减轻工件表面的黑白交叉条纹，使工件表面洁白均匀。

三、工作液对工艺指标的影响

在电火花线切割加工中，可使用的工作液种类很多，有煤油、乳化液、去离子水、蒸馏水、洗涤剂、酒精溶液等，它们对工艺指标的影响各不相同，特别是对加工速度的影响较大。早期采用慢速走丝方法、RC 电源时，多采用油类工作液。其他工艺条件相同时，油类工作液的切割速度相差不大，一般为 2～3 mm^2/min，其中以煤油中加 30%的变压器油为好。醇类工作液不及油类工作液能适应高切割速度。

采用快速走丝方式、矩形波脉冲电源时，试验结果表明：

(1) 自来水、蒸馏水、去离子水等水类工作液，对放电间隙冷却效果较好，特别是在工件较厚的情况下，冷却效果更好。然而采用水类工作液时，切割速度低，易断丝。这是因为水的冷却能力强，电极丝在冷热变化频繁时，丝易变脆，所以容易断丝。此外，水类工作液洗涤性能差，对放电产物排除不利，放电间隙状态差，故表面黑脏，加工速度低。

(2) 煤油工作液切割速度低，但不易断丝。因为煤油介电强度高，间隙消耗放电能量多，分配到两极的能量少；同时，同样电压下放电间隙小，排屑困难，导致切割速度低。但煤油受冷热变化影响小，且润滑性能好，电极丝运动磨损小，因此不易断丝。

(3) 乳化型工作液比非乳化型工作液的切割速度高。因为乳化液的介电强度比水高、比煤油低，冷却性能比水差、比煤油好，洗涤性比水和煤油都好，故切割速度高。

(4) 水中加入少量洗涤剂、皂片等，切割速度就可能成倍增长。这是因为水中加入洗涤剂或皂片后，工作液洗涤性能变好，有利于排屑，改善了间隙状态。

总之，工艺条件相同时，改变工作液的种类或浓度，就会对加工效果发生较大影响。工作液的脏污程度对工艺指标也有较大影响。工作液太脏，会降低加工的工艺指标，纯净的工作液也并非加工效果最好，往往经过一段放电切割加工之后，脏污程度还不大的工作液可得到较好的加工效果。这是因为，纯净的工作液不易形成放电通道，经过这一段放电加工后，工作液中存在一些悬浮的放电产物，这时容易形成放电通道，有较好的加工效果。但工作液太脏时，悬浮的加工屑太多，使间隙消电离变差，且容易发生二次放电，对放电加工不利，这时应及时更换工作液。

§2—5 线切割加工中的常用夹具及工件的装夹

工件装夹的形式对加工精度有直接影响。线切割加工机床的夹具比较简单，一般是在通用夹具上采用压板螺钉固定工件。为了适应各种形状工件加工的需要，还可使用磁夹具、旋转夹具或专用夹具等。

一、工件装夹的一般要求

工件装夹的一般要求有如下几点：

（1）工件的基准面应清洁无毛刺，经热处理的工件，在穿丝孔内及扩孔的台阶处，要清除热处理残物及氧化皮。

（2）夹具应具有必要的精度，将其稳固地固定在工作台上，拧紧时用力要均匀。

（3）工件装夹的位置应有利于工件找正，并应与机床行程相适应，工作台移动时工件不得与线架相碰。

（4）对工件的夹紧力要均匀，不得使工件变形或翘起。

（5）细小、精密、薄壁的工件应固定在不易变形的辅助夹具上。

（6）大批零件加工时，最好采用专用夹具，以提高生产效率。

二、线切割加工中工件支撑装夹的几种方法

1. 悬臂支撑方式

如图 2—27 所示，悬臂支撑通用性强，装夹方便。但由于工件单端压紧，另一端悬空，使得工件不易与工作台平行，所以易出现上仰或倾斜的情况。致使切割表面与工件上下平面不垂直或达不到预定的精度。因此，只有在工件技术要求不高或悬臂部分较小的情况下才能采用。

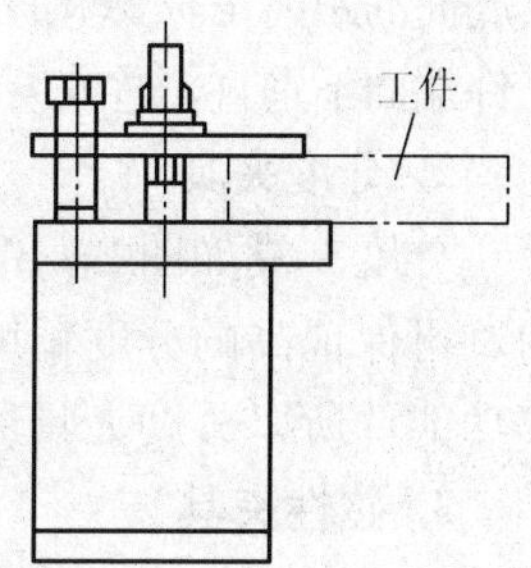

图 2—27　悬臂式支撑夹具

2. 两端支撑方式

如图 2—28 所示，两端支撑是把工件两端都固定在夹具上，这种方法装夹支撑稳定，平面定位精度高，工件底面与切割面垂直度好，但对较小的零件不适用。

3. 板式支撑方式

如图 2—29 所示，板式支撑夹具可以根据经常加工工件的尺寸而定，可呈矩形或圆孔形，并可增加 X 和 Y 两方向定位基准，装夹精度较高，适于常规生产和批量生产。

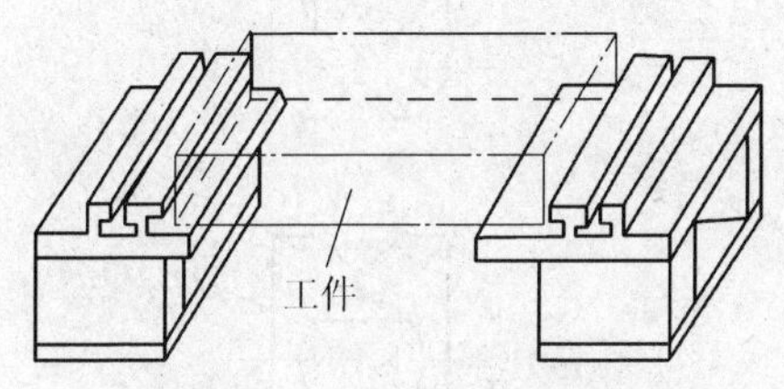

图 2—28　两端支撑夹具

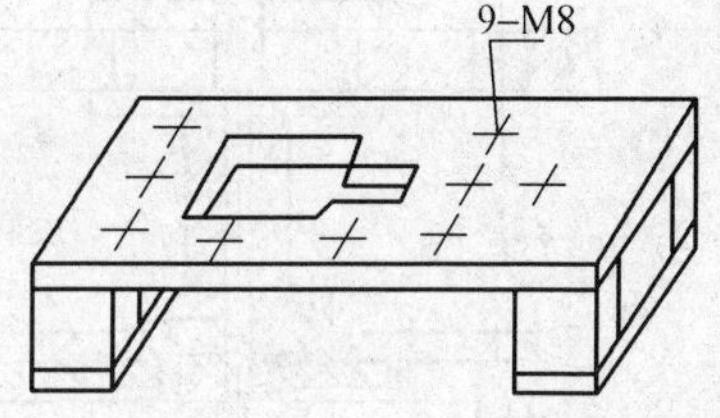

图 2—29　板式支撑夹具

4. 桥式支撑方式

如图 2—30 所示，桥式支撑是在双端夹具体下垫上两个支撑铁架。其特点是通用性强、

装夹方便，对大、中、小工件装夹都比较方便。

5. 复式支撑方式

如图 2—31 所示，复式支撑夹具是在桥式夹具上，再装上专用夹具组合而成。它装夹方便，特别适用于成批零件加工，既可节省工件找正和调整电极丝相对应位置等辅助工时，又可保证工件加工的一致性。

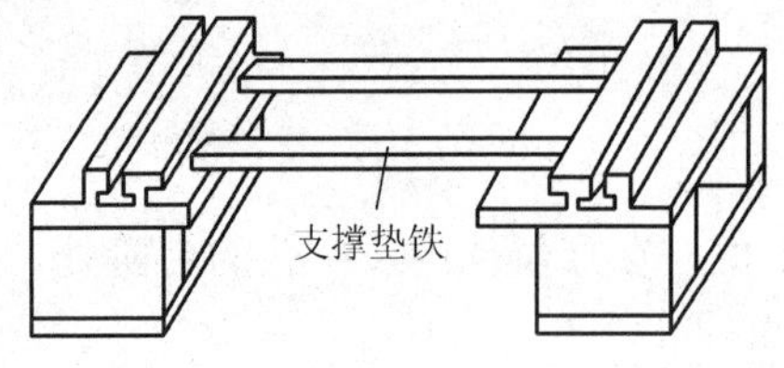

图 2—30　桥式支撑夹具

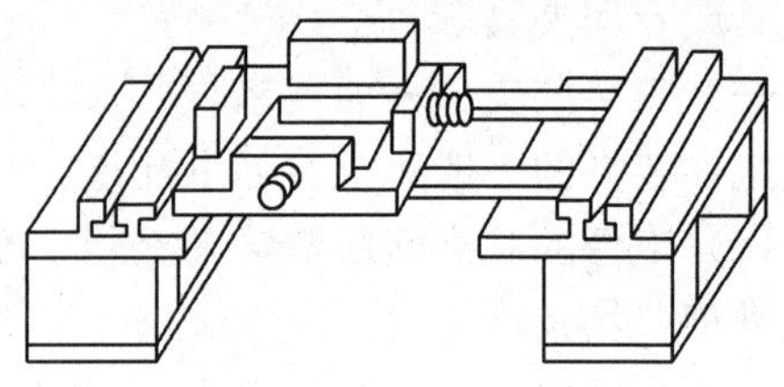

图 2—31　复式支撑夹具

三、线切割加工中常用夹具的名称、规格和用途

1. 压板夹具

压板夹具主要用于固定平板状的工件，对于稍大的工件要成对使用。夹具上如有定位基准面，则加工前应预先用划针或百分表将夹具定位基准面与工作台面对应的导轨校正平行，这样在加工批量工件时较方便，因为切割型腔的划线一般是以模板的某一面为基准。夹具的基准面与夹具底面的距离是有要求的，夹具成对使用时两件基准面的高度一定要相等，否则切割出的型腔与工件端面不垂直，造成废品。在夹具上加工出 V 形的基准，则可用以夹持轴类工件。

2. 分度夹具

分度夹具如图 2—32 所示，是根据加工电动机转子、定子等多型孔的旋转形工件而设计的，可保证高的分度精度。近年来，因微机控制器及自动编程机对加工图形具有对称、旋转等功能，所以分度夹具用得较少。

3. 磁性夹具

磁性夹具采用磁性工作台或磁性表座夹持工件，不需要压板和螺钉，操作快速方便，定位后不会因压紧而变动，如图 2—33 所示。要注意保护上述两类夹具的基准面，避免工件将其划伤或拉毛。压板夹具应定期修磨基准面，保持两件夹具的等高性。夹具的绝缘性也应经常检查和测试，因有时绝缘体受损造成绝缘电阻减小，影响正常的切割。

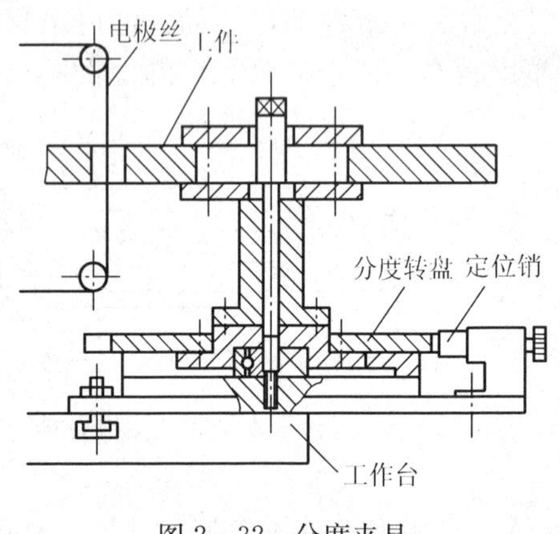

图 2—32　分度夹具

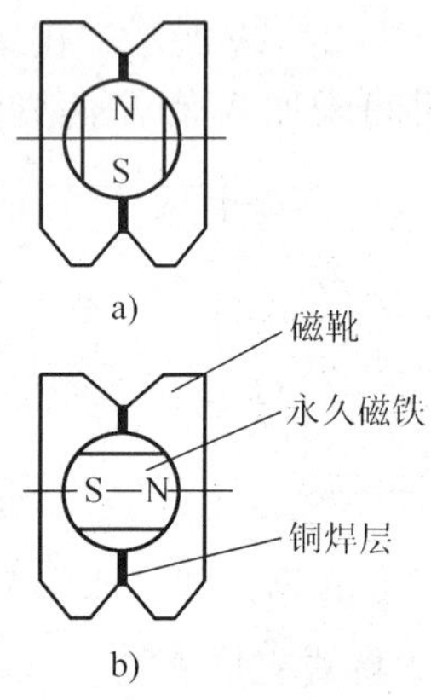

图 2—33　磁性夹具的基本原理

四、线切割加工中工件的正确装夹方法

1. 安装夹具对编程的影响

采用适当的夹具，可使编程简化，或可用一般编程方法使加工范围扩大（如用固定分度夹具，用几条程序就可以加工零件的多个旋转图形，这就简化了编程工作；再如自动回转夹具，变原来的直角坐标系为极坐标系，可用切斜线的程序加工出正确的阿基米德螺旋面），还可以用适当的夹具，加工出车刀的立体角、导轮的沟槽、样板的椭圆线和双曲线等。这就扩大了线切割机床的使用范围。

2. 工件在工作台上的装夹位置对编程的影响

（1）适当的定位可以简化编程工作。工件在工作台上的位置不同，会影响工件轮廓线的方位，也就影响各点坐标的计算结果，进而影响各段程序。如图 2—34a 所示，若使工件的 α 角为 0°、90°以外的任意角，则矩形轮廓各线段都成了切割程序中的斜线，这样，计算各点的坐标等都比较麻烦，还可能发生错误。如条件允许，使工件的 α 角为 0°和 90°，则各条程序皆为直线程序，这就简化了编程，从而减少差错。同理，图 2—34b 中的图形，当 α 角为 0°、90°或 45°时，也会简化编程，提高质量，而 α 为其他角度时，则会使编程复杂些。

（2）合理的定位可充分发挥机床的效能。有时则与上述情况相反，需要限制工件的定位，用改变编程的办法以满足加工的要求。如图 2—35 所示，工件的最大长度尺寸为 139 mm，最大宽度为 20 mm，工作台行程为 100 mm×120 mm。很明显，若用图 2—35a 所示的定位方法，在一次装夹中就不能完成轮廓的加工；若选图 2—35b 所示的定位法，可使全部轮廓落入工作台行程范围内，虽然编程比较复杂，但可在一次装夹中全部加工。

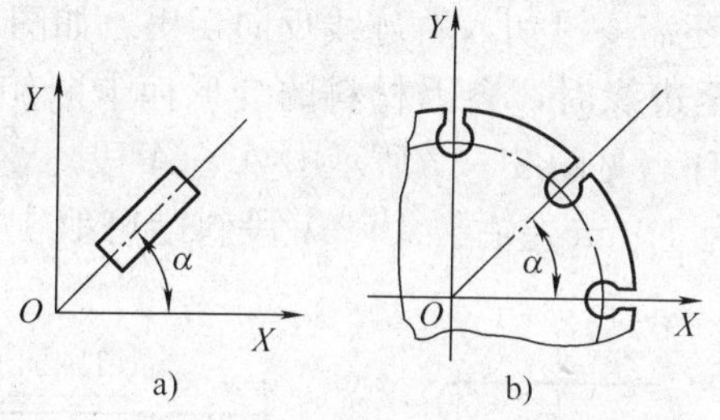

图 2—34　工件定位对编程影响的示意图之一
a）工件的 α 角为 0°、90°以外的任意角
b）工件的 α 角为 0°、90°或 45°

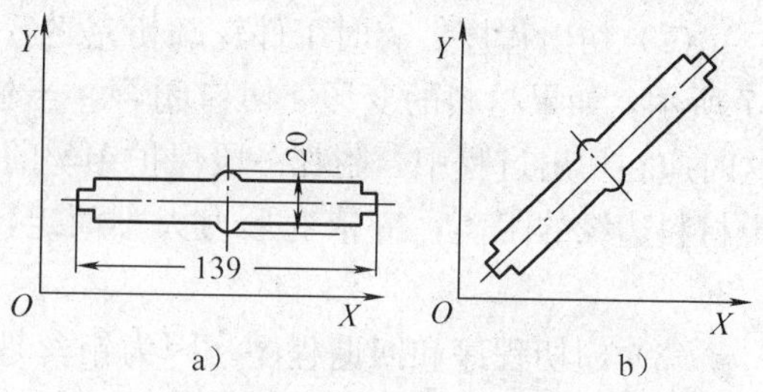

图 2—35　工件定位对编程影响的示意图之二
a）在一次装夹中不能完成轮廓的加工
b）在一次装夹中能完成全部加工

3. 程序的走向及起点的选择

为了避免材料内部组织及内应力对加工精度的影响，除了考虑工件在坯料中的取出位置之外，还必须合理地选择程序的走向和起点。如图 2—36 所示，加工程序引入点为 A，起点为 a，则走向可为：

①$A\rightarrow a\rightarrow b\rightarrow c\rightarrow d\rightarrow e\rightarrow f\rightarrow a\rightarrow A$。

②$A\rightarrow a\rightarrow f\rightarrow e\rightarrow d\rightarrow c\rightarrow b\rightarrow a\rightarrow A$。

若选②走向，则在切割过程中，工件和易变形的部分相连接，会带来较大的误差；若选①走向，就可以减少或避免这种影响。

若加工程序引入点为 B，起点为 d，这时无论选哪种走向，其切割精度都会受到材料变形的影响。

另外程序的起点（一般也是终点）选择不当，会使工件切割表面上残留切痕，尤其是当起（终）点选在圆滑表面上时，其残痕更为明显。所以，应尽可能把起（终）点选在切割表面的拐角处或是选在精度要求不高的表面上，或选在容易修整的表面上。

4. 附加程序

附加程序一般有以下几种：

（1）引入程序。程序起点是在程序的某个节点上，如图 2—37 所示中的 a 点。在一般情况下，引入点（见图 2—37 所示中的 A 点）不能与起点重合。这就需要一段引入程序。引入点有时可选在材料实体之外（如大多数凸模的加工），有时也选在材料实体之内（如凹模加工），这时还要预制工艺孔，以便穿丝。

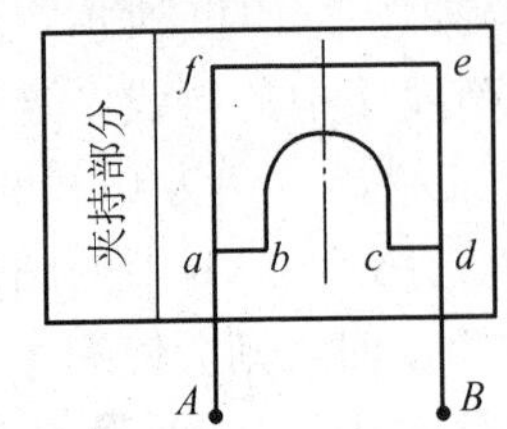

图 2—36　程序起点对加工精度的影响

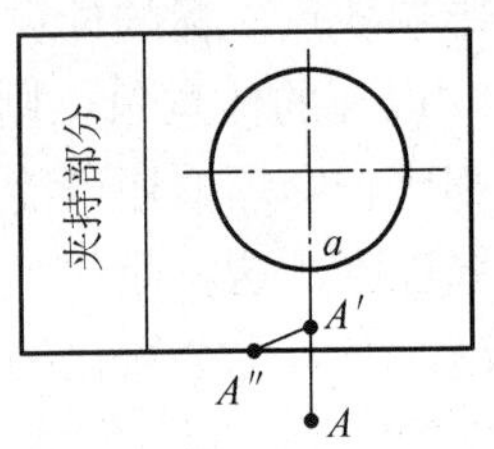

图 2—37　附加程序示意图

引入点应尽量靠近程序的起点，以使引入程序最短，缩短切割时间。另外，预制工艺孔虽会带来制孔、穿丝的麻烦，但由于合理地选用引入点和引入程序，因而控制了加工过程中的材料变形，提高了加工效率和精度。

（2）切出程序。有时工件轮廓切完之后，钼丝还需要沿切入轨迹线反向切出。如图 2—37 所示，如果材料的变形使切口闭合，当钼丝切至边缘时，会因材料的变形而卡断钼丝。这时应在切出过程中，附加一段保护钼丝的切出程序（见图 2—37 所示中 A'—A''段）。A'点距材料边缘的距离，应依变形力大小而定，一般为 1 mm 左右。A'—A''段斜度可取 1/4～1/3。

（3）超切程序和回退程序。因为钼丝是个柔性体，加工时受放电压力、工作液压力等作用，使加工区间的钼丝滞后于上下支点一小段距离，即钼丝工作段会发生挠曲，如图 2—38a 所示；这样拐弯时就会抹去工件轮廓的清角，影响加工质量，如图 2—38b 所示。为了避免抹去清角，可增加一段超切程序，如图 2—38 所示中的 A—A'段。钼丝切割的最大滞后点达到程序节点 A，然后再附加 A'点返回 A 点的返回程序 A'—A。接着再执行原程序，便可割出清角。

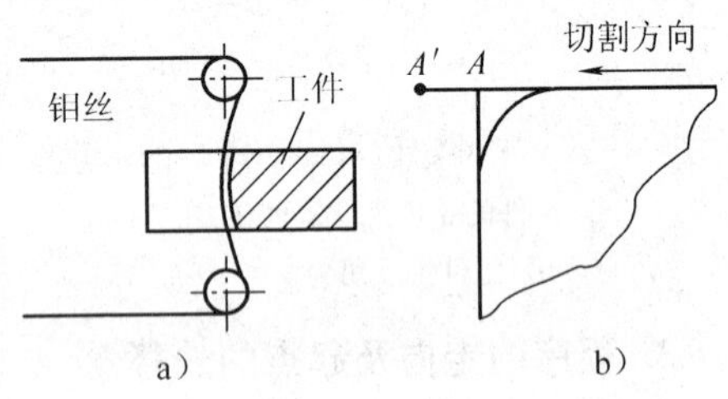

图 2—38　加工时钼丝挠曲及其影响
a）加工时钼丝挠曲
b）钼丝挠曲带来的影响

5. 工件的找正

（1）拉表法。如图 2—39 所示，拉表法是利用磁力表架，将百分表固定在线架或其他“接地”位置上，百分表触头接触在工件基面上，然后，旋转纵（或横）向丝杠手柄使拖板往复移动，根据百分表指示数值相应调整工件，校正应在 X 轴和 Y 轴两个坐标方向上进行。

（2）划线找正法。划线找正法如图 2—40 所示，固定在线架上的一个带有顶丝的零件将划针固定，划针尖指向工件图形的基准线或基准面，移动纵（或横）向拖板，根据目测调整工件找正。

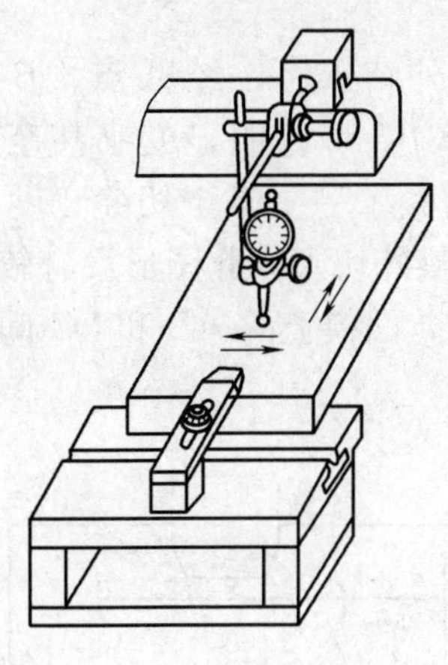
图 2—39　拉表法找正

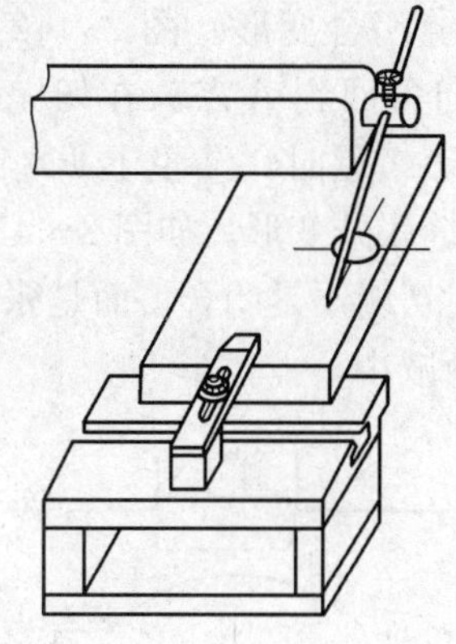
图 2—40　划线法找正

1）线切割加工型腔的位置和其他已成型的型腔位置要求不严时，可靠紧基面后，穿丝可按划线定位。

2）同一工件上型孔之间的相互位置要求严，但与外形要求不严，又都是只用线切割一道工序加工时，也可按基面靠紧，按划线定位、穿丝，切割一个型孔后卸丝，走一段规定的距离，再穿丝切第二个型孔，如此重复，直至加工完毕。

（3）按基准孔或已成型孔找正。

1）按已成型的孔找正。当线切割型孔位置与外形要求不严，但与工件上其他工艺已成型的型腔位置要求严时，可靠紧基面后按成型型孔找正后走步距再加工。

2）按基准孔找正。线切割加工工件较大，但切割型孔总的行程未超过机床行程，又要按外形找正时，可按外形尺寸做出基准孔，线切割时按基面靠直后再按基准孔定位。

3）按外形找正。当线切割型孔位置与外形要求较严时，可按外形尺寸来定位。此时最少要磨出侧垂直基面，有的甚至要磨六面。圆形工件通常要求圆柱面和端面垂直，这样，靠圆柱面即可定位。当切割型孔在中心且与外形同轴度要求不严，且无方向性时，可直接穿丝，然后用钢尺比一下外形，丝在中间即可。若与外形同轴度虽要求不严但有方向性时，可按线找正。若同轴度要求严，方向性也严时，则要求磨基准孔和基面。当基准孔无法磨时（如很小）也可按线仔细找正。按外形找正有两种：一是直接按外形找正，二是按工件外形配做胎具。

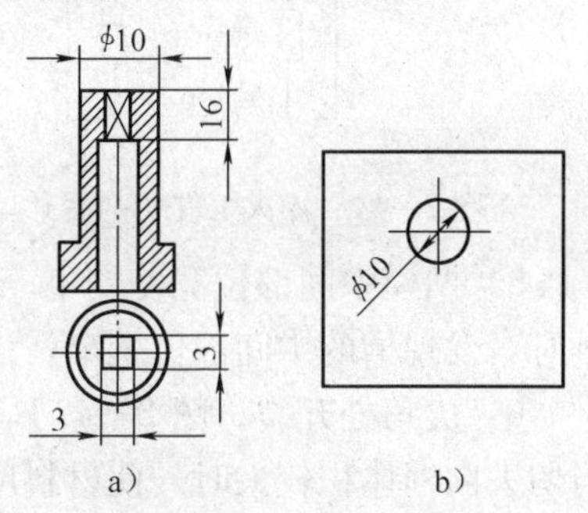

图 2—41　按外形找正

a）加工图样　b）胎具

如图 2—41 所示，需加工图 2—41a 中 3 mm×3 mm 方孔，可采用如图 2—41b 所示的胎具，在胎具上先按工件外形 φ10 mm 切出一个 φ10 mm 孔，此孔中心即为工件中心，工件固定好后即可加工。

6. 工件的装夹位置及防止工件变形开裂的方法

有些工件切割后，尺寸总是出现明显偏差，检查机床精度、数控柜和程序都正常，最后才发现是由于变形引起的。

(1) 工件变形和开裂的例子。

1) 切缝闭合变形。图 2—42 所示的凸模，由坯料外切入后，经 A 点、B 点……按顺时针方向再回到 A 点。在切完 EF 圆弧的大部分后，BC 切缝明显变小甚至闭合，当继续切割至 A 点时，凸模上 FA 与 BC 间平行的尺寸增大了一个等于切缝宽度的尺寸。

2) 切缝张开变形。如图 2—43 所示，该凸模也是坯料外切入，此图形没有较大的圆弧段，变形时切缝不是闭合，而是张开。继续切割 FG 段时，凸模上的 AB 和 FG 间平行的尺寸将会逐渐减小。

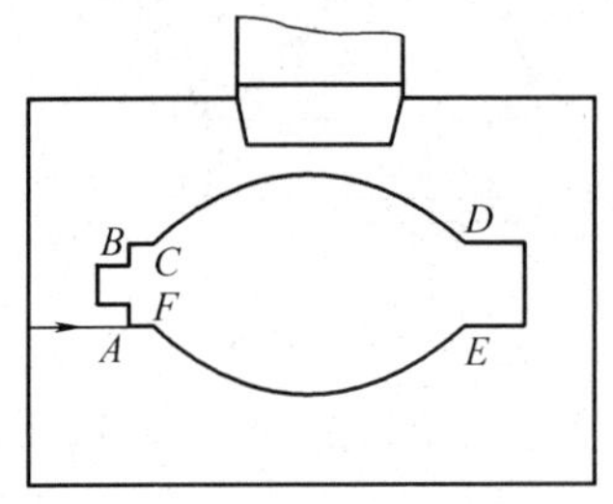

图 2—42　切缝闭合变形

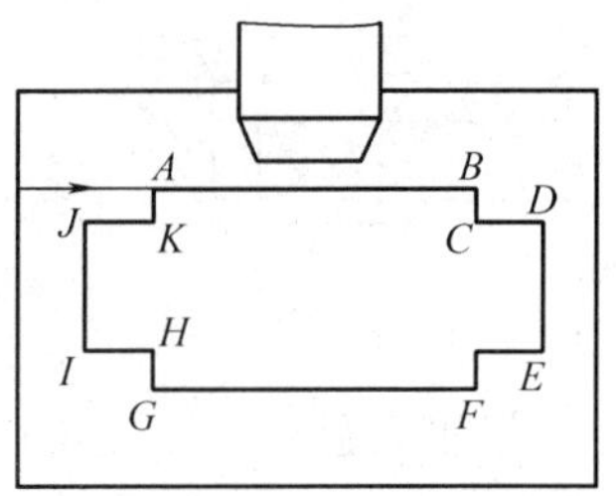

图 2—43　切缝张开变形

3) 淬火工件切割后开口变小。图 2—44 所示为切割经过淬火的材料，切割后开口部位尺寸变小。

4) 未淬火工件张口变形。图 2—45 所示为未经淬火的工件，切割后在开口处张开，使开口尺寸增大。

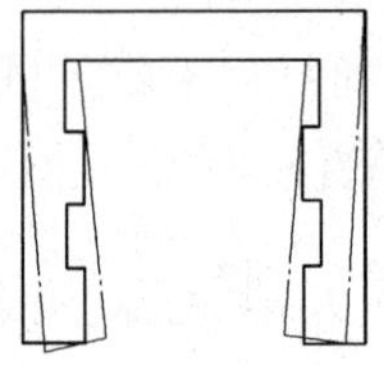
图 2—44　淬火工件切割后开口变小

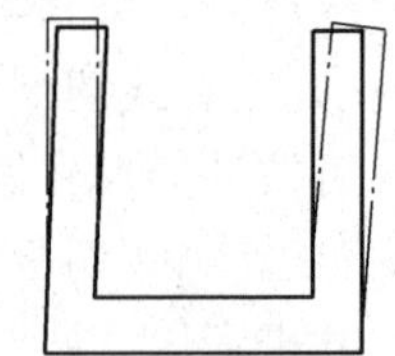
图 2—45　未淬火工件张口变形

5) 凹模中间部位宽度变小。图 2—46 所示为一个长宽比较大的窄长凹模，在切割后测量时，发现槽的中间部位变窄，这是由于图形中的长槽和小槽的应力变形所引起的。

6) 尖角处开裂。图 2—47 所示为较大的凹模，因内腔尖角处没有较大的工艺圆，所以当切去内框体积较大时，使材料应力平衡受到严重破坏，导致尖角处应力集中而开裂。

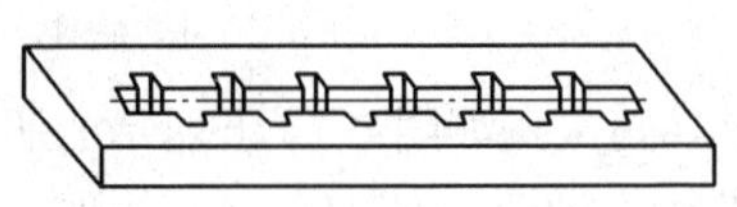
图 2—46　凹模中间部位宽度变小

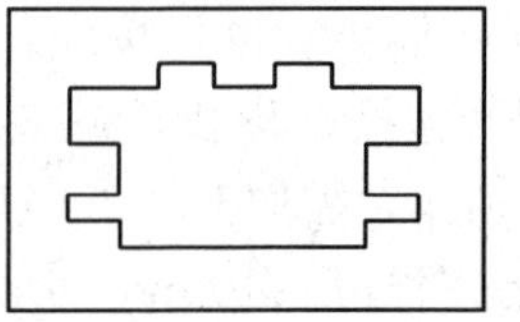
图 2—47　尖角处开裂

(2) 变形和开裂的原因及改善办法。

1) 无凸模外形起点穿丝孔。当从坯料外直接切入切割凸模时，因材料应力不平衡产生变形，如张口或闭口变形，以致影响工件加工精度。所以在切割凸模时，应在坯料上钻出凸模外形起点的穿丝孔。

2) 夹压方法不当。有时不便于钻凸模外形起点穿丝孔，可以改变切割路线及夹压位置，就可减小或避免变形对切割工件尺寸精度的影响。图 2—43 所示的凸模，若把切割路线改为 $A \rightarrow K \rightarrow J \rightarrow I$……，按逆时针方向最后至 A，由于夹压工件的位置在最后一条程序处，所以在切割过程产生的变形不致影响凸模的尺寸精度。

3) 凹模尖角处易产生应力集中。大框形凹模的尖角处易产生应力集中，而在切割中引起开裂，因此应在尖角处增设适当大小的工艺圆角，以缓和应力集中。

4) 凹模切去的实体部分太多。对于面积较大的凹模，由于切去了框内较大的体积，使应力变化很大（见图 2—47），容易产生变形，甚至开裂。对于这种凹模，应在淬火前将中部搂空，给线切割留 2～3 mm 的余量，这可使线切割时产生的应力减小。

5) 热处理不当。钢件的应力随含碳量的增加而增加，使高碳钢易开裂，故应避免使用高碳钢作凸、凹模材料。淬火时在确保硬度的情况下，应尽可能使用较低的淬火温度和较缓慢的加热和冷却速度，以减小应力。

回火是减小淬火产生应力的重要手段，回火的效果与回火温度、回火持续时间有关。对易变形、开裂的工件，有时切割后再进行 180～200℃、4 h 的回火，以达到减小应力和稳定金相组织的目的。

6) 各种原因造成的变形。有的工件在采取某些措施后，仍有一些变形，为了满足工件的精度要求，可改变一次切割到尺寸的传统习惯，改为粗、精两次切割，使粗切后的变形量在精切时被修正，粗切后为精切留的余量约 0.5 mm 左右。这种办法多用于图形复杂、易于产生变形的模具，或要求精度高、配合间隙小的模具。

有时采用单点夹压来代替多点夹压，以及多次更换夹压点的方法，也可以使变形减小。

五、不易装夹工件的装夹技巧

1. 坯料余量小时的装夹方法

为了节省材料，经常会碰到加工坯料没有夹持余量的情况。由于模具质量大，单端夹持往往会使工件造成低头，使加工后的工件不垂直，致使模具达不到技术要求。如果在坯料边缘处不加工的部位加一块托板，使托板的上面与工作台面在一个平面上，如图 2—48 所示，就能使加工工件保持垂直。

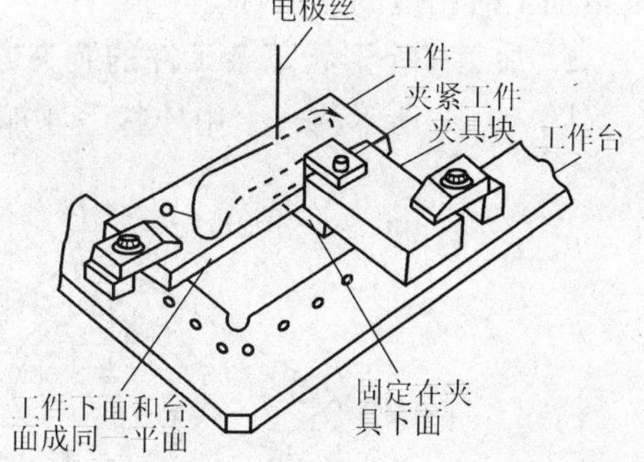

图 2—48　坯料余量小的工件装夹方法

2. 切割圆棒工件时的装夹方法

线切割圆棒形坯料时，或当加工阶梯式成型冲头或塑料模阶梯嵌件时，可用图 2—49 所示的装夹方法。圆棒可装夹在六面体的夹具内，夹具上钻一个与基准面平行的孔，用内六角螺钉固定。有时把圆棒坯料先加工成需要的片状，卸下夹子把夹具体转 90°再加工成需要的形状。

3. 切割六角形薄壁工件时的装夹方法

装夹六角形薄壁工件用的夹具，主要应考虑工件夹紧后不变形，可采用图 2—50 所示的装夹方法，即让六角管的一面接触基准块。靠贴有许多橡胶板的胶夹由一侧加压，夹紧力由夹持弹簧产生。在易变形的工件上可分散设置许多个弹性加压点，这样不仅能达到减小变形的目的，而且工件固定也很可靠。此法适合批量产生。

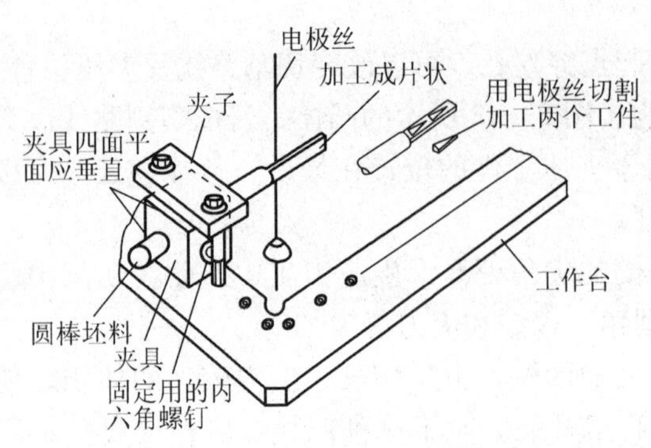

图 2—49　切割圆棒工件时的装夹方法

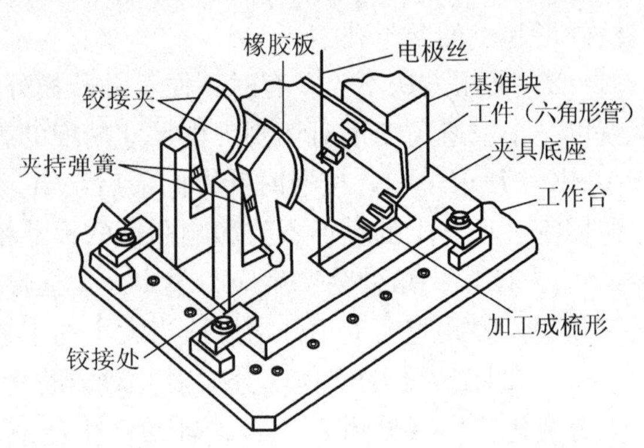

图 2—50　切割六角薄壁零件时的装夹方法

4. 加工无夹持余量工件的装夹方法

加工无夹持余量的工件用基准凸台装夹，图 2—51 所示是用基准凸台装夹工件侧面来加工异形孔的夹具。在夹具的 A 部有与工件凹槽密切吻合的突出部，用以确定工件位置。B 部由螺钉固定在 A 部上，而工件用 B 部侧面的夹紧螺钉固定。这种夹具可使完全没有夹持余量的工件靠侧面用基准凸台来定位和夹紧，既保证精度，也能进行切割加工。如果夹具的基准凸台由线切割加工，根据基准凸台的坐标再加工两个异形孔，这样更易于保证工件的精度和垂直度，且可保证批量加工时精度的一致性。

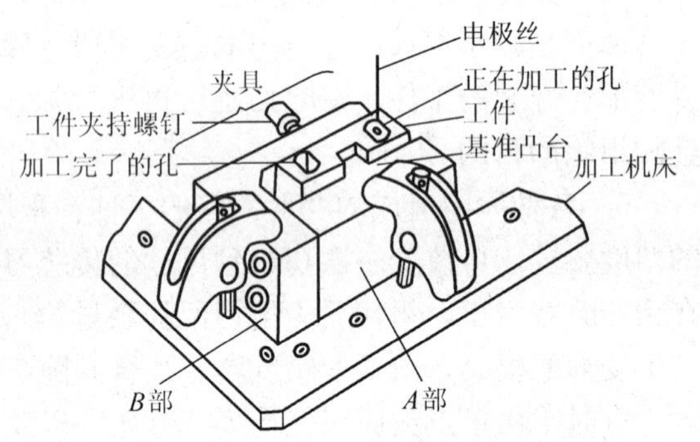

图 2—51　加工无夹持量工件用的基准凸台夹具

5. 加工多个形状复杂工件的装夹方法

图 2—52 所示为一个用环状毛坯加工具有菠萝图形工件的夹具，工件加工完后切断成 4

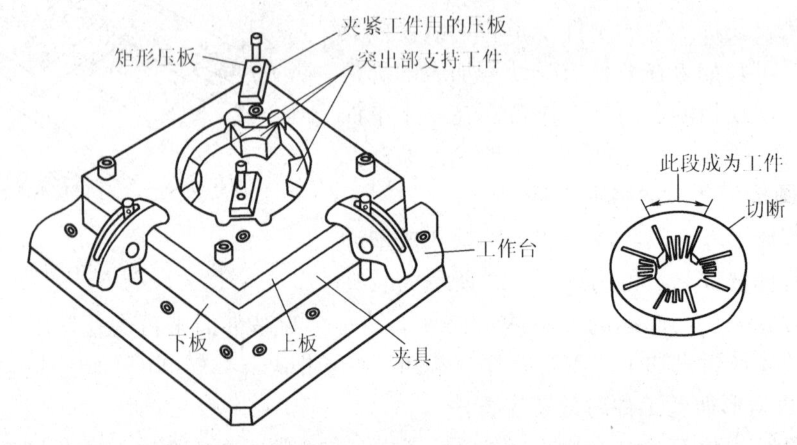

图 2—52　加工多个复杂工件的夹具

个。夹具分为上板和下板，两者互相固定，下板的4个突出部支持工件，突出部分避开加工位置。用螺钉通过矩形压板把工件夹固在上板上。这种安装方法也适合于批量生产。

§2—6　线切割加工的工艺技巧

一、复杂工件线切割加工的工艺方法

1. 对要求精度高、表面粗糙度好的工件及窄缝、薄壁工件的加工

对这类工件电极丝导向机构必须良好，电极丝张力要大，电参数宜采用小的峰值电流和小的脉冲宽度。进给跟踪必须稳定，且要严格控制短路。工作液浓度要高些，喷流方向要包住上下电极丝进口，流量适中。在一个工件的加工过程中，中途不能停机，要注意加工环境的温度，并保持清洁。

2. 对大厚度、高生产率及大工件的加工

这类工件的加工，要求进给系统保持稳定，严格控制烧丝，电极丝导向机构必须良好。同时，电参数宜采用大的峰值电流和大的脉冲宽度，脉冲波形前沿不能太陡，脉冲搭配方案应考虑控制电极丝的损耗。工作液浓度要低些，喷流方向要包住上下电极丝进丝口，流量应稍大。

二、改善线切割加工表面粗糙度的措施

表面粗糙度是模具精度的一个主要方面。数控线切割加工表面粗糙度超值的主要原因是加工过程不稳定及工作液不干净，现提出以下改善措施，供在实践中参考。

（1）保证储丝筒和导轮的制造和安装精度，控制储丝筒和导轮的轴向及径向跳动，导轮转动要灵活，防止导轮跳动和摆动，有利于减少钼丝的振动，保证加工过程的稳定。

（2）必要时可适当降低钼丝的走丝速度，增加钼丝正反换向及走丝时的平稳性。

（3）根据线切割工作的特点，高速运动的钼丝需要频繁地换向来进行加工，钼丝在换向的瞬间会造成其松紧不一，张力不均匀，从而引起钼丝振动直接影响加工表面粗糙度，所以应尽量减少钼丝运动的换向次数。试验证明，在加工条件不变的情况下，加大钼丝的有效工作长度，可减少钼丝换向次数及钼丝抖动，促进加工过程的稳定，提高加工表面质量。

（4）采用专用机构张紧的方式将钼丝缠绕在储丝筒上，可确保钼丝排列松紧均匀。尽量不采用手工张紧方式缠绕，因为手工缠绕很难保证钼丝在储丝筒上排列均匀及松紧一致。如果松紧不均匀，钼丝各处张力不一样，就会引起钼丝在工作中抖动，从而增大加工表面粗糙度。

（5）X向、Y向工作台运动的平稳性和进给均匀性也会影响到加工表面粗糙度。保证X向、Y向工作台运动平稳的方法为先试切，在钼丝换向及走丝过程中变频均匀，且单独走X向、Y向直线，步进电动机在钼丝正反向所走的步数应大致相等，说明变频调整合适，钼丝松紧程度一致，可确保工作台运动的平稳。

（6）对于有可调线架的机床，应把线架跨距尽可能调小。跨距过大，钼丝会振动；跨距过小，不利于冷却液进入加工区。如切割40 mm的工件，线架跨距在50～60 mm之间，上下线架的冷却液喷嘴离工件表面6～10 mm，这样可提高钼丝在加工区的刚性，避免钼丝振动，有利于加工稳定。

（7）工件的进给速度要适当。因为在线切割过程中，如工件的进给速度过大，则被腐蚀

的金属微粒不易全部排出，易引起钼丝短路，加剧加工过程的不稳定；如工件的进给速度过小，则生产效率低。

(8) 脉冲电源同样是影响加工表面粗糙度的重要因素。脉冲电源采用矩形波脉冲，因为它的脉冲宽度和脉冲间隔均连续可调，不易受各种因素干扰。减少单个脉冲能量，可改善表面粗糙度。影响单个脉冲能量的因素有脉冲宽度、功放管个数、功放管峰值电流，所以减小脉冲宽度、减小峰值电流，可改善加工表面粗糙度。然而，减小脉冲宽度，生产效率大幅度下降，不可采用；减小功放管峰值电流，生产效率也会下降，但影响程度比减小脉冲宽度小。因此，减小功放管峰值电流，适当增大脉冲宽度，调节合适的脉冲间隔，这样既可提高生产效率，又可获得较好的加工表面粗糙度。

(9) 保持稳定的电源电压。因为电源电压不稳定，会造成钼丝与工件两端的电压不稳定，从而引起击穿放电过程不稳定，使表面粗糙度增大。

(10) 线切割工作液要保持清洁。工作液使用时间过长，会使其中的金属微粒逐渐变大，使工作液的性质发生变化，降低工作液的作用，还会堵塞冷却系统，所以必须对工作液进行过滤，使用时间长，要更换工作液。最简单的过滤方法是在冷却泵抽水孔处放一块海绵。工作液最好是按螺旋状形式包裹住钼丝，以提高工作液对钼丝振动的吸收作用，减少钼丝的振动，改善表面粗糙度。

总之，只要消除了加工过程中的不稳定性及保持工作液清洁，就能在较高生产效率下，获得较好的加工表面粗糙度。

三、线切割加工中产生废品及质量差的因果关系

图 2—53 所示归纳整理出了各种因素对切割质量的影响，可供分析时参考。

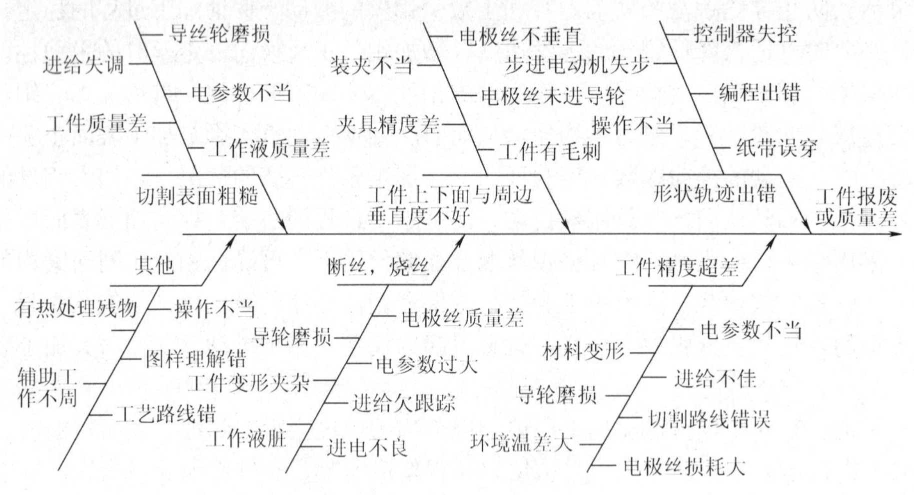

图 2—53 各种因素对线切割质量和产生废品的影响

四、线切割加工中预防工件报废或质量差的方法

1. 操作人员必须具备一定技术素质

正确地理解图样的各项技术要求，编程和穿纸带要正确。工作液要及时更换，保持一定清洁度，保证上、下喷嘴不阻塞，流量合适。电极丝校准垂直，工件装夹正确。合理选用脉冲电源参数，加工不稳定时及时调整变频进给速度。加工时每个工件都要记录起

割坐标。

2. 机床、控制器、脉冲电源工作要稳定

（1）保证导丝机构必要的精度，经常检查导丝轮、导电块、导丝块。导丝轮的底径应小于电极丝半径，支撑导丝轮的轴承间隙要严格控制，以免电极丝运转时破坏稳定的直线度，使工件精度下降，放电间隙变大，导致加工不稳定。导电块应保持接触良好，磨损后要及时调整，不允许在钼丝和导电块间出现火花放电，应使脉冲能量全部送往工件与电极丝之间。导丝块的位置应调整合适，保证电极丝在丝筒上排列整齐，否则会出现叠丝或夹丝现象。

（2）控制器必须有较强的抗干扰能力。变频进给系统要有调整环节。步进电动机进给要平稳、不失步。

（3）脉冲电源的脉冲间隔、功率管个数及电压幅值要能调节。

3. 工件材料选择要正确

（1）工件材料（如凸凹模）要尽量使用热处理淬透性好、变形小的合金钢，如 Cr12 及 Cr12MoV 等。

（2）毛坯需要锻造。热处理要严格按工艺要求进行，最好进行两次回火。回火后的硬度在 HRC58～60 为宜。

（3）在线切割加工前，必须将工件被加工区热处理后的残物和氧化物清理干净。因为这些残存氧化物不导电，会导致断丝、烧丝或使工件表面出现深痕，严重时会使电极丝离开加工轨迹，造成工件报废。

复　习　题

1. 简述数控线切割加工的步骤。
2. 线切割的工艺参数主要有哪些？如何选择这些参数？
3. 简述如何选择电极丝的材料和直径？
4. 如何校正电极丝的垂直度？
5. 如何调整电极丝的坐标位置？
6. 简述线切割加工时配制和使用工作液的方法。
7. 线切割机床上常用的夹具有哪几种？
8. 在线切割加工过程中如何降低工件的表面粗糙度？

第三章　数控线切割机床的操作与维护

§3—1　HCKX250A 型线切割机床的组成与操作

本节以某机床厂生产的 HCKX250A 型数控线切割机床为例，介绍数控线切割机床的组成与操作方法。

一、机床结构及工作原理

HCKX250A 型线切割机床主要由主机、机床电气箱、工作液箱、自适应脉冲电源和数控系统等组成，其外形图如图 3—1 所示。

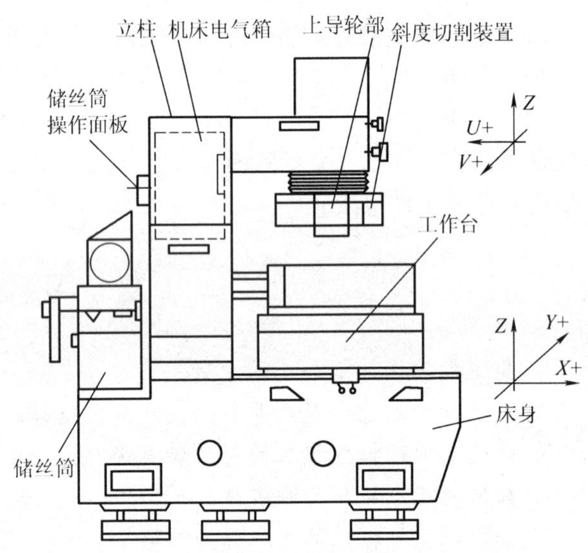

图 3—1　HCKX250A 型线切割机床外形图

1. 主机

主机由床身、工作台、立柱、储丝筒、导丝系统、斜度切割装置等部件组成。

床身和工作台是主机的基础部件，工作台由步进电动机、滚珠丝杠和滚动导轨组成的 X、Y 坐标驱动系统驱动，床身是工作台、立柱、储丝筒等部件的支撑基础。

立柱是导丝系统、Z 轴和斜度切割装置的支撑基础件。在立柱头部装有滑枕和滑板，滑枕通过手轮驱动在滑板上作 Z 坐标移动，带动斜度切割装置及上导轮部件上、下移动，以适应对薄厚不同工件的加工。

储丝筒主要由丝筒、滑板和控制开关组成，是储存、带动电极丝做高速运动的机构，通过调整行程挡块的位置控制丝筒换向位置。

导丝系统由导轮、张丝机构等组成，采用高精度宝石主导轮和高精度轴承，运转平稳，可防止丝的抖动，有效地提高切割精度。由于加工时导轮处于高速运动状态，加之切割电蚀物和工作液的作用，所以该系统为机床维护保养的关键部件。

斜度切割装置可实现锥度切割加工和上下异形曲面加工，由步进电动机直接与滑动丝杠相连，拖动滑板以实现 U、V 坐标的移动。

2. 机床电气箱

机床电气箱主要控制储丝筒的启动、制动、换向、变速、上丝电动机的运转以及断丝检测装置。

3. 工作液箱

工作液箱里装有两级过滤网，回流的工作液首先经过平板式粗过滤网一级过滤，再经精过滤网二级过滤，后由电动泵抽出。

4. 自适应脉冲电源

线切割加工为脉冲电源放电加工，脉冲电源的性能是影响加工效率和加工质量的关键因素。自适应脉冲电源采用大功率场效应管，为独立模块化结构，与控制系统的连接全部采用光电隔离，使外部对系统的干扰降到了最低程度，且电源具有自适应能力，加工参数可以通过程序中的加工条件或数控系统菜单中的功能键进行设定。

5. 数控系统

快走丝切割机床的数控系统，一般为步进电动机伺服驱动的经济型数控系统。

在 HCKX250A 型 CNC 线切割机床中，自适应脉冲电源和数控系统安装在同一系统控制柜中。

二、主机基本操作

数控线切割机床的 X、Y、U、V 四坐标由数控系统控制或手动移动。手动移动通过手控盒或手动加工指令执行。其他操作还有储丝筒上丝及调整，Z 轴调整，上、下喷水阀调整及穿丝操作等，操作部件如图 3—2 所示。

1. *Z* 轴行程调整

Z 轴滑枕下部连接着斜度切割装置和导轮装置。切割前根据所夹工件厚度，先松开锁紧手柄 7，转动手轮 8 即可上升或下降 Z 轴，使 Z 轴下端面距工件上表面 5 mm 为宜（台阶类零件以工件最高处不碰撞 Z 轴下端面为准），然后再锁紧手柄，加工过程中不需要调整。

注意：工件上夹紧压板的厚度和螺栓的高度应在调整 Z 轴时予以考虑，防止在切割过程中 Z 轴下端面与压板或螺栓相撞，造成工件报废和设备损坏。Z 轴上指针所示尺寸为上导轮装置中下导轮中心与工作台面之间的距离，进行锥度切割加工时需把此值输入数控系统的计算机中，与锥度程序中的“S”值相同。

例如，Z 轴降至最低位置，标尺指针在“10”刻度线上，表示此时上导轮装置中下导轮中心与工作台面之间的距离为 100 mm，此时 Z 轴下端面距工作台面 55 mm，此时可装夹 50 mm厚的工件。

2. 喷水阀上下喷嘴工作液流量调整

先打开工作液箱电动泵，待工作液从喷嘴流出后，调整喷水阀上两个控制流量的手柄。

注意：工作时水流不要过大，以防飞溅，以水流把丝包在中间且工作液没有溅在工作台有机玻璃护罩外为最佳状态。

3. 储丝筒各控制开关功能及操作说明

储丝筒操作面板位于立柱后面，如图 3—3 所示。

（1）断丝检测开关。控制断丝检测回路，通过导丝路径上两个与电极丝接触的导电块作为检测元件，当导丝系统正常运转时，两个导电块通过电极线短接，检测回路正常。当工作过程中断丝时，两个导电块之间开路，检测回路即发出信号，控制储丝筒及系统程序停止。

在储丝筒上丝和穿丝操作时，因检测回路处于开路，不能开机进行半自动上丝，必须将此开关断开（向下），才能开启储丝筒进行操作；穿丝完成后，应检查两个断丝检测导电块（位于立柱上方有机玻璃门内）与丝良好接触，再合上此开关（向上），机床才能正常工作。

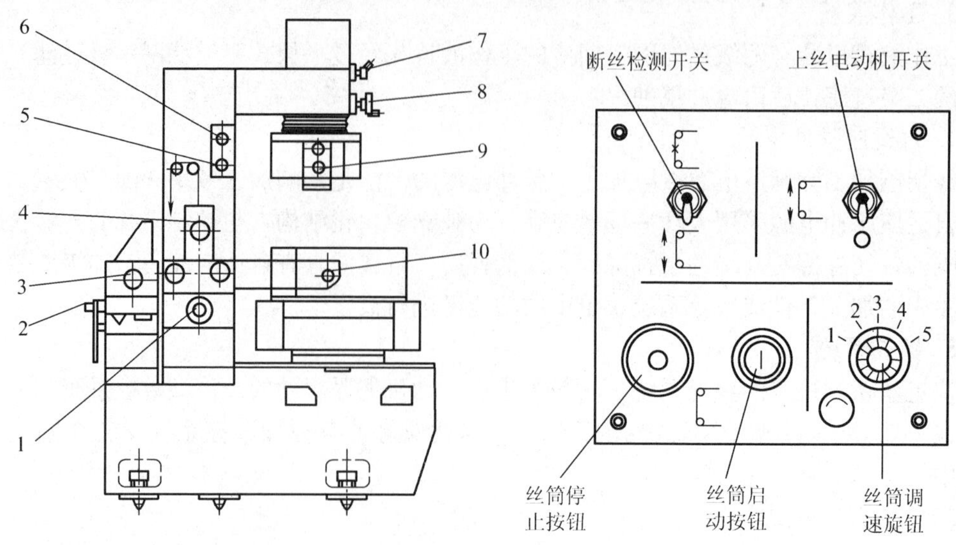

图 3—2　机床操作部件示意图

1—上丝电动机　2—储丝筒行程调整挡块　3—储丝筒摇把结合部　4—张丝滑块　5—下喷嘴工作液旋钮　6—上喷嘴工作液旋钮　7—Z 轴锁紧手柄　8—Z 轴升降手轮　9—上导轮及上喷嘴　10—下导轮及下喷嘴

图 3—3　储丝筒操作面板

(2) 上丝电动机开关。为了使电极丝均匀、整齐并以一定的张力缠绕在丝筒上，机床设计了一个上丝电动机，丝盘套在电动机轴上，丝的一端通过上丝介轮和导轮固定在储丝筒上，开启此开关，丝盘在电动机带动下即有恒定反转矩，使丝张紧，上完丝后断开此开关。

(3) 储丝筒启停开关。此开关控制丝筒的开和停，用于在上丝、穿丝等非程序运行时控制丝筒。

注意：在上丝、穿丝等操作中，请务必压下系统控制柜面板上的红色停止按钮并锁定，防止误操作或意外启动丝筒，造成人身伤害，开启丝筒前应先松开停止按钮，检查周围有无别人操作机床，再开启丝筒。

机床在进行程序加工时应松开丝筒停止按钮，此时丝筒的启停由数控系统控制，发生意外时，可关断控制柜总开关，也可直接关断丝筒停止按钮。

(4) 储丝筒调速旋钮。储丝筒电动机设有 5 挡转速，用此旋钮调速，使丝速能在 2.5～9.2 m/s 之间分 5 挡转换。1 挡转速最低，专用于半自动上丝，其余 4 挡可用于不同条件下的切割，2～3 挡用于切割较薄工件，4～5 挡用于切割厚工件。

注意：在切割过程中禁止进行换挡，以免烧坏电器元件。

4. 储丝筒上丝、穿丝及行程调整

(1) 上丝操作。将电极丝（钼丝）均匀地绕在储丝筒上。机床具有半自动上丝功能，上丝电动机位置如图 3—2 所示，使用时将丝盘套在电动机轴上，并用螺母锁紧。

半自动上丝时先用摇把（随机附件）将丝筒逆时针摇至右端极限位置（不想上满丝时，可与极限位置保留一段距离），将丝盘上电极丝的一端拉出，绕过上丝介轮和导丝轮，如图 3—4 所示。将丝头从丝筒下边拉出，固定在储丝筒端部螺钉上，剪掉多余丝头，顺时针转动丝筒 2～4 圈后打开上丝电动机开关，使丝拉紧。注意不要让丝从上丝介轮和导轮槽中脱出，然后继续用摇把转动丝筒，使丝在丝筒一端缠至 10～15 mm 宽度后，取下摇把，松开系统控制柜面板上的停止按钮，将调速旋钮调至 1 挡，将储丝筒左、右行程挡块分别固定在左右极限位置，启动储丝筒开启按钮，电极丝就均匀整齐地绕在丝筒上，接近极限位置后，停下丝筒，顺绕丝方向抽紧电极丝，关掉上丝电动机，剪断多余的电极丝，固定好丝头，半自动上丝完成。

手动上丝不需开启储丝筒，用摇把一直匀速转动丝筒即可将丝上满，上丝前准备工作和上完丝后各操作步骤与半自动上丝相同。

注意：摇把使用后必须立即取下，以免遗忘后启动储丝筒，使摇把在高速旋转中被甩出，造成人身伤害和设备损坏。

（2）穿丝操作。首先将张丝滑块压至最下端位置，用插销定位，然后取下储丝筒一端的丝头，拉紧，以防乱丝，按图 3—5 所示位置，从下向上依次将丝绕过各导轮，最后将丝头从储丝筒上边拉至螺钉处固定，剪去多余丝，检查丝是否都在导轮槽中，与导电块接触是否良好。然后用摇把转动丝筒反绕几圈，拔下张丝滑块上的插销，手扶张丝滑块缓缓放松，穿丝操作结束。

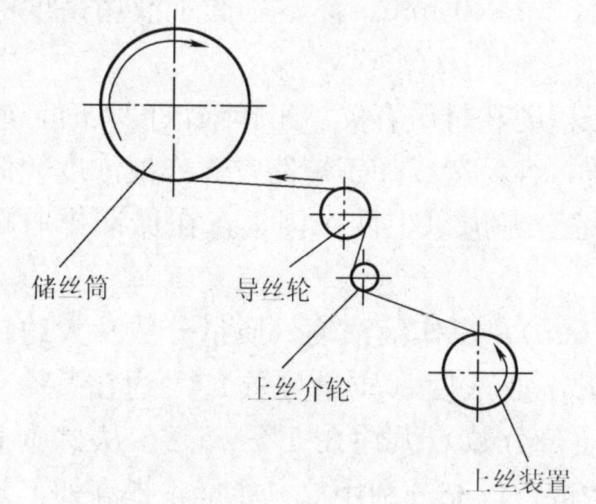

图 3—4　上丝示意图

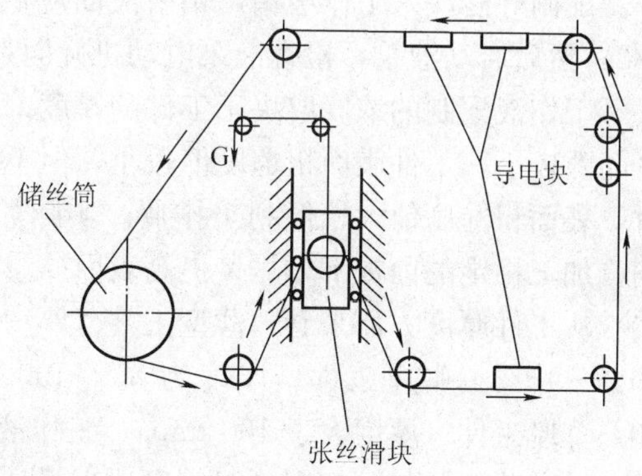

图 3—5　穿丝示意图

（3）储丝筒行程调整。穿完丝后，视储丝筒上电极丝的多少和位置来确定储丝筒的行程。从机床背后，面对储丝筒可以看见有标尺和指针，还有左、右两个移动的行程挡块，如图 3—6 所示，调整好的两行程挡块中心之间的距离为储丝筒的行程。

为防止机械性断丝，在行程挡块确定的长度之外，储丝筒两端还应各有 5～8 mm 的储丝量，这样储丝筒才能正常运行而不断丝。

5. 电极丝垂直找正

为了精确地切割工件，在进行切割加工之前必须对电极丝进行垂直找正，用找正器（随机附件）可以进行电极丝垂直找正，方法如下：

先擦干净工作台面和找正器各表面上的油及工作液，保持干燥条件，移动 Z 轴至适当位置后锁紧，找正器底面贴实工作台面，长度方向平行于 X 向或 Y 向，用手控盒移动 X 坐标或 Y 坐标，使电极丝贴近找正器的正面或侧面，调用控制电源微弱放电功能（G84），当电极丝与找正器之间的间隙足够小时，可看见微弱放电火花，从放电火花的均匀程度判断电极丝的偏斜方向，然后通过手控盒点动 U 轴或 V 轴坐标，直到火花均匀一致，如图 3—7 所示。

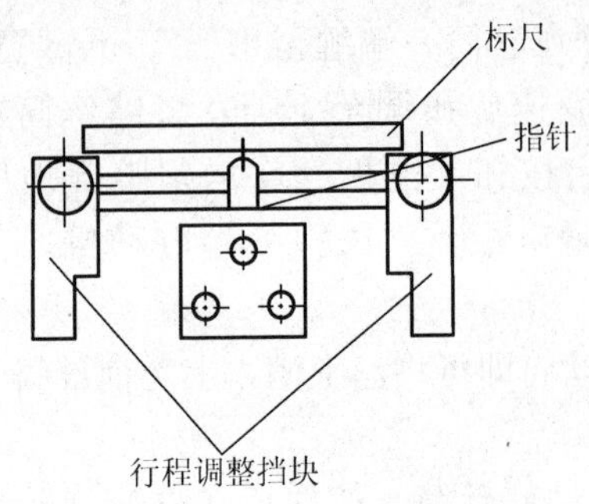

图 3—6 储丝筒行程调整示意图

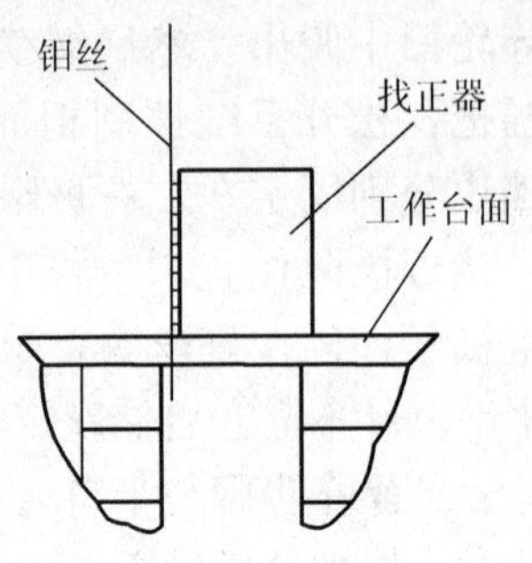

图 3—7 电极丝垂直找正

6. 配制线切割专用乳化液（工作液）

工作液在加工中充当放电介质，要有一定的绝缘性能，较好的消电离能力和灭弧能力；另外，还要有较好的洗涤性能、防腐蚀性能、润滑性能、冷却性能，且对人体无害，使用安全。

工作液为线切割专用乳化油与自来水配制而成，若用蒸馏水或磁化水与乳化油配制更好。配制好后注入工作液箱，箱内液面应低于盖板面 20～40 mm，但不得低于液箱高度的 2/3，然后启动液泵，检查液泵电动机旋向是否正确。

工作液配制的浓度取决于工件的厚度，并与加工精度和材质有关。工作液浓度大时，放电间隙较小，工件表面粗糙度值较小，但不利于排屑，容易造成加工短路；工作液浓度较低时，表面粗糙度值大，但利于排屑。实际加工时应综合考虑以上两个因素，在保证排屑顺利、加工稳定的前提下，尽量提高表面质量。

从工件厚度方面来看，薄型工件（厚度小于 30 mm），工作液浓度（质量分数）大约在 10%～15%；中厚工件（厚度为 30～100 mm），工作液浓度（质量分数）大约在 5%～10%；厚工件（厚度大于 100 mm），工作液浓度（质量分数）大约在 3%～5%。从材质上看，易蚀除的材料，如铜、铝等可适当提高工作液浓度，以充分利用放电能量，提高加工效率，但切割时应选较大的丝径，以利于排屑。

工作液的使用寿命因工作温度（室温）、工件材料等不同而有所不同，一般工作液黏稠、发黑或有明显异味后则必须更换，否则会影响加工稳定性和加工表面质量。

7. 加工中的紧丝操作

如果电极丝是新丝，最初运行时，表层氧化皮会脱落，丝有较大的延伸性，容易被拉长，张丝滑块会逐渐上移到最高点，这时就需要紧丝。

加工中紧丝时先操作电源柜，使加工在丝筒刚换完后暂停，并关断电气操作面板上的储丝筒启停开关，防止他人在紧丝时操作机床，发生事故。然后用摇把将丝筒摇至丝头位置。一手拉紧丝头，一手松开固定丝头的螺钉后，将张丝滑块拉至最下端，然后用插销锁定滑块，丝在此过程中要一直保持拉紧，防止从导轮槽中脱出，然后将丝重新固定，剪掉多余丝头，将储丝筒摇回 20～40 mm。取下摇把，打开储丝筒启停开关，继续加工。

一般新的电极丝试运行期间，需进行 2～3 次紧丝，运行初期，每个班（8 h）紧 1～2 次丝，丝拉伸至极限后则会稳定运行，无需紧丝。

8. 加工中断丝的处理措施

当加工过程中发生断丝时，如果确信不是由于丝的本身质量或使用时间超过丝的使用寿命而引起的，则可以利用丝筒上剩余的丝继续加工。具体操作方法为：先将较多的一半丝的断头在丝筒上固定好（两个丝头固定于一端螺钉上），然后将较少一半丝从丝筒上抽掉，丝筒上剩余的多一半丝可取下断头（另一个丝头必须固定好），然后按穿丝操作程序重新穿好丝后固定断头，再调整储丝筒行程挡块的位置在有丝缠绕的长度内，即可重新进行切割。

为防止叠丝，要在穿丝前摇动储丝筒，使断丝处与立柱上方的丝槽对准，若用的是左端一部分剩丝，则让断丝头相对于槽偏左一点，反之则偏右。

9. 切割加工操作顺序

先准备好加工工件毛坯（若需切割一个内腔形状工件，则电极丝必须从装夹好的工件毛坯上预制的穿丝孔中穿出）以及压板、螺钉等各种装夹工具，然后按以下程序操作：

（1）编制零件加工程序。

（2）储丝筒上丝。

（3）穿丝及调整行程挡块。

（4）电极丝垂直找正。

（5）装夹工件及找正。

（6）调整 Z 轴至适当位置并锁紧。

（7）移动 X、Y 坐标确定切割起始点。

（8）启动工作液泵，调整喷嘴流量。

（9）调用编制好的加工程序开始加工，调整加工参数。

三、面板基本操作

1. 系统控制柜上各部分的名称和功能

HCKX250A 型线切割机床系统控制柜示意图如图 3—8 所示。

（1）面板。系统控制部分主要在控制柜上，控制柜前门上部称为面板，包括 3 个区域，下面分别予以说明。

1）电源指示、启停操作区。该部分包括电压表、电流表、蜂鸣器、启动按钮、急停按钮。其中电压表、电流表显示高频脉冲电源的加工电压和电流。空载电压一般为 70 V 左右，加工电流小于 3 A。

① 绿色按钮为启动按钮，按下后指示灯亮，控制柜接通电源开始启动。

②红色蘑菇头按钮为急停按钮，当发生意外紧急故障时，应按急停按钮关机。

③蓝色按钮为蜂鸣器。当出现操作错误或故障时，蜂鸣器会蜂鸣报警提醒用户按正确操作排除故障。

2）屏幕显示区。14 in 的彩色显示器显示加工菜单及加工中的各种信息。CRT 左上区指示 X、Y、U、V 四轴坐标、系统时间、加工时间和坐标系；CRT 左下区显示加工菜单，可以控制系统进行文件操作、加工等；CRT 右上区为图形显示，立体显示加工工件及加工情况；CRT 右下区为操作帮助，能动态提示各种信息和帮助。

3）控制键盘操作区。键盘与普通 PC 机相同。

（2）手控盒。主要用于移动 X、Y、U、V 坐标。手动方式时按下 F1 即进入手控盒操作方式，如图 3—9 所示，0、1、2、3 分别为点动、低、中、高 4 挡移动速度，通过波段开关设定速度，按方向键，则机床以规定速度向指定方向移动。

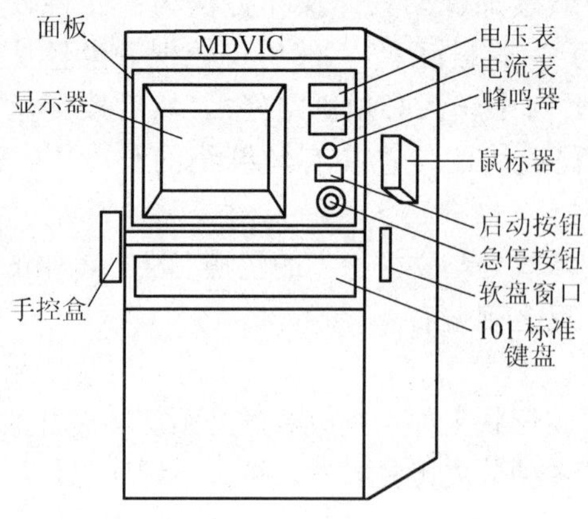

图 3—8 HCKX250A 型线切割机床控制柜

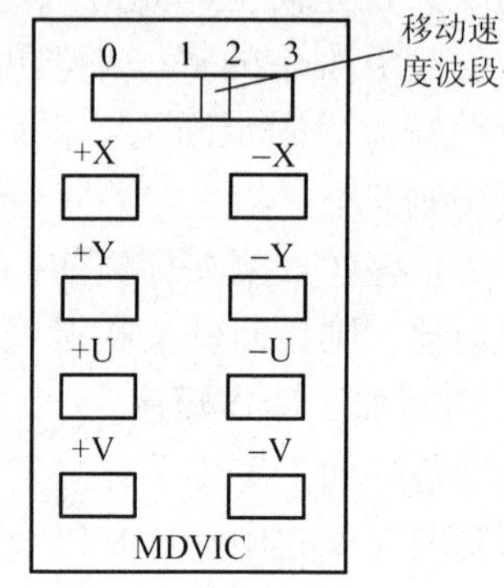

图 3—9 手控盒面板示意图

(3) 总电源开关和软盘插口。总电源开关在系统控制柜的左侧，向上扳为开，向下扳为关。软盘插口位置在系统控制柜的右侧。

2. 基本操作

(1) 系统启动。由计算机引导自动完成，具体过程是：

1) 接通电源，打开系统控制柜左侧空气开关。

2) 拔出红色蘑菇头急停按钮。

3) 按下绿色按钮，总电源启动，系统控制柜内各个开关接通。

4) 稍等片刻，显示器上出现计算机自检信息，之后进入主菜单。

5) 启动系统后，将各坐标回零位，建立机床坐标系。

注意：当出现死机或加工错误码无法返回主菜单时，可以同时按 Ctrl＋Alt＋Del 键，重新启动计算机。

(2) 关闭系统。按红色蘑菇头急停按钮关掉电源，再关闭系统控制柜左侧空气开关。

注意：关掉电源后，至少要等 30 s 后才能再打开它。

(3) 建立机床坐标系。系统启动后，首先应建立机床坐标系。具体过程是：

1) 在主菜单下移动光标选择“手动”中的“撞限极”功能。

2) 按 F2 功能键并回车，移动机床到 X 轴负极限，机床自动建立 X 坐标。

3) 再用建立 X 坐标的方法建立另外几轴的坐标。

4) 选择“手动”中的“设零点”功能，将各个坐标系设零。

(4) 移动工作台。方法有两种：

1) 手动移动方法。

①系统起始屏幕中选择“手动”方式。

②从“手动”方式选择“手控盒”子方式。

③通过手控盒上的移动速度选择开关，选择移动速度。

④按要移动的轴所对应的键，就可以实现工作台的移动。

2) 通过键盘输入的工作台移动方法。

①在系统起始屏幕中选择“手动”方式。

②从“手动”方式中选择“移动”子方式。

③从“移动”子方式中选择“快速定位”子方式。

④通过按键盘上的键输入数据。

⑤按 Enter 键，工作台开始移动。

（5）编制新的加工程序。

1）选择“文件”功能中的“编辑”功能。

2）按 F3 功能键编辑新文件，输入文件名。

3）按前述键盘操作方法输入源程序，之后按 ESC 键退出。

4）选择“保存”功能将程序保存在硬盘上。

（6）程序校验。

1）通过系统编辑或装入一个程序。

2）在系统起始屏幕中选择“文件”方式。

3）从“文件”方式中选择“校验画图”子方式。

4）按 Enter 键，系统自动进行校验并显示图形，观察是否正确。

5）选择“运行”方式中的“空运行”子方式。

6）按 Enter 键，机床将模拟加工，不放电运行一遍（工作台上不夹工件）。

四、加工运行

1. 在内存中运行

（1）用系统提供的编辑功能加工程序，或用图形自动编程生成加工程序，调入内存并将其存盘。

（2）在主菜单下选择“校验画图”功能画图，检查程序是否正确。如果不正确，则返回上一步修改。

（3）检查系统各部分是否正常（包括高频、水泵、丝筒等运行情况），选择系统“模拟运行”空走一遍查看加工轨迹是否正确。

（4）装夹工件，穿丝。

（5）转到“内存运行”功能，运行加工，在切割进刀线时设置加工参数，观察运行情况是否良好，加工是否稳定。切割时要随时观察运行情况，排除事故隐患。

2. 模拟运行

本功能不开强电（丝筒、水泵、高频电源），不装夹工件，以较高速度按编程轨迹空运行。模拟运行用于实际加工之前，保证实际加工的准确性和安全性。

3. 断点加工

断丝后的一般操作步骤如下：

（1）断丝后先按 ESC 键返回主菜单，记下断丝点的坐标值。

（2）穿丝。可移动坐标到别处穿丝，移动要用机床移动。（因为机床移动是经过检验的，千万不要用手动移动！）

（3）回断丝点。回断丝点的过程中如无阻挡，可用机床移动回断丝点（输入坐标值移动）；有阻挡则可切回断丝点。

（4）选择“断点加工”，回车继续加工。

掉电后一般操作步骤如下：

（1）打开电源上电后进入主菜单。

(2) 选择“断点加工”，回车继续加工。

注意：掉电后不要动机床。

§3—2 DK7740 型线切割机床的组成与操作

本节将介绍某厂生产的 DK7740 型数控电火花线切割机床的组成与操作。

一、主机的结构及工作原理

主机是线切割的执行机构，加工必须通过主机进行。主机各部件的性能直接影响到加工能否正常进行，能否达到所需的精度和表面粗糙度。主机由床身、储丝筒、坐标工作台、线架、工作液箱、张紧装置、工件夹具倒顺开关、机床电器等几个部分组成。

1. 床身结构及主机的绝缘要求

床身为一方形结构箱体，它是主机的支撑部件，主要部件都安装在床身的上平面上，为了结构的需要，在床身内部设有纵横向筋板，使其满足必要的刚度和抗振性。

为了保证电加工顺利进行，机床各部位的绝缘及接地作如下安排（见图 3—10）：

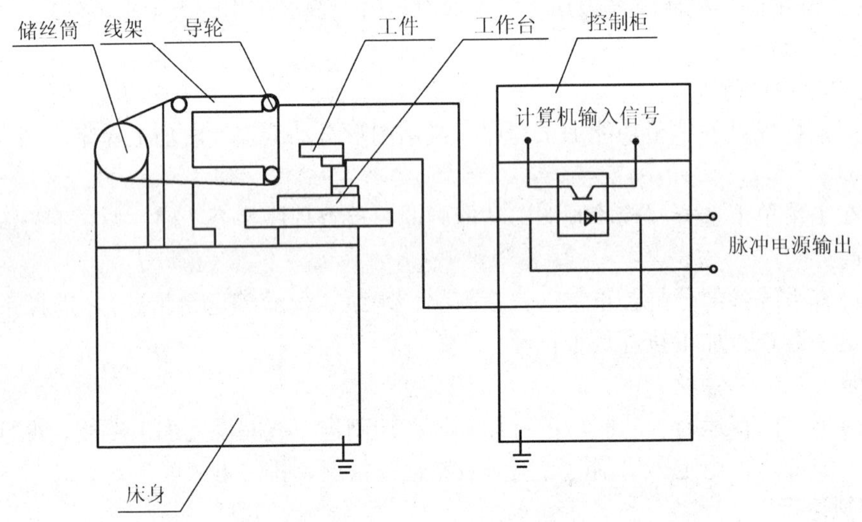

图 3—10 DK7740 型线切割机床结构示意图

绝缘部位共 3 处，它们是工件与床身之间、导轮与线架之间、线架与床身之间，这些部位绝缘的目的，一是为了减少脉冲电源能量的损耗，确保一定的加工速度，二是避免加工电流流经轴承加剧机件磨损。工件夹具进行绝缘还能防止工具切完掉下来时碰到线架产生短路。

机床的控制器件都进行接地以保证人员的人身安全。在脉冲电源的取样电路中采用了光电隔离，主机与控制柜即使同时接地也不致形成回路损坏机件。

2. 储丝筒的结构及原理

储丝筒主要用于缠绕电极丝，使电极丝既满足一定的线速度，又能反复使用，使作为“刀具”的工具电极能不停地对工件进行切割加工。储丝筒由绕丝、张紧、走丝、换向等几部分组成，如图 3—11 所示。

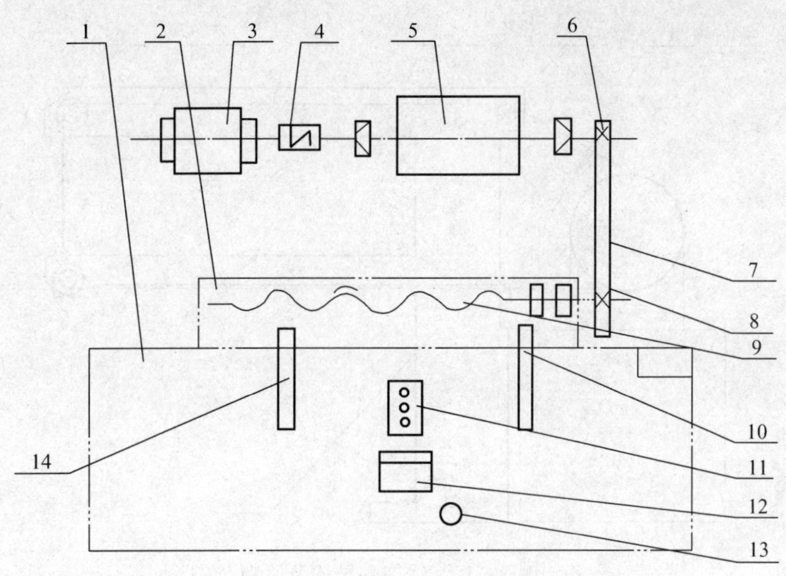

图 3—11　储丝筒的结构及原理

1—底座　2—拖板　3—直流电动机　4—柱销联轴器
5—滚筒　6、8—同步带轮　7—同步带　9—丝杠
10—右滑杆　11—行程开关　12—角尺座　13—插座　14—左滑杆

储丝筒底座 1 是拖板 2 及其传动机构的安装基础，直流电动机 3 通过柱销联轴器 4 带动滚筒 5 作高速旋转，并带动同步带轮 6 一起作高速旋转运动，同步带轮 6 通过同步带 7、带轮 8 使丝杠 9 获得一定的转速，从而使滚筒每转一圈拖板前进 0.25 mm，满足 ϕ0.24 mm 以下电极丝的排丝需要。

为了使电极丝对工件的切割能长时间持续下去，就要求电极丝“无限长”，本机床用换向机构改变滚筒的旋转方向，从而使电极丝反复使用，行程开关固定在底座 1 上，可以调节间距的一对左右滑杆 14 和 10 安装在拖板 2 的侧面上，当拖板带着滑杆移动撞击行程开关 11，电动机 3 就自动改变旋转方向，使拖板 2 向反向移动，这样周而复始地进行使加工继续下去。

角尺座 12 及插座 13 是供绕丝时安装张紧电动机和接通电源用的。绕丝时电极丝的张力可以从机床操作面板的电位器上调节。

丝杆 9 采用双螺母结构来消除间隙。

3. 线架的结构及原理

如图 3—12 所示，线架 4 主要供安装导轮用，使电极丝保持所需要的空间位置和满足一定的支柱要求。线架的上下臂前端各装有一副导轮组件 5、6 和工作液喷嘴，上臂后端装有导向轮组件 2，下臂后端各装有供排丝用的红宝石 1，从储丝筒过来的电极丝就从这些部件上经过。

绕好后的电极丝需要检查和校正其对工作台面的垂直度，如电极丝在导轮轴线方向的倾斜，则可以用上导轮 6 两端的调节螺钉来调整，如电极丝在导轮的径向有倾斜，需松开线架与线架座的 4 只固定螺钉，调整线架头部的高低来解决。

4. 坐标工作台的结构及原理

坐标工作台主要供装夹工件并使之接计算机的加工指令进行移动，这是线切割机床的关键部件，其精度高低直接影响加工工艺指标。

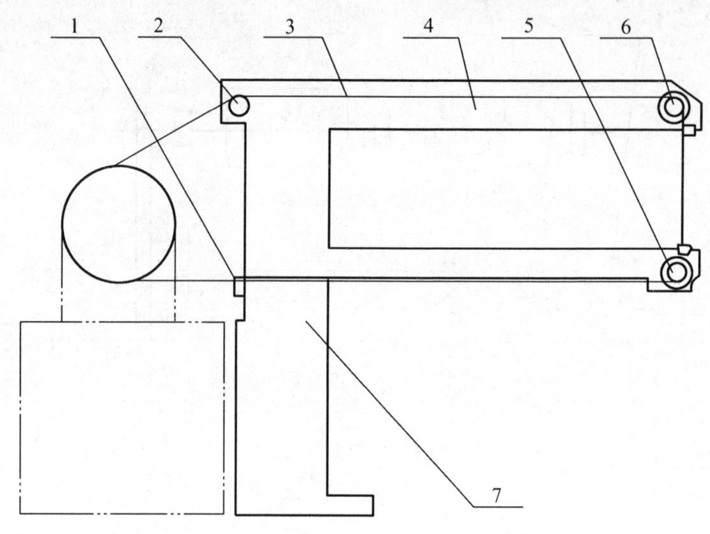

图 3—12 线架的结构及原理

1—红宝石 2—导向轮组件 3—钼丝

4—线架 5、6—导轮组件 7—支柱

坐标工作台由上、下两层组成，上层有工作台和中拖板，下层有中拖板和床座，每层都有独立的传动系统。

在非加工状态下移动工作台的方法是：用手摇手轮，使丝杠转动工作台移动。在手轮的中部设有刻度盘紧固螺钉，松开此螺钉即可调节刻度盘，刻度盘的格值是 0.01 mm。

5. 工作液循环系统

工作液箱设在主机后面的地面上，维护和加注工作液比较方便。它主要由盛工作液的箱体和油泵电动机、过滤装置组成。

油泵电动机抽送的工作液先送至装在机床线架座的针阀上，经过两只针阀调节流量后，再通过管道送至上、下喷嘴，使用后经工作台的落水孔流回箱体，过滤后循环使用。

二、主机的基本操作

1. 机床操作面板的结构及功能

DK7740 型线切割机床的操作面板如图 3—13 所示。

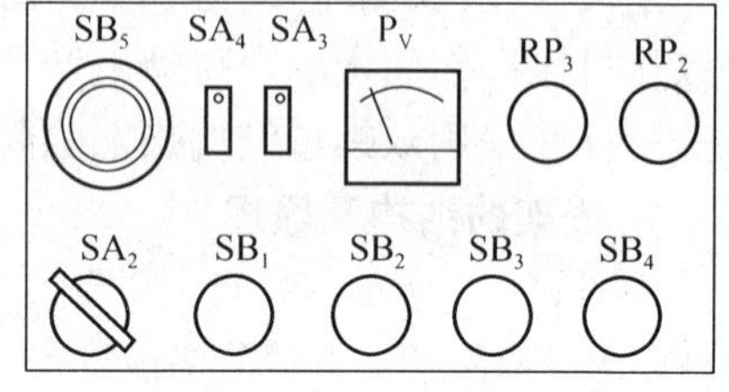

图 3—13 机床操作面板

各按钮的功能说明如下（代码与图 3—13 中所示对应）：

（1）SB_5。急停，按下此按钮，则机床的进给、走丝电动机和工作液供给全部停止。

（2）SA_4。分张紧指示和丝速指示两挡。调为“张紧指示”挡位时，电压表 P_V 指示张紧力的大小；调为“丝速指示”挡位时，电压表 P_V 指示走丝速度大小。

（3）SA_3。分调试和加工两挡。当机床上未绕钼丝或断丝检测插头未接上时，使用“调试”挡；加工工件过程中使用“加工”挡，此时断丝保护功能可起作用，即断丝时机床会自动停机。

（4）P_V。电压表，在加工过程中，其电压值与储丝筒转速对应，对应关系见表 3—1。

表 3—1　电压值与储丝筒转速的对应关系

电压表指示（V）	67	60	56	52	48	45	37	30
对应转速 n（r/min）	1 800	1 600	1 500	1 400	1 300	1 200	1 000	850

（5）RP_3。张紧调节电位器，用于调节钼丝张紧力。

（6）RP_2。丝速调节电位器，用于调节储丝筒的转速。

（7）SA_2。分绕丝、切割 1 和切割 2 三挡。“绕丝”挡用于绕钼丝，“切割 1”和“切割 2”挡用于加工工件。

（8）SB_1。开工作液。

（9）SB_2。关工作液。

（10）SB_3。开走丝电动机。

（11）SB_4。关走丝电动机。

2. 绕丝

本机采用直径 0.12～0.24 mm 的钼丝作为线电极，钼丝应富有光泽，有良好的抗拉强度，并存放在干燥清洁的地方。

绕丝的方法如下：

（1）将右边限位开关撞块移到最外端，开动走丝电动机将储丝筒停在起始位置，这时起绕线与引丝靠山、导轮在一直线上，如图 3—14a 所示。

（2）将 SA_2 拨至“绕丝”的位置，将 SA_3 放在“调试”位置。

（3）将丝盘固定在张紧电动机或支架上，钼丝从线架上、下臂的窄缝中穿过，再从线架下面拉回，用螺钉将钼丝固定在储丝筒上，如图 3—14b 所示，然后用勾丝棒将钼丝放在上、下导轮的 V 形槽内和引丝导轮的一条槽内。

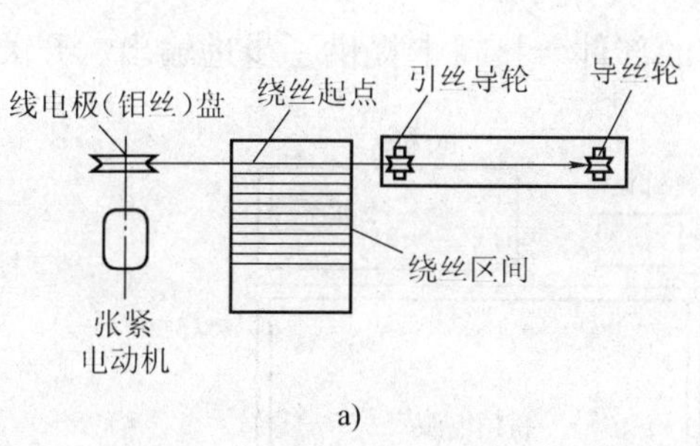

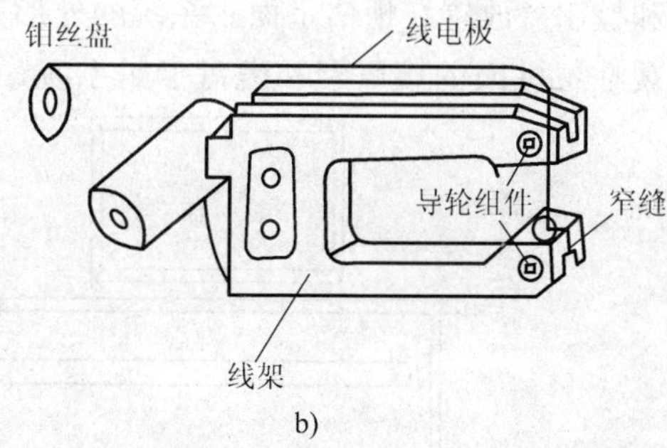

图 3—14　绕丝示意图

a）俯视图　b）上钼丝

（4）将机床上开关 SA_4 放到“张紧指示”位置，调节 RP_3，使电压指示为 18 V 左右，然后将 SA_4 拨到“丝速指示”位置。如果是机械张紧装置的话，就只需调节好机械张紧的张力（弹力大小）。

（5）将面板上的电位器 RP_2 逆时针旋到底，按 SB_3 开走丝电动机。顺时针缓缓调节 RP_2，使走丝电动机有一适当的转速，钼丝就自动绕上储丝筒。调节左限位撞块至合适位置，撞块撞上行程开关，电动机停转，绕丝结束。可将另一头钼丝用螺钉固定在储丝筒上，并卡断钼丝。

(6) 把左限位撞块向右调节 3～5 mm，右限位撞块位置粗略确定，然后开走丝电动机，调节右限位撞块，保证两端钼丝各剩 3 mm 左右让储丝筒反向。注意：储丝筒转动时，钼丝的绕和放要均匀，两部分要错开 1～2 mm 左右距离，其大小由线架后上方引丝靠山和上导轮左、右位置的调整来实现。另外，需将操作面板上的“加工/调试”开关打在“调试”位置，当绕好丝后并开始切割时，再将此开关打在“加工”位置。

3. 工作液的配制

工作液为线切割机加工脉冲放电介质和冷却液，对加工的工艺指标影响甚大。它主要由基础油、爆炸剂、清洗剂、润滑剂、防锈剂等组成，主要作用是消除电离，冷却放电区，清除放电产物。本机采用的工作液是 5%～7%（体积比）的皂化液水溶液，即 1 份皂化油加 14～19 份的清水进行稀释，如水质较硬，可用蒸馏水配制。把配好的工作液倒入工作液箱，并接好进出水管。

三、数控系统的组成及操作

本线切割机床配置了 WBKX—6 智能型数控系统。该数控系统主要用于电火花线切割机床的控制，系统以通用微机为控制核心，采用电子盘技术，软件固化运行，速度快，可靠性高，维护方便。它提供全中文操作环境，彩色立体图形显示，实时跟踪加工轨迹。在加工程序中可混合使用 ISO、3B、4B 等格式代码，实现了高精度的上下异形锥度曲面加工。具有完善的自动编程功能，可智能识别百余种图形定义方法，编制出 7 种格式的加工指令。各种周到的加工保护措施，如断电记忆、断丝检测、行程保护、自动关机，为用户提供了方便。

1. 数控系统结构

本数控系统采用台式结构，由主机、彩色显示器、键盘、控制盒、高频脉冲电源和步进驱动源等部分组成。其中，键盘、高频脉冲电源和步进驱动源安装在柜体中，主机、彩色显示器和控制盒放置在柜体上面。系统的外形如图 3—15 所示。

装在主机内的接口卡和虚盘卡是系统最重要的部件。接口卡提供了步进输出、开关高

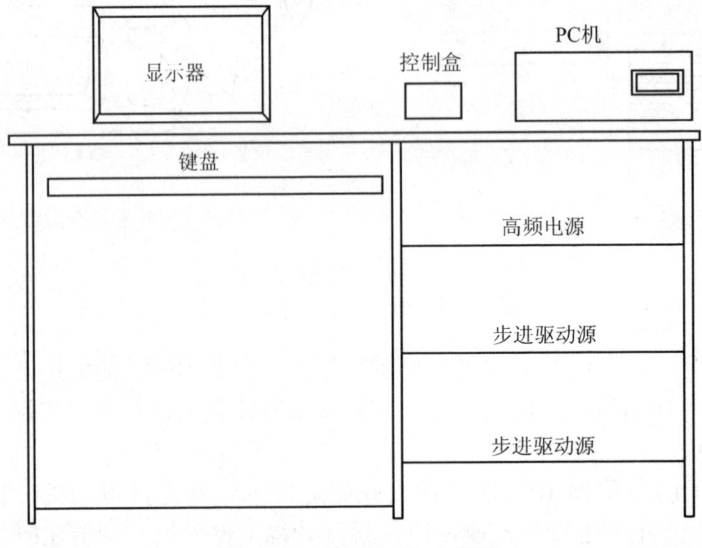

图 3—15　数控系统的外形

频、断电检测、断丝检测、发送程序等接口。虚盘卡提供了 C 和 D 两个电子盘。C 盘只能读出不能写入，固化了操作系统、汉字系统、控制软件以及许多编程和加工用的程序实例；D 盘可读可写，并具有断电保护功能，主要用于保存重要的系统信息，也可供用户存放源程序和加工程序。

2. 控制盒面板介绍

本系统采用中文菜单方式供用户选择各种功能，因而许多操作只须在键盘上用↑、↓、←、→键选中功能，按一下回车键即可。这样控制盒很小巧，控制面板也显得比较简洁，如图 3—16 所示。下面介绍控制盒面板上各部分的功能。

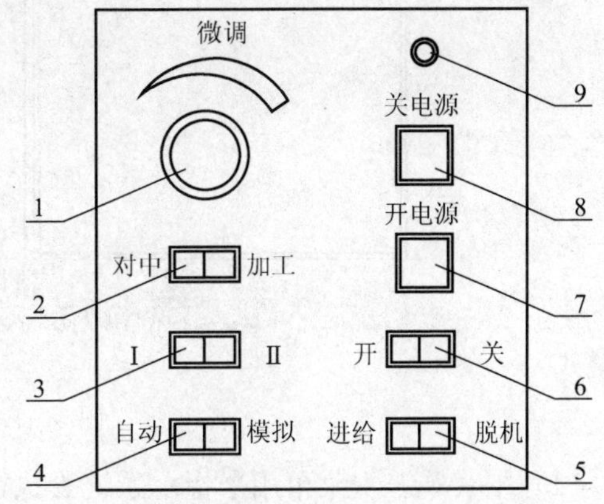

图 3—16　控制盒面板

1—变频微调电位器　2—对中心/加工开关　3—变频粗调开关　4—自动/模拟开关　5—进给/脱机开关　6—试高频开关　7—开总电源按钮　8—关总电源按钮　9—电源指示灯

（1）变频调节。变频调节由自动/模拟开关、变频粗调开关和变频微调电位器组成。自动模拟开关的自动挡用于正常切割加工，模拟挡用于数控系统的调试。变频粗调开关分为Ⅰ、Ⅱ两挡，变频微调电位器在粗调的某一挡范围内进行连续调节。

注意：切割工件时，单纯调快变频不一定能使加工快些，必须根据工件的材料、厚度及加工要求设定脉冲电源的加工参数，然后调节变频使进给平稳、加工电流稳定，这表明变频跟踪适当。不适当地调节将会使加工经常处于短路及开路状态，造成加工不稳定、效率低下、光洁度变差，甚至引起断丝。

（2）电源开关。按下“开总电源”接钮，电源接通，指示灯亮。按“关总电源”按钮，电源切断，指示灯灭。

注意：电源打开后，要过 30 s 左右显示器才会显示出正常图像。在关掉电源后一定要过 3 min后才能重新开启电源，刚关闭电源后又立即打开，可能会造成内部开关型稳压电源损坏。

（3）进给/脱机开关。将“进给/脱机”开关置于“进给”状态，步进电动机通电，这时工作台应锁住，锥度电动机也锁住。将“进给/脱机”开关置于“脱机”状态，步进电动机失电，工作台和锥度电动机松开。注意千万不要在电源打开，尤其是步进电动机吸住的情况下，拔掉连接电缆，这样会造成电气电路损坏。

（4）对中心/加工开关。将“对中心/加工”开关置于“对中心”状态，配合键盘命令，可完成对中心或对边操作。但要注意在这之前，必须关闭脉冲电源，脉冲电源开关在其控制面板上。切割加工时，“对中心/加工”开关必须置于“加工”状态。

（5）试高频开关。将“试高频”开关置于“开”状态，这时不管系统处于何种状态，脉冲电源都强制打开。将“试高频”开关置于“关”状态，将由系统自动控制脉冲电源的启停。在加工中自动开启，钼丝换向、暂停或加工结束时自动关闭。

四、用户界面的组成及操作

1. 用户界面的基本情况

合上电源，系统就会自动运行。正常启动后，屏幕中央将会显示一项版权声明。等待

10 s，或者按任意键，版权声明消失。此时，如图 3—17 所示，屏幕从上到下分为 5 个部分：主菜单、编辑窗口、状态行、提示行和信息行。

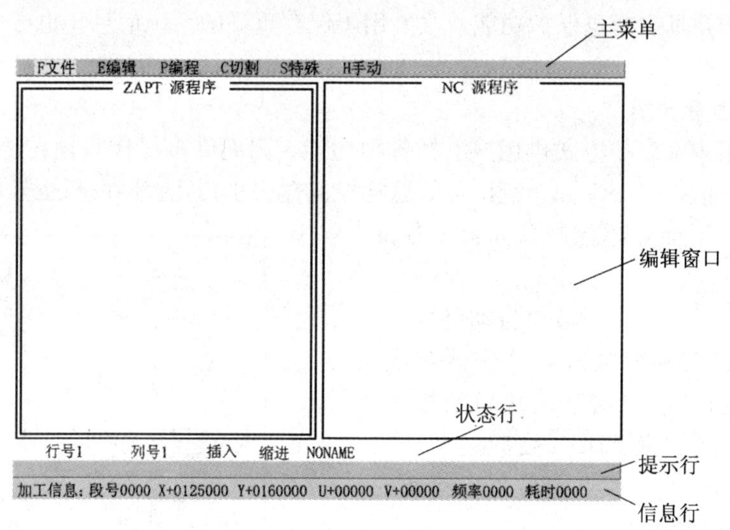

图 3—17 用户界面

（1）主菜单。主菜单用来指示系统去执行某个任务，如自动编程或切割工件。有两种方式可以进行主菜单选择：用←、→键将光条移到用户所要选的主菜单选择项上并按 Enter 键，或者直接键入相应的主菜单项中的大写字母。例如，可以键入 E 来选择“编辑”。

大多数的主菜单选择项都有自己的子菜单，如图 3—18 所示，它们以下拉菜单的形式出

F 文件	E 编辑	P 编程	C 切割	S 特殊	M 手动
L. 装入文件		A. 自动编程	C. 编译	E. 对边	J. 连续进给
N. 新文件		D. 图形显示	D. 空运转	C. 对中心	S. 增量进给
S. 保存文件		I. 渐开线齿轮	M. 切割加工	V. 丝垂直	M. 单段切割
W. 写文件		O. 选项设置	O. 选项设置	O. 回机床零点	P. 开关高频
D. 显示目录				S. 回加工起点	
C. 改变目录				R. 回加工参考点	
Y. 复制文件					
R. 文件更名					
E. 删除文件					
P. 打印程序					
H. 穿制纸带					
T. 发送指令					
O. 进入DOS					
Q. 退出					

图 3—18 子菜单

现在主菜单下边。例如，把光条移到“文件”处并按 Enter 键，就使“文件”的下拉菜单出现。在下拉菜单中，用↑、↓键移动光条选择所需项目并按 Enter 键，或直接键入该项目的大写字符。用←、→键可以从一个下拉菜单移到另一个下拉菜单，按 Esc 键则退出下拉菜单。

(2) 编辑窗口。在主菜单下面是两个编辑窗口，分别用来建立、修改和查看自动编程所用的源程序和切割用的加工程序。左边的“ZAPT 源程序”窗口用于自动编程，右边的“NC 加工程序”窗口用于切割加工。当前使用的编辑窗口称为活动窗口，用双线框表示。两个窗口的编辑操作完全一致，可用 F6 键切换活动窗口。

(3) 状态行。状态行位于编辑窗口下方，它主要用于显示当前活动窗口的有关信息，如光标位置、插入还是替换以及当前文件名。状态行也用来显示错误信息和某些操作的提示。

(4) 提示行。状态行下面的提示行，显示了所有的编辑热键，它们可在编辑程序时快速完成某一动作。例如，F4 键为交换两个窗口中的程序，F5 键用来放大或缩小当前活动窗口。

(5) 信息行。屏幕的最下边是信息行，显示着最主要的加工信息：段号、机床工作台(X、Y)和锥度丝架(U、V)的当前坐标值(μm)、加工频率(μm/s)和已加工时间(min)。加工信息实时刷新时，信息行会闪烁。

2. 文件菜单

“文件”菜单共有 14 个选择项，它们提供了管理文件、操作目录、打印、穿孔和退出系统的方法。

(1) 装入文件。选择“装入文件”，状态显示：

读入文件名：

提示用户键入一个文件名(如 C：E5. APT)并按 Enter 键，该文件被读入到当前活动窗口。如果该文件不存在，将在编辑窗口中建立一个新文件。

(2) 新文件。选择“新文件”，则清空活动窗口，为用户新建一个文件，并取名为 NONAME。

(3) 保存文件。选择“保存文件”，把活动窗口中的程序存入磁盘。

(4) 写文件。选择“写文件”，将活动窗口中的程序以另一个文件名存入磁盘。

(5) 显示目录。选择“显示目录”，状态行显示：

目录匹配符：*.*

在用户键入目录匹配符(例如，欲查看软盘上的所有文件，可键入 A：*.*)并按下 Enter键后，屏幕上将弹出一个窗口，显示所有匹配的文件目录、文件总数和所占字节总数。

(6) 删除文件。选择“删除文件”，则删除磁盘上的文件。状态行显示：

删除文件名：

键入一个文件名并按 Enter 键，该文件即被删除。

3. 编辑命令

本系统自带一个功能齐全的双窗口全屏幕编辑程序，它具有近 50 条编辑命令，既可编辑自动编程用的 ZAPT 源程序和线切割加工程序，也可用于编辑一般的文本文件。下面只介绍一些最常用的编辑方法。

(1) 进入和退出编辑程序。在主菜单中选择“编辑”，光标进入活动窗口，此时就可输入或修改 ZAPT 源程序或线切割加工程序。要退出编辑返回主菜单只需按 F10 键。

(2) 移动光标。在编辑时，可以在屏幕上用↑、↓、←、→键任意移动光标。除此之外，还可用 PageUp 键和 PageDown 键上下翻页，Home 键和 End 键则使光标移至行首和行尾。

(3) 插入和删除。Insert 键用于切换插入和改写两种编辑状态。在插入状态下，输入的字符自动插入到光标所在位置；在改写状态下，新输入字符将取代原有字符。

Backspace 键用于删除光标左边的字符，Delete 键用于删除光标上的字符，组合键 Ctrl＋Y（即先按住 Ctrl 再按 Y 键）则用于删除一行。

(4) 存取文件。除了选择“文件”菜单中的“保存文件”和“装入文件”外，还有更快捷的方法，即在编辑时，按 F3 键装入文件，按 F2 键保存文件。

(5) 窗口操作。F6 键使活动窗口在左边的 ZAPT 源程序窗口和右边的 NC 加工程序窗口间互相切换，F4 键除了切换活动窗口外还交换两个窗口中的程序，F5 键则用于放大和缩小活动窗口。

4. 编程菜单

“编程”菜单提供 4 个选择项以实现线切割的自动编程。

(1) 自动编程。在左边的 ZAPT 源程序窗口中输入一个源程序，并设置好有关的选项后，不论该窗口是不是活动窗口，都可以选择“编程”菜单中的“自动编程”开始自动编程。此时，屏幕中央弹出一个窗口，显示自动编程所生成的线切割加工程序及每段程序终点的坐标值，打印和发送也可同时进行，按 Esc 键则立即中止自动编程并返回“编程”菜单。

(2) 图形显示。在“编程”菜单中选择“图形显示”，立即进入图形状态，显示最近一次自动编程所生成的图形，以便于对编程结果进行校验。屏幕上坐标轴的刻度为大格 10 mm，小格 2 mm。如果图形很小，坐标刻度会自动取消以免影响视觉。

(3) 渐开线齿轮。系统提供了渐开线齿轮的参数化编程方法。在“编程”菜单中选择“渐开线齿轮”，按照屏幕上的提示输入齿数、模数等齿轮参数，就可在 ZAPT 源程序窗口中自动生成一个完整的齿轮源程序。所有的参数都给出了缺省值，用户可以按 Enter 键予以确认，也可以输入新值修正。

(4) 选项位置。在自动编程前，首先应设置代码格式、偏移补偿量、统一圆滑半径等有关的编程选项。在“编程”菜单中选择“选项设置”，屏幕中央立即弹出一个窗口，显示所有编程选项的当前设置，用↑、↓和 Tab 键将光标移到相应的选项上，即可重新设置。

5. 切割菜单

“切割”菜单提供使机床按照预先编好的加工程序进行切割加工的方法，它具有 4 个选择项，即编译、空运转、切割加工和选项设置。

(1) 编译。一个线切割程序只有经过编译方可使用。在“切割”菜单中选择“编译”，就对存放在 NC 加工程序窗口中的线切割程序进行编译，将其转化成系统的内部代码供切割用。

编译可以发现加工程序中可能存在的各种错误，并有效地提高切割速度。一旦在编译时发现错误，将自动转入编辑状态让用户修正程序中的错误。

(2) 空运转。在“切割”菜单中选择“空运转”，将按照编译后的加工程序进行空运转，即快速模拟切割加工的过程。除了不驱动机床放电加工和不需变频而快速运行外，空运转与实际的切割加工完全一致。

（3）切割加工。在“切割”菜单中选择“切割加工”，将根据最近一次编译加工程序而生成的内部代码驱动机床进行实际的切割加工。

屏幕首先快速显示切割图形，其中，坐标工作台（*X*、*Y*）的移动轨迹用青色表示，锥度线架（*U*、*V*）的移动轨迹用红色表示。

图形可以放大、缩小和移动，为了观察图形中细微之处，还可以用↑、↓、→、←键和 Enter 键设定两点，选择一个局部进行窗口放大，图形也可以在打印机上打印出来。有关的操作键及功能见表 3—2。

表 3—2　图形显示所用的操作键及功能

键	功　能
S	输入比例，放大或缩小屏幕图形
C	通过光标把图形显示在屏幕中央
W	对图形的某个局部进行窗口放大
P	打印屏幕上的图形
Enter	结束图形显示，返回“编程”菜单

注意：输入图形比例时，可附加“X”表示是当前图形的比例。例如，输入“3”表示放大到初始图形的 3 倍；输入“3X”则表示放大到当前图形的 3 倍。

按 Enter 键，则结束图形的快速显示转入实际切割，在屏幕最下方显示：

Press Esc to abort or any other key to start machining

此时按 Esc 键可取消加工；否则，做好所有加工准备工作（如装夹工件、打开高频、合上进给按钮等），按其他任意键开始放电加工。

在加工过程中，随着工作台和线架的移动，屏幕上进行图形的实时跟踪除了图形页外，还有一个显示文字信息的页面（称为文本页）。文本页的左边用大字符显示 *X*、*Y*、*U*、*V* 坐标的当前值，右边分别显示段号（Block No.）、切割频率（Frequency）和加工累计时间（Elapsed Time）等加工信息，屏幕可以随时在图形页和文本页之间切换。

加工完成后，屏幕最底行显示：

Machining completed. Press any key…

按任意键，屏幕显示文本页内容，再按任意键，返回“切割”菜单。

切割加工时可以使用的一些功能键见表 3—3。

表 3—3　控制切割加工过程的功能键

功能键	作　用
Ctrl＋F1	使屏幕在图形页和文本页之间切换
Ctrl＋F2	使坐标显示在实时更新和段末更新之间切换
Ctrl＋F3	暂停
Ctrl＋F4	段末停
Ctrl＋F5	在暂停和段末停后恢复加工
Ctrl＋F7	分时操作
Ctrl＋Alt＋F10	中止并取消加工，返回“切割”菜单

（4）选项设置。“切割”菜单中的“选项设置”用于显示和设置与加工控制有关的各种切割选项。

注意：某些选项设置后，必须重新编译加工程序。

6. 特殊菜单

“特殊”菜单提供了对边、对中心、钼丝校直和自动返回原点等特殊功能，它共设有 6 个选择项。

（1）对边。“特殊”菜单中的“对边”选择项用于自动寻找工件端面，对边的方向由↑、↓、←、→4 个箭头键控制，具体操作步骤参见后面的相关内容。

（2）对中心。“特殊”菜单中的“对中心”选择项提供了让钼丝在工件孔的中心定位的功能，其操作步骤详见后面的相关内容。

（3）丝垂直。“特殊”菜单中的“丝垂直”选择项可使钼丝自动返回垂直位置。

（4）回机床零点。“特殊”菜单中的“回机床零点”选择项能使工作台自动定位于机床零点。警告：若系统的坐标与实际位置不一致，使用该功能可能会损坏机床。

（5）回加工起点。“特殊”菜单中的“回加工起点”选择项可使机床工作台自动返回到加工起点。

（6）回加工参考点。“特殊”菜单中的“回加工参考点”选择项可使机床工作台自动返回到加工参考点。

7. 手动菜单

“手动”菜单具有 4 个选择项，提供了连续进给、增量进给、单段切割和开关高频等手动控制功能。

（1）连续进给。“手动”菜单中的“连续进给”选择项提供机床工作台或锥度线架的手动连续进给功能。如果进给机床工作台，键入 Y，否则键入 N。然后按↑、↓、←、→4 个箭头键，此时工作台（X、Y 轴）或锥度线架（U、V 轴）连续地往箭头键所选择的方向移动，直到松开按键。按 Esc 键可返回“手动”菜单。

（2）增量进给。“手动”菜单中的“增量进给”选择项提供机床工作台或锥度线架的手动增量进给功能。首先按 Y 键或 N 键决定需移动的是机床工作台还是锥度线架，然后按一下箭头键，工作台或锥度线架便往箭头方向按一定的距离移动一步。每一步所移动的距离初始设为 1 μm，若需重新设置，可键入 L。按 Esc 键可返回“手动”菜单。

（3）单段切割。“手动”菜单中的“单段切割”选择项提供单段切割功能。所谓单段切割，就是一次输入一条直线或圆弧的 ISO 指令，然后立即切割。

同手动进给一样，你必须首先键入 Y 或 N 来决定受控制的究竟是 X、Y 轴还是 U、V 轴。然后，当状态行显示：“Input G，X，Y，I，J:”时，输入一条直线或圆弧的 ISO 指令的各部分数据，其中每个数据用“,”分开，输入完毕，立即进入图形方式，显示图形并开始加工。

（4）开关高频。“手动”菜单中的“开关高频”选择项提供了手动开、关高频的功能。

五、加工中的几种重要操作

1. 自动加工的操作步骤

自动加工，就是让机床按照预先编好的加工程序自动地切割工件，通常按照如下步骤操作：

（1）输入加工程序。通过自动编程的转存功能，或调用编辑功能直接输入，在 NC 加工程序窗口中建立好加工程序。

（2）设置切割选项。在“切割”菜单中选择“选项设置”，设置各种切割选项，如当前坐标值、加工比例、工件厚度及切割方向等。

（3）编译。在“切割”菜单中选择“编译”，对 NC 加工程序窗口中的加工程序进行编译。编译成功后，生成的内部代码将自动保存在电子盘中。因此，一次编译，可多次切割，即使用户误删加工程序也不会影响切割。

（4）空运转。在“切割”菜单中选择“空运转”，快速模拟工件的切割过程，以便观察图形和坐标值的变化。在确定加工程序和选项设置完全正确后，建议用户将加工程序存盘。

（5）做好切割准备。将“进给/脱机”开关置于“进给”状态，将“对中心/加工”开关置于“加工”状态；装夹好工件，开储丝筒，开冷却泵；打开脉冲电源，调节好变频速度。

（6）切割加工。在“切割”菜单中选择“切割加工”，真正开始切割工件。

2. 对中心和对边

对中心和对边是向工件的穿丝孔中心或工件的端面自动定位的功能。

（1）对中心。对中心是根据钼丝与工件短路信号来自动找准孔的中心位置，其操作步骤如下：

1）工件装在工作台上，钼丝穿过孔内，解除钼丝和工件的短路。

2）关闭脉冲电源。

3）将“对中心/加工”开关置于“对中心”状态。

4）将“进给/脱机”开关置于“进给”状态。

5）在“特殊”菜单中选择“对中心”。

6）在确认高频已关的情况下按 Y 键。

（2）对边。对边也是靠钼丝与工件的短路信号来自动寻找工件的端面。其操作步骤如下：

1）工件置于工作台上，穿好钼丝。

2）关闭脉冲电源。

3）将“对中心/加工”开关置于“对中心”状态。

4）将“进给/脱机”开关置于“进给”状态。

5）在“特殊”菜单中选择“对边”。

6）在确认高频已关的情况下按 Y 键。

7）按工件端面的方向键入箭头键。

一旦钼丝接触到工件端面，立即自动回退 100 μm。

3. 自动回原点

利用自动回原点功能，可使 X、Y、U、V 各轴快速准确地返回某些特定点，这在加工过程中突然断丝的情况下尤为有用。

（1）回机床零点、加工起点和加工参考点。机床零点就是机械坐标系原点，是精度补偿和行程保护的基准点。加工起点是本次切割加工的初始点。加工参考点是程序中最近一次 M00 或 M01 设定暂停点。在多型腔工件的切割中，加工起点是第一个穿丝孔的位置，而加工参考点则是最近的穿丝孔的位置。

在“特殊”菜单中选择“回机床零点”“回加工起点”和“回加工参考点”，分别完成自动回机床零点、加工起点和加工参考点的功能。

（2）钼丝自动校直。锥度线架的第一次校直，必须采用对刀块碰火花的方法手工操作，然后在“切割”菜单中选择“选项设置”，将 U、V 坐标设置为零。在以后的锥度加工过程中，若因取消加工或断丝造成钼丝的倾斜，就可在“特殊”菜单中选择“丝垂直”，执行钼丝自动校直功能，驱动锥度线架，直到 U、V 坐标回零。

4. 断电保护

如果在系统运行时突然断电，所有与切割加工有关的重要数据，包括当前坐标位置、步进电动机相位以及加工程序的编译结果等，都能可靠地保存起来，并在重新来电后自动恢复。若断电是在切割尚未完成时发生，恢复供电后，系统重新启动，显示版权声明，接着在状态行显示：

断电保护后已重新来电，是否恢复加工？（Y/N）

若键入 Y，恢复切割加工，屏幕上原样显示工件图形，并从断电处继续图形的实时跟踪。若键入 N，则放弃原先的切割加工，返回主菜单。

注意：按主机的复位键或关主机电源不会产生断电检测信号，只有在外界断电或按下控制盒上的“关总电源”按钮时，断电保护才起作用。

§3—3 线切割机床的维护保养与故障处理

一、电火花线切割加工的安全技术规程

作为电火花切割加工的安全技术规程，可从两个方面考虑：一方面是人身安全，另一方面是设备安全。具体有以下几点：

（1）操作者必须熟悉线切割机床的操作技术，开机前应按设备润滑要求，对机床有关部位注油润滑（润滑油必须合符机床说明书的要求）。

（2）操作者必须熟悉线切割加工工艺，恰当地选取加工参数，按规定操作顺序操作，防止造成断丝等故障。

（3）用手摇柄操作储丝筒后，应及时将摇柄拔出，防止储丝筒转动时将摇柄甩出伤人。装卸电极丝时，注意防止电极丝扎手。换下来的废丝要放在规定的容器内，防止混入电路和走丝系统中，造成电器短路、触电和断丝等事故。注意防止因丝筒惯性造成断丝及传动件碰撞。为此，停机时，要在储丝筒刚换向后再尽快按下“停止”按钮。

（4）机床附近不得放置易燃、易爆物品，防止因工作液一时供应不足产生的放电火花引起事故。

（5）正式加工工件之前，应确认工件位置已安装正确，防止碰撞丝架和因超程撞坏丝杆、螺母等传动部件。对于无超程限位的工作台，要防止超程坠落事故。

（6）尽量消除工件的残余应力，防止切割过程中工件爆裂伤人。加工之前应安装好防护罩。

（7）禁止用湿手按开关或接触电器部分。防止工作液等导电物进入电器部分，一旦发生因电器短路造成火灾时，应首先切断电源，立即用四氯化碳等合适的灭火器灭火，不准用水救火。

（8）停机时，应先停高频脉冲电源，后停工作液，让电极丝运行一段时间，并等储丝筒反向后再停走丝。工作结束后，关掉总电源，擦净工作台及夹具，并润滑机床。

（9）在检修机床、机床电器、脉冲电源、控制系统时，应注意适当地切断电源，防止触电和损坏电路元件。

（10）定期检查机床的保护接地是否可靠，注意各部位是否漏电，尽量采用防触电开关。合上加工电源后，不可用手或手持导电工具同时接触电源的两输出端（床身与工件），以防触电。

二、电火花线切割机床的使用规则

线切割机床是技术密集型产品，属于精密加工设备，操作人员在使用机床前必须经过严格的培训，取得合格的操作证后才能上机工作。

为了安全、合理和有效地使用机床，要求操作人员必须遵守以下几项规则：

（1）对自用机床的性能、结构有较充分的了解，能掌握操作规程和遵守安全生产制度。

（2）在机床的允许规格范围内进行加工，不要超重或超行程工作。

（3）经常检查机床的电源线、超程开关和换向开关是否可靠，不允许带故障工作。

（4）按机床操作说明书所规定的润滑部位，定时注入规定的润滑油或润滑脂，以保证机床运转灵活，特别是导轮和轴承，要定期检查和更换。

（5）加工前检查工作液箱中的工作液是否足够，水管和喷嘴是否通畅。

（6）下班后清理工作区域，擦净夹具和附件等。

（7）定期检查机床电气设备是否受潮和可靠，并清除尘埃，防止金属物落入。

（8）遵守定人定机制度，定期维护保养。

三、电火花线切割机床的保养方法

线切割机床维护保养的目的是为了保证机床能正常可靠地工作，延长其使用寿命。

1. 定期润滑

线切割机床上需定期润滑的部位主要有机床导轨、丝杠螺母、传动齿轮、导轮轴承等，一般用油枪注入。轴承和滚珠丝杠如有保护套，可以经半年或一年后拆开注油。

2. 定期调整

对于丝杠螺母、导轨及电极丝挡块和进电块等，要根据使用时间、间隙大小或沟槽深浅进行调整。部分线切割机床采用锥形开槽式的调节螺母，则需适当地拧紧一些，凭经验和手感确定间隙，保持转动灵活。滚动导轨的调整方法为松开工作台一边的导轨固定螺钉，拧调节螺钉，看百分表的反应，使其紧靠另一边。挡丝块和进电块如使用了很长时间，摩擦出沟痕，须转动或移动一下，以改变接触位置。

3. 定期更换

线切割机床上的导轮、馈电电刷（有的为进电块）、挡丝块及导轮轴承等均为易损件，磨损后应更换。电刷更换较易，螺母拧出后，换上同型号的新电刷即可。挡丝块目前常用硬质合金，只需改变位置，避开已磨损的部位即可。

四、电火花线切割机床加工操作中的注意事项

注意事项如下：

（1）绝对不允许在工作的框架范围内放置杂物，以防损坏下臂或电动机。

（2）在穿丝、紧丝过程中一定注意电极丝不要从导轮槽中脱出并且要与导电块接触

良好。

(3) 工作台周边有机玻璃罩是为防止工作液飞溅而设计的，严禁在上面倚靠重物或操作者趴在上边观察放电情况，否则会损坏有机玻璃罩。

(4) 工作液箱中的工作液在工作中有一部分会以水雾形式蒸发掉，如不及时补充，会导致喷水嘴出水量减少，调大液阀出水量也无济于事，需经常检查工作液箱中工作液面的高度，及时补充工作液。

(5) 工作液箱中的过滤网应每月清洗一次，否则会因切割电蚀物堵塞滤网而造成工作液不能回流，导致工作液外溢或冷却泵抽不出工作液等情况发生。

(6) 工作过程中，如发生故障，应立即切断电源，并请专门维修人员处理。

(7) 线切割机床的维护和保养质量直接影响到机床的切割工艺性能。和一般机床比较，线切割机床的维护和保养尤为重要，机床必须经常润滑、清理和维护，这是保证机床寿命和精度以及提高生产率的必要条件。

线切割机床工作时因其工作特性，产生的电蚀物和工作液会有一部分黏附在机床导丝系统的导轮、导电块上和工作台内，应注意及时将导轮、导电块和工作台内的电蚀物去掉，尤其是导轮和导电块应保持清洁，否则加工时会引起电极丝的振动，如果电蚀物沉积过多，还会造成电极丝与机床短路，不能正常切割。

加工一段时间后，会有电蚀物沉积在工作液箱内，每次更换工作液时应清洗工作液箱内腔，方法如下：先拆去工作液箱下侧的堵头（注意不要弄丢上边的铜垫，否则会影响其防漏效果），放掉已经脏了的工作液，然后将洗洁剂（餐具清洁用）和水兑好，用干净棉丝浸泡后擦洗工作液箱内腔及过滤网，最后用清水冲洗一遍，然后拧紧堵头，注入干净的工作液。

机床维护的主要部位为导丝系统的导轮及导电块。导电块长时间切割磨损会出现沟槽，此时应将导电块更换后方能继续使用；导轮在切割加工过程中始终处于高速旋转运动中，其内部轴承和导轮工作面易损坏，须经常检查，如有损坏，必须更换。

五、电火花线切割机床常见故障与处理

线切割机床常见故障可以分为机械装置故障、电气装置故障和电子装置故障。具体故障要根据具体实际情况进行判断和处理。表 3—4 和表 3—5 列举了线切割机床的常见故障判断与处理，仅供参考。

表 3—4　　线切割机床常见故障的判断和处理方法

故障	可能原因	处理方法
刚开始切割工件就断丝	1. 进给不稳，开始切入速度太快或电流过大	1. 刚开始切入时，速度应稍慢，要根据工件材料的厚薄，逐渐调整速度至合适位置
	2. 切割时，工作液没有正常喷出	2. 排除不能正常喷液的原因，检查液泵及管路
	3. 钼丝在储丝筒上盘绕松紧不一致，造成局部抖丝剧烈	3. 尽量绷紧钼丝，消除抖动现象，必要时调整导轮位置，使钼丝入槽内
	4. 导轮及轴承已磨损或导轮轴向及径向跳动大，造成抖丝剧烈	4. 如果绷紧钼丝，调整导轮位置效果不明显，则应更换导轮及轴承
	5. 线架尾部挡丝棒没调整好，挡丝位置不合适造成叠丝	5. 检查钼丝在挡丝棒位置是否接触或者靠向里侧
	6. 工件表面有毛刺、氧化皮或锐边	6. 清除工件表面毛刺、氧化皮等

续表

故 障	可能原因	处理方法
在切割过程中突然断丝	1. 储丝筒换向时断丝，没有切断高频电源时换向，致使钼丝烧断 2. 工件材料热处理不均匀，造成工件变形，夹断钼丝 3. 电加工参数选择不当 4. 工作液使用不当，浓度稀或脏，以及工作液流量小或有堵塞 5. 导电块或挡丝棒与钼丝接触不好，或已被钼丝割成凹痕，造成卡丝 6. 钼丝质量不好或已霉变发脆	1. 检查处理储丝筒换向不切断高频电源的故障 2. 工件材料要求材质均匀，并经适当热处理，使切割时不易变形，提高加工效率，保证钼丝不断 3. 合理选择电加工参数 4. 合理配制工作液，经常保持工作液的清洁，检查油路是否畅通 5. 调整导电块或挡丝棒的位置，必要时可更换导电块或挡丝棒 6. 更换钼丝，切割较厚工件时使用较粗钼丝加工
断丝	1. 导轮不转或转动不灵，钼丝与导轮造成滑动摩擦而拉断钼丝 2. 在工件接近切完时断丝，是工件材料变形将电极丝夹断，并在断丝前会出现短路 3. 工件切割完时跌落撞断电极丝 4. 空运转时断丝	1. 重新调整导轮，紧丝时，要用张紧轮紧丝，不可用不恰当的工具 2. 加工时选择正常的切割材料和切割路线，从而最大限度地减小变形 3. 一般在快切割完时用磁铁吸住工件，防止撞断电极丝 4. 检查电极丝是否在导轮和挡丝棒内，电极丝排列有无叠丝现象，检查储丝筒转动是否灵活，检查导电块和挡丝棒是否已割出沟痕等
加工工件精度差	1. 线架导轮径向跳动或轴向窜动较大 2. 齿轮啮合存在间隙 3. 步进电动机静态力矩太小，造成失步 4. 加工工件因材料处理不当造成变形误差 5. 十字工作台垂直度不好	1. 检查测量导轮跳动及窜动误差，允差轴向 0.005 mm，径向 0.002 mm，如不符合要求，需调整或更换导轮及轴承 2. 调整步进电动机位置，消除齿轮啮合间隙 3. 检查步进电动机及 24 V 驱动电压是否正常 4. 选择好加工工件材料及热处理加工工艺 5. 重新调整十字工作台
加工工件表面粗糙度大	1. 导轮窜动大或钼丝上下导轮不对中 2. 喷水嘴中有切削物嵌入造成堵塞 3. 工作台及储丝筒的丝杆轴向间隙未消除 4. 储丝筒跳动超差，造成局部抖丝 5. 电规准选择不当 6. 高频与高频电源的实际切割能力不相适应 7. 工作液选择不当或者太脏 8. 钼丝张紧不均匀或者太松	1. 需要重新调整导轮，消除窜动并使钼丝处于上下导轮槽中间位置 2. 应及时清理切削物 3. 应重新调整 4. 检查跳动误差径向允差 0.002 mm 5. 重新选择电规准 6. 重新选择高频电源开关数量 7. 更换工作液 8. 重新调整钼丝松紧

表 3—5　　线切割机床电气故障与处理方法

故　障	可能原因	处理方法
机床不能启动	1. 三相电源缺相 2. 三相电源电压值过低	1. 检查电源进线及三相电源电压幅值 2. 检查电源电压幅值应在－15%～10%之间
走丝电动机不运转	1. 走丝电动机控制接触器不吸合 2. 走丝电动机控制电路故障 3. 走丝电动机故障	1. 检查接触器 KA、KM2、KM3 是否吸合，是否有控制电压，如有电压不吸合则需更换接触器或者更换接触器线圈 2. 检查急停按钮是否按下，恢复按下应有控制电压，KA 接触器常开触点自锁，行程开关 SQ1 和 SQ2 触点控制运丝电动机正、反转向，检测触点及闭合状态 3. 检查三相电场通过接触器通入电动机，检查电动机绕组是否有短路、断路点，若无，则检查电动机绝缘、相间绝缘和对地绝缘，小于规定值时更换电动机；若有，则进行处理，进行绝缘测量后，再通电试运行，对地绝缘应≥0.5～1 MΩ
走丝电动机异常	1. 走丝电动机突然停机，可能三相电压波动太大或电压太低 2. 走丝电动机没有刹车，可能熔断器熔丝熔断或二极管被击穿 3. 断丝保护不起作用，可能使用时间过长 4. 导电块过脏，造成导电块与机床绝缘被破坏 5. 模式开关在关状态机床不能启动，可能是接触不良或断丝保护开关电路发生故障	1. 检查进线电压幅值及波动情况，应在正常范围以内，否则改善电源质量 2. 检查熔断器熔丝是否熔断，若熔断则要检查刹车二极管是否被击穿，若被击穿，则更换后再更换熔断器 3. 检查导电块并清洗干净，检验断丝保护作用，取下下导电块上面的导线；启动机床，若能启动则证明断丝保护不起作用 4. 检查清洗导电块及检查电路 5. 检查上下导电块与钼丝之间的接触是否良好，导电块的引出线是否松开，与电气箱连线是否断开，否则调换断丝保护及总停控制板
水泵电动机不工作	1. 水泵电动机接触器不吸合 2. 水泵电动机可能损坏	1. 检查接触器 KM1 是否吸合，检查 KM1 线圈两端是否无电压，否则更换接触器 2. 检查电动机是否无三相电压，否则检查电动机，若电动机烧坏则更换
无高频	1. 电源指示灯不亮，可能电源熔丝断或者整流滤波电路故障 2. 有高频指示电压，无高频输出，可能是高频功放输出和高频控制开关故障 3. 功放开关在某挡无电流	1. 检查进线插头接触是否良好，熔丝是否烧断；如果熔丝熔断，需要检查整流滤波电路和全桥整流器，检查滤波电解电容器是否有击穿损坏 2. 检查高频功放管驱动电路、功放管是否烧坏，可更换；检查高频控制继电器接触是否良好，线圈及触点是否烧坏；检查振荡电路有无脉冲信号，检查高频输出电路、电流表是否有开路损坏，模拟/数字转换开关是否损坏等 3. 检查该挡功放电路的功放管，检查电路中二极管稳压管是否损坏，如损坏则更换

续表

故　障	可能原因	处理方法
高频不正常	1. 功放开关在某挡电流过大 2. 加工电流异常增大	1. 功放开关在某挡电流过大，其他各部分正常，则振荡电路工作正常，只是该挡存在问题，检查方法同上 2. 检查功放管是否损坏，如损坏则更换；检查振荡电路，脉冲信号占空比是否变大；检查安装在高频电源输出端的反向二极管是否击穿，若击穿则更换
功放管损坏	1. 功放管本身质量差 2. 定流检测电路有故障，功放管过流损坏 3. 保护功放管的释放二极管损坏，击穿功放管 4. 机床长期高速重载工作，使功放管过载烧坏	1. 检查电路是否正常，若不正常则说明功放管耐压差，应重新选购 2. 检查电路是否存在故障，若有故障则是由于过流击穿功放管，应处理电路故障后更换功放管 3. 检查功放电路释放二极管是否击穿损坏，如损坏则更换 4. 机床长期重载工作要开启轴流风机，通风散热，开启柜门散热，以防功放管过热烧坏
有高频，无进给	1. 高频取样线断或者正、负极接错 2. 变频调节电位器不当或接触不良 3. 变频电路故障	1. 检查高频取样电路有无断线开路；检查正负极性是否正确 2. 检查变频调节电位器 W 是否在最小位置，可调大；检查有无接触不良故障 3. 检查变频电路元器件如三极管、电容器、集成块锁相环 4046 是否良好，用示波器检测压控振荡脉冲、输入和输出情况以及光电耦合器的输出状态，损坏可更换（WX－A 型采用）
关机后，加工程序丢失	1. 主机板上 3.6 V 电池供电不正常 2. 存放程序的集成块有故障 3. 干扰屏蔽处理不良，造成程序紊乱或丢失	1. 检查主机板上 3.6 V 电池电压是否正常，线路是否正常，有无开路、短路、断线，进行处理 2. 检查集成块 EPRAM 或 RAM 有无外观损坏，还要根据丢失程序情况判断集成块，RAM 存放加工图形程序和 EPRAM 存放控制程序是否存在问题 3. 检查防干扰措施，加强屏蔽处理，如屏蔽线是否完好，接地是否良好，可增加防干扰措施，采用电容器滤波技术
按复位键显示不正常	按单板机“复位”键，显示器不出现“一”或显示不正常	应检查单板机供电电源＋5 V 是否正常，常设计进行两级稳压，先断开负载，检查主端稳压器的输出，再逐级向电源线检查，包括滤波、整流等电路
步进电动机失步	1. 控制器输出不正常，环形分配器指示灯有一盏常亮或不亮 2. 步进电动机一轴不转动或来回颤动	1. 检查单板机控制的该相输出电压和输入电压，输入正常，输出不正常，则更换功放管；如果输入电压不正常，则检查单板机驱动电路 2. 检查控制步进电动机的输入是否有缺相，再检查功放电路是否击穿功放管

续表

故障	可能原因	处理方法
步进电动机锁不住	1. ＋24 V步进电动机驱动电源没有或者偏低 2. 步进电动机连线断或驱动电阻烧坏 3. 面板上环形分配指示异常，可能功放管损坏或接口电路有故障 4. 由机械和电气故障引起	1. 检查＋24 V驱动电源是否供电正常；检查电源输入到变压器、熔断器、变压整流、滤波电路是否正常，否则更换器件，若供电正常则检查输出端子、连线有无松脱、断线开路等 2. 检查步进电动机连线及接插件是否连接可靠，检查驱动电阻，如果烧坏则更换 3. 检查环形分配器指示灯，应不停地轮回跳动；检查功放管是否损坏；检查接口电路上拉电阻、反相驱动器有无烧坏，如烧坏则更换 4. 检查机械连接驱动部件定子和转子齿情况；检查电动机绕组线圈是否良好
步进电动机工作不正常	1. ＋24 V驱动电源电压不足 2. 接插件或连线接触不良、缺相等 3. 有驱动电源，步进电动机不锁	1. 检查驱动电源幅值，检查整流桥路是否损坏，检查滤波电容是否损坏，否则更换 2. 检查驱动电源与步进电动机的连接是否可靠，若有接触不良和缺相则处理 3. 检查滤波电容是否良好，检查供电压幅值是否低于下限值，否则检查步进电动机连线、绕组及绝缘情况，损坏则更换
开机正常，按待命上挡键无响应	1. 供电电压低于下限极限电压 2. 按键失效或键盘与主机断线	1. 检查供电电压是否低于150 V，如电压低则需加交流稳压电源 2. 检查键盘与主机电路板的插头座及连线是否牢固
指令输入冲数	1. 交流电源强干扰 2. 输入/输出通道干扰	1. 检查机床电路进线电源零线、地线情况，可加电感电容滤波以防电磁干扰 2. 检查计算机输入输出连线是否有屏蔽，如无，则应加上；老型号机型应采用隔离元件替换如采用隔离变压器、光电耦合器等进行交、直流隔离

复 习 题

1. 简述HCKX250A型线切割机床主要由哪几部分组成？
2. 在操作线切割机床过程中，如何上丝和穿丝？
3. 在线切割加工中，工作液的浓度对加工质量有何影响？
4. 简述线切割加工的操作顺序？
5. 线切割机床中，储丝筒换向机构的工作原理是什么？
6. 试述绕丝的主要步骤。
7. 如何进行对中心和对边？
8. 在操作线切割机床时应注意哪些问题？
9. 线切割机床发生断丝的可能原因有哪些？

第四章　数控线切割自动编程

线切割技术正朝着现代化、智能化方向发展，线切割加工中的科学技术含量越来越高，计算机技术在线切割行业中得到越来越广泛的应用。线切割计算机辅助制造（CAM）软件中较有代表性的是 CAXA 线切割 V2 自动编程系统。CAXA 线切割 V2 是专门针对线切割设计和加工人员的需要而开发的实用计算机辅助制造软件，是一个方便快捷、易学易用的 CAD/CAM 集成软件。它可以为各种线切割机床提供高速、高效、自动、便捷的编程，编制高品质的数控代码，极大地简化了编程人员的工作量，将逐步替代早期的自动编程软件。

本章将介绍 CAXA 线切割 V2 系统的功能和使用方法。

§4—1　CAXA 线切割 V2 系统用户界面与绘图

一、用户界面

图 4—1 所示为 CAXA 线切割 V2 系统用户界面，它包括 3 大部分：绘图功能区、菜单系统和状态显示与提示。

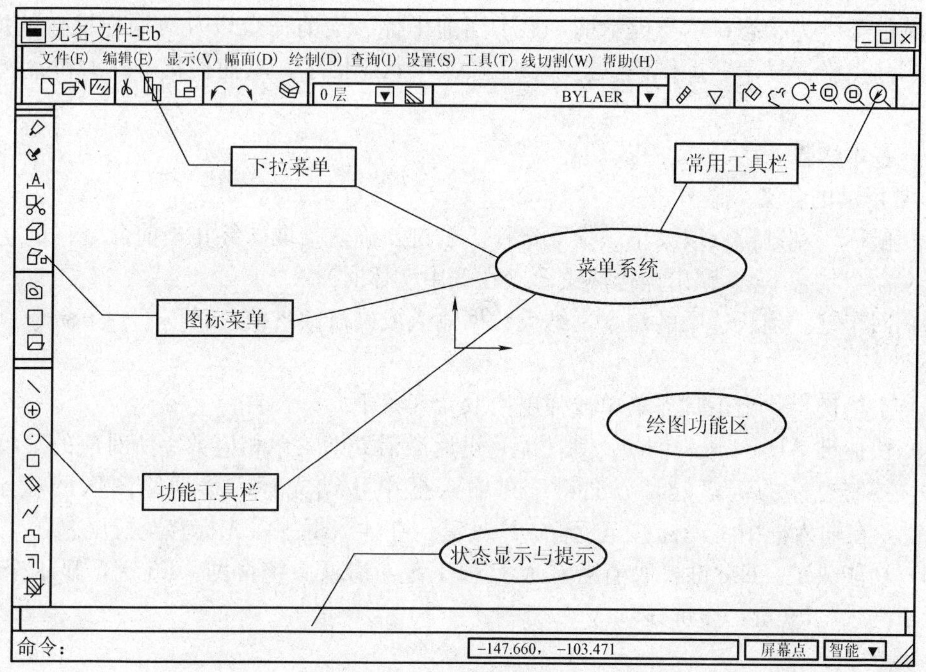

图 4—1　CAXA 线切割 V2 系统基本用户界面

1. 绘图功能区

绘图功能区是用户进行绘图设计的工作区域，它占据了屏幕的大部分面积。绘图区中央设置有一个二维直角坐标系，是绘图时的缺省坐标系。

2. 菜单系统

CAXA 线切割 V2 系统的菜单系统包括下拉菜单、图标菜单、立即菜单、工具菜单和工具栏 5 个部分。

（1）下拉菜单。位于屏幕的顶部，由一行主菜单及其下拉子菜单组成，主菜单包括文件、编辑、显示、幅面、绘制、查询、设置、工具、线切割加工和帮助，每个部分含有若干下拉子菜单。

（2）图标菜单。缺省时位于屏幕左侧的上部，它包括基本曲线、高级曲线、工程标注、曲线编辑、块操作、图库、轨迹生成、代码生成和代码传输/后置设置 9 个部分，每个菜单含有若干命令项。

（3）立即菜单。是当功能命令项被选中时，在绘图区的左下角弹出的菜单，它描述了该项命令执行的各种情况和使用条件。用户根据当前的作图要求，正确选择某一项，即可得到准确的响应。

（4）工具菜单。包括工具点菜单和拾取元素菜单。

（5）工具栏。包括常用工具栏和功能工具栏两部分。常用工具栏为下拉菜单中的一些常用命令，为了提高效率，将它们以图标的形式集中在一起组成了常用工具栏。功能工具栏对应于图标菜单的各项，选中不同的图标菜单，会显示不同的功能工具栏。CAXA 线切割 V2 系统的功能操作主要集中在这里。

3. 状态显示与提示

屏幕的下方为状态显示与提示框，显示当前坐标、当前命令以及对用户操作的提示等。它包括当前点坐标显示、操作信息提示、工具菜单状态提示、点捕捉状态提示和命令与数据输入等。

二、基本操作

1. 常用键的含义

（1）鼠标。左键：点取菜单、拾取选择。右键：确认拾取、终止当前命令、重复上一条命令（在命令状态下）；弹出操作热菜单（在选中实体时）。

（2）回车键。确认选中的命令，结束数据输入或确认缺省值，重复上一条命令（同鼠标右键）。

（3）空格键。弹出工具点菜单或弹出拾取元素菜单。

（4）快捷键 Alt+1～Alt+9。其功能是迅速激活立即菜单相应数字所对应的菜单命令。

（5）控制光标的键盘键。方向键：在输入框中移动光标，移动绘图区的显示中心。Home 键：在输入框中将光标移至行首。End 键：在输入框中将光标移至行尾。

（6）功能热键。Esc 键：取消当前命令。F1 键：请求系统帮助。F3 键：显示全部。F8 键：显示鹰眼。F9 键：全屏显示。

2. 点的输入

CAXA 线切割 V2 系统对点的输入提供了 3 种方式：键盘输入、鼠标点取输入和工具点的捕捉。

（1）键盘输入。通过键盘输入点的坐标值（*X*，*Y*）以达到输入点的目的。点的坐标分为绝对坐标和相对坐标两种，绝对坐标输入只需输入点的坐标值，它们之间用逗号隔开即可。相对坐标输入时，需在第一个数值前加一个符号@。例如，输入“@20，10”表示输入一个相对于前一点的坐标为（20，10）的点。

（2）鼠标输入。鼠标输入是指通过移动鼠标选择需要的点，按下鼠标左键，该点即被选中。

（3）工具点的捕捉。工具点是指作图过程中有几何特征的圆心点、切点、端点等。而工具点捕捉就是利用鼠标捕捉“工具点菜单”中的某个特征点。当需要输入特征点时，按空格键即可弹出“工具点菜单”，它包括以下内容：（S）屏幕点、（E）端点、（M）中点、（C）圆心、（I）交点、（T）切点、（P）垂足点、（N）最近点、（K）孤立点、（O）象限点。

3. 实体的拾取

拾取实体是根据需要在已经绘出或生成的直线、圆弧等实体中选择需要的一个或多个。实体的拾取是经常要用到的操作，需熟练掌握。当交互操作处于拾取状态时，按下空格键即可弹出“拾取元素菜单”，包括以下几项：

（1）拾取所有。将所有生成的轨迹都拾取上。

（2）拾取添加。需用户挨个拾取需批量处理的各加工轨迹。

（3）取消所有。取消已经拾取的所有加工轨迹。

（4）拾取取消。可改变轨迹的拾取状态，与拾取轮廓线功能中的“拾取取消”相比，轨迹拾取取消不会自动取消掉最近的拾取记录，而是由用户指定需取消的轨迹。

（5）取消尾项。取消最后拾取的一段加工轨迹。

拾取元素菜单中的前两项可不需弹出菜单而直接使用。注意：绘图时的拾取元素菜单同生成轨迹时的拾取元素菜单不同，需区别对待。

4. 立即菜单的操作

用户在输入某些命令时，绘图区左下角会弹出一行立即菜单。如输入画直线的命令（从键盘输入“line”或用鼠标点击相应的命令），系统立即弹出如图 4—2 所示的立即菜单及相应的操作提示。

此菜单表示当前待画的直线为两点线方式，非正交的连续直线。同时下面的提示框显示提示“第一点（切点，垂足点）:”。用户按要求输入起点后，系统会提示“第二点（切点，垂足点）:”。

立即菜单的主要作用是可以选择某一命令的不同功能。例如，想画一条正交直线，可用鼠标点取“3：非正交”旁的按钮或利用快捷键（Alt＋3）将其切换为“3：非正交”。另外，还可以点取“1：两点线”旁的按钮，选择不同的画直线方式（平行线、角度线、曲线、切线/法线、角等分线、水平/铅垂线）。

下面用一个简单的例子来体会上述这些基本操作。首先选取功能命令项中的“圆”命令，选择“1：圆心-半径”“2：半径”模式，系统提示“圆心点：”从键盘输入“0，0”后按提示继续输入半径“20”，屏幕上即画出一个圆，按鼠标右键结束命令。用同样的方法在旁边画另一个圆，如图 4—3 所示。

图 4—2 立即菜单

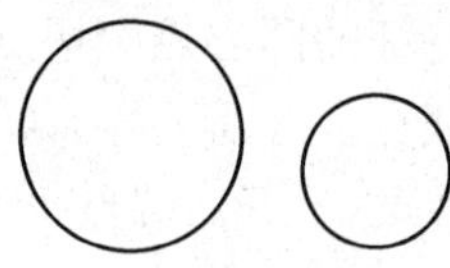
图 4—3 画圆

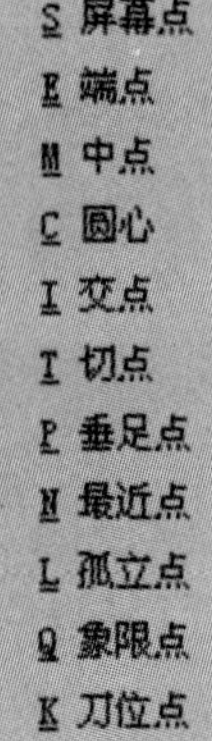

图 4—4 点工具菜单

接着选取直线命令，用“1：两点线”“2：连续”“3：非正交”模式，系统提示输入起点时，按下空格键，此时弹出如图 4—4 所示的点工具菜单。

选择“T 切点”，当系统提示输入起点和终点时，分别用鼠标点取两圆，则画出了两圆的一条切线。用户必须注意的是，在拾取圆时，拾取的位置不同，则切线绘制的位置也不同。图 4—5 和图 4—6 所示为选取不同位置时画出的不同切线。

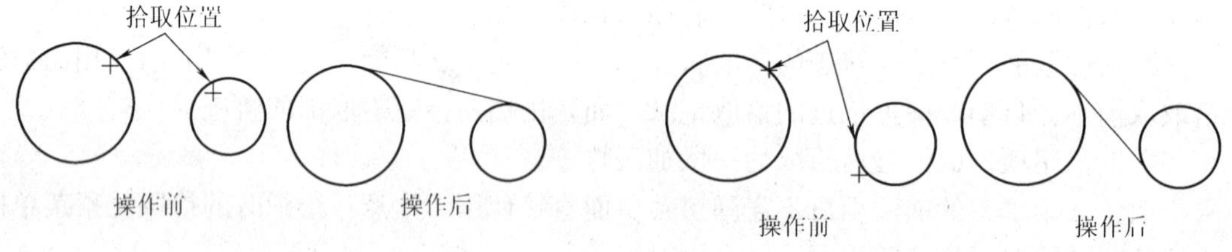

图 4—5 圆的外公切线

图 4—6 圆的内公切线

三、菜单命令系统简介

CAXA 线切割 V2 系统的功能都是通过各种不同类型的菜单和命令项来实现的。菜单系统包括下拉菜单、图标菜单、立即菜单、工具菜单等。

1. 下拉菜单

位于屏幕的顶部，如图 4—1 所示可看到由一行主菜单及其下拉子菜单组成。主菜单包括文件、编辑、显示、幅面、绘制、查询、设置、工具、线切割和帮助，每个部分含有若干个下拉子菜单。

下拉菜单命令简介见表 4—1。

表 4—1　　下拉菜单命令简介

主菜单	下拉菜单	功 能 简 介
文件	新文件	建立一个新文件
	打开文件	打开一个已有的文件
	存储文件	存储当前文件
	另存文件	用另一个文件名存储当前文件
	文件检索	从本地计算机或网络计算机上查找符合条件的文件

续表

主菜单	下拉菜单	功 能 简 介
文件	并入文件	将一个存在的文件并入当前文件
	部分存储	将当前文件的一部分存储为一个文件
	绘图输出	打印图纸
	数据接口	读入和输出DWG、DXF、WMF、DAT、IGES、HPGL、AUTOP等格式的文件，以及接收和输出视图
	应用程序管理器	管理电子图板二次开发的应用程序
	最近文件	显示最近打开过的一些文件名
	退出	退出本系统
编辑	取消操作	取消上一项操作
	重复操作	取消一个“取消操作”命令
	图形剪切	剪切掉选中的实体对象
	图形拷贝	拷贝选中的实体对象
	图形粘贴	粘贴实体对象
	选择性粘贴	选择剪贴板内容的属性后再进行粘贴
	插入对象	插入OLE对象到当前文件中
	删除对象	删除一个选中的OLE对象
	链接	实现以链接方式链接插入到文件中的对象的有关操作
	对象属性	查看对象的属性以及相关操作
	拾取删除	删除选中的对象
	删除所有	初始化绘图区，删除绘图区中所有实体对象
	改变颜色	改变所拾取图形元素的颜色
	改变线型	改变所拾取图形元素的线型
	改变层	改变所拾取图形元素的图层
显示	重画	刷新屏幕
	鹰眼	打开一个窗口对主窗口的显示部分进行选择
	显示窗口	用窗口将图形放大
	显示平移	指定屏幕显示中心
	显示全部	显示全部图形
	显示复原	恢复图形显示的初始状态
	显示比例	输入比例对显示进行放大或缩小
	显示回溯	显示前一幅图形
	显示向后	相对于显示回溯的显示功能，相当于撤销一次显示回溯
	显示放大	按固定比例（1.25）将图形放大显示
	显示缩小	按固定比例（0.8）将图形缩小显示
	动态平移	利用鼠标的拖动平移图形
	动态缩放	利用鼠标的拖动缩放图形
	全屏显示	用全屏显示图形

续表

主菜单	下拉菜单	功 能 简 介
幅面	图纸幅面	选择或定义图纸的大小
	图框设置	调入、定义和存储图框
	标题栏	调入、定义、存储或填写标题栏
	零件序号	生成、删除、编辑或设置零件序号
	明细表	有关零件明细表制作和填写的所有功能
绘制	基本曲线	绘制基本的直线、圆弧、样条等
	高级曲线	绘制多边形、公式曲线以及齿轮、花键和位图矢量化
	工程标注	标注尺寸、公差等
	曲线编辑	对曲线进行剪切、打断、过渡等编辑
	块操作	进行与块有关的各项操作
	库操作	从图库中提取图形及相关的各项操作
查询	点坐标	查询点的坐标
	两点距离	查询两点间的距离
	角度	查询角度
	元素属性	查询元素的属性
	周长	查询封闭曲线的周长
	面积	查询封闭曲线包含区域的面积
	重心	查询封闭曲线包含区域的重心
	惯性矩	查询所选封闭曲线相对所选直线的惯性矩
	系统状态	查询系统状态
设置	线型	定制和加载线型
	颜色	设置颜色
	层控制	新建和设置图层，以及图层管理
	屏幕点设置	设置屏幕点的捕捉属性
	拾取设置	设置拾取属性
	文字参数	设置和管理字型
	标注参数	设置尺寸标注的属性
	剖面图案	选择剖面图案
	用户坐标系	设置和操作用户坐标系
	三视图导航	根据两个视图生成第三个视图
	系统配置	设定如颜色、文字之类的系统环境参数
	恢复老面孔	将用户界面恢复到 CAXA 以前的形式
	自定义	自定义菜单和工具栏
工具	图纸管理系统	打开图纸管理系统
	打印排版工具	打开打印排版工具
	EXB 文件浏览器	打开电子图板文档浏览器
	记事本	打开 Windows 记事本工具
	计算器	打开 Windows 计算器工具
	画笔	打开 Windows 画笔工具
线切割	轨迹生成	生成加工轨迹
	轨迹跳步	用跳步方式链接所选轨迹
	跳步取消	取消轨迹之间的跳步链接
	轨迹仿真	进行轨迹加工的仿真演示
	查询切割面积	计算切割面积
	生成 3B 代码	生成所选轨迹的 3B 代码

续表

主菜单	下拉菜单	功能简介
线切割	4B/R3B 代码	生成所选轨迹的 4B/R3B 代码
	校核 B 代码	校核已经生成的 B 代码
	G 代码	与 G 代码有关的各项操作
	查看/打印代码	查看或者打印已经生成的加工代码
	代码传输	传输已生成的加工代码
	R/3B 后置设置	对 R/3B 格式进行设置
帮助	日积月累	介绍软件的一些操作技巧
	帮助索引	打开软件的帮助
	命令列表	查看各功能的键盘命令及说明
	服务信息	查看与售后服务有关的信息
	关于电子图板	显示版本及用户信息

2. 图标菜单

图标菜单比较形象地表达了各个图标的功能。用户可以根据情况进行自定义，选取最常用的工具图标放在合适的位置，以适应个人习惯。图标菜单包括标准工具栏菜单、常用工具栏菜单、属性工具栏菜单和绘图工具栏菜单 4 个部分。单击绘图工具栏中的各个命令按钮，将出现不同的绘图工具栏和线切割工具栏菜单。图 4—7 所示为标准、常用、属性工具栏菜单。图 4—8 所示为绘制工具栏菜单，要执行基本曲线、高级曲线、工程标注、曲线编辑、块操作、库操作、轨迹操作、代码生成、传输后置等工具栏中的命令，必须先单击绘图工具中相应的图标按钮，然后在弹出的子工具栏中选择要执行的命令按钮。图 4—9 所示为工具栏菜单。

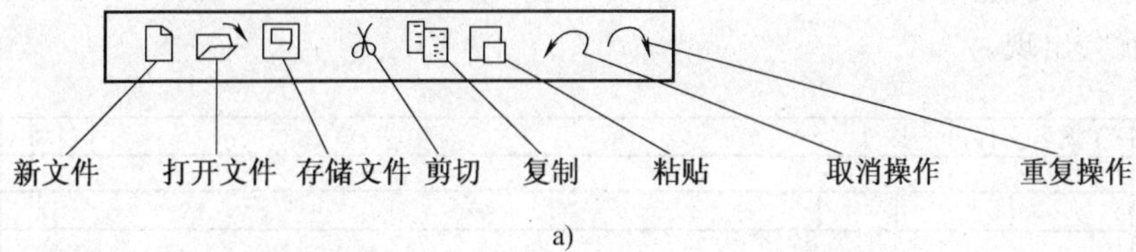

a)

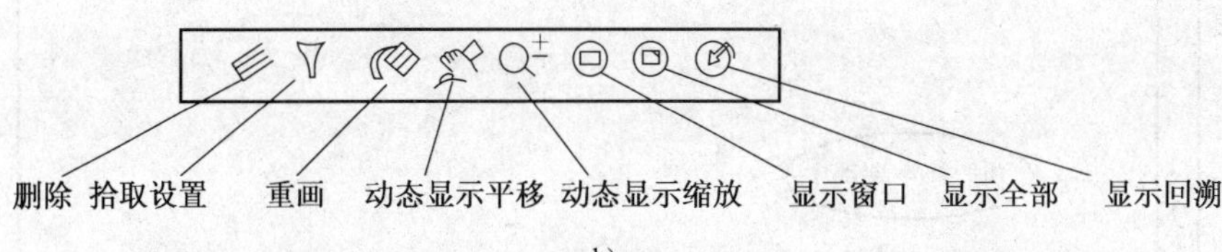

b)

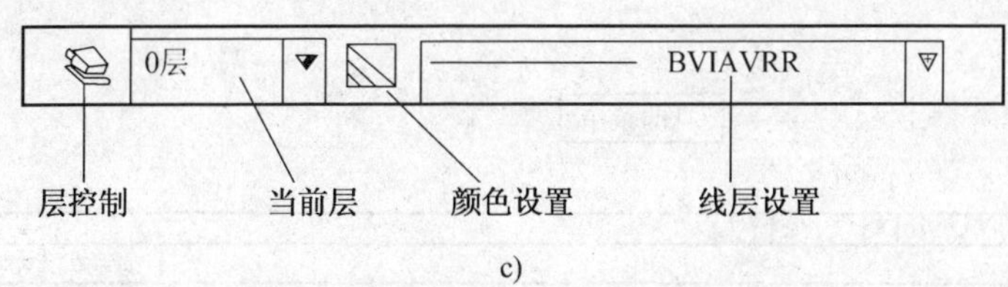

c)

图 4—7 标准、常用、属性工具栏菜单

a）标准工具栏 b）常用工具栏 c）属性工具栏

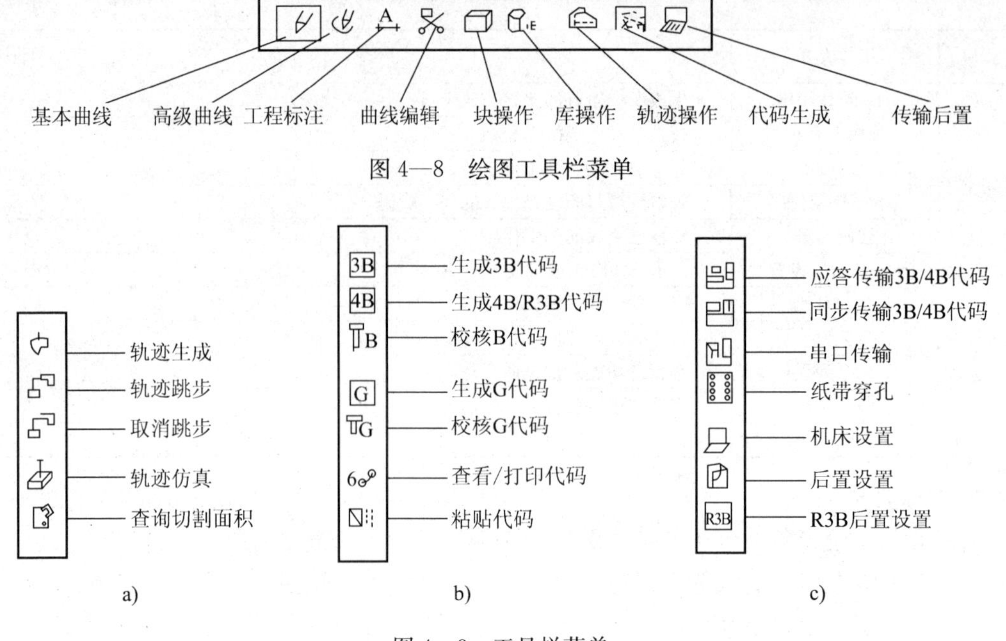

图 4—8　绘图工具栏菜单

图 4—9　工具栏菜单

a）轨迹操作工具栏　b）代码生成工具栏　c）传输与后置工具栏

3. 立即菜单

当功能命令项被选中时，在绘图区的左下角弹出立即菜单，它描述该项命令执行的各种情况和使用条件，根据当前的作图要求，正确选择某一项，即可得到准确的响应。图 4—10 所示为绘制直线时的立即菜单。当“画直线命令”被选中后，立即菜单：“两点线”“连续”“非正交”就会出现。

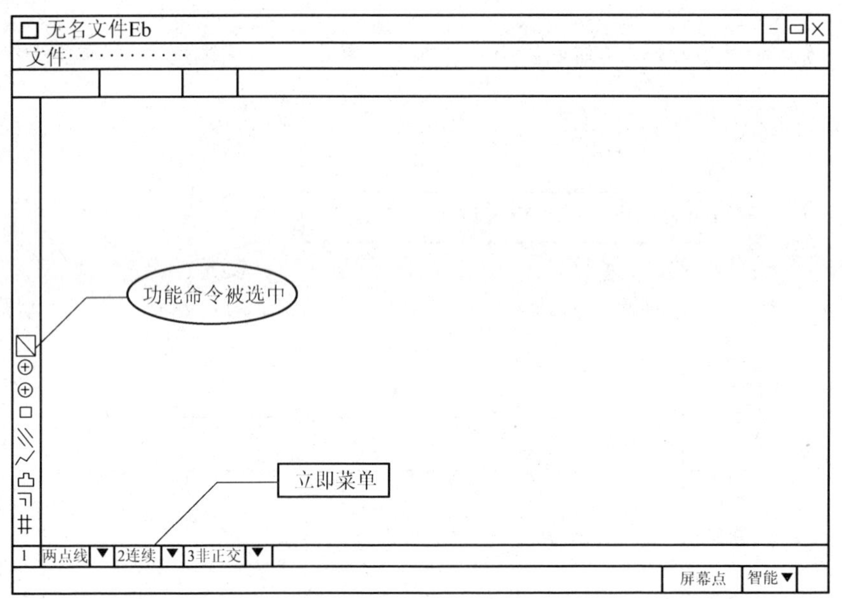

图 4—10　绘制直线时的立即菜单

4. 工具菜单

工具菜单包括工具点菜单和拾取元素菜单，具体如图 4—11 所示。

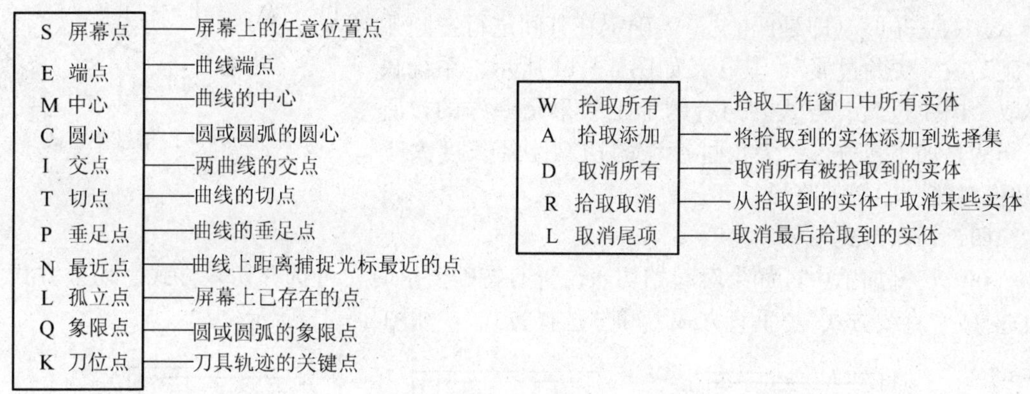

图 4—11 工具点菜单和拾取元素菜单

§4—2 数控线切割自动编程基础

本节将介绍数控线切割自动编程中经常要用到的一些基础知识。

一、轮廓

如图 4—12 所示，轮廓是一系列首尾相接曲线的集合。在进行数控编程、交互指定待加工图形时，常常需要用户指定图形的轮廓，用来界定被加工的区域或被加工的图形本身。如果轮廓是用来界定被加工区域的，则要求指定的轮廓是闭合的；如果加工的是轮廓本身，则轮廓也可以不闭合。对所有的轮廓，要求其不应有自交点。

二、加工误差与步长

加工轨迹和实际加工模型的偏差即是加工误差。用户可以通过控制加工误差来控制加工的精度。用户给出的加工误差是加工轨迹同加工模型之间的最大允许偏差，系统保证加工轨迹与实际加工模型之间的偏差不大于加工误差。图 4—13 所示为误差与步长。

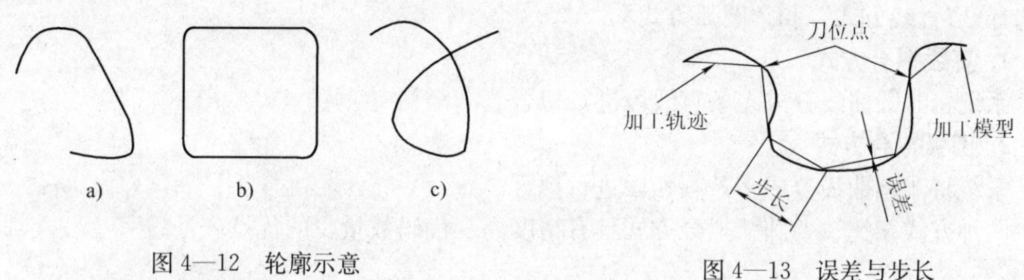

图 4—12 轮廓示意

a）开轮廓 b）闭轮廓 c）有交点的轮廓

图 4—13 误差与步长

编程时，应根据实际工艺要求给定加工误差，如在进行粗加工时，加工误差可以较大，否则实际加工效率会受到不必要的影响；而进行精加工时，需根据表面要求给定加工误差。

在线切割加工中，对于直线和圆弧的加工不存在加工误差。加工误差是指定对样条曲线进行加工时，用折线段逼近样条时的误差。

三、拐角处理

在线切割加工中，还会遇到拐角处如何进行过渡的问题，在轮廓中相邻两直线或圆弧（取切点同向）呈大于 180°的夹角时（即是凹的），需确定在其间进行“圆弧过渡”或“尖角过渡”，其含义如图 4—14 所示。系统缺省取“圆弧过渡”方式。两者的加工效果是一样的，所不同的是加工轨迹，“尖角过渡”的切割路径长度大于“圆弧过渡”的切割路径长度。

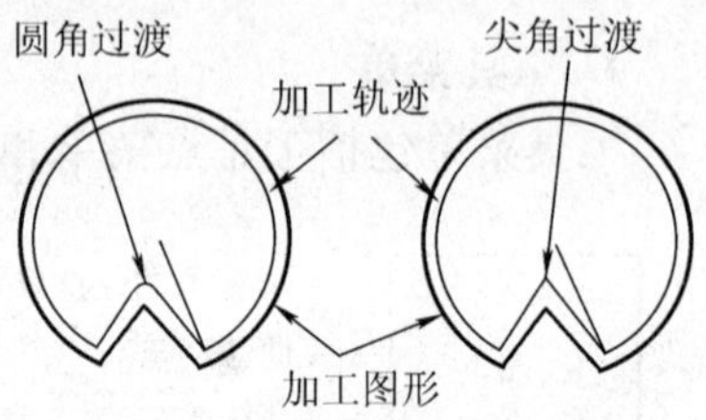

图 4—14　拐角过渡方式

四、切入方式

在线切割加工中，如果对起始切入位置有特殊要求时，可选择切入方式。切入方式的 3 种选择：“直线方式”“垂直方式”和“选择方式”，如图 4—15 所示。

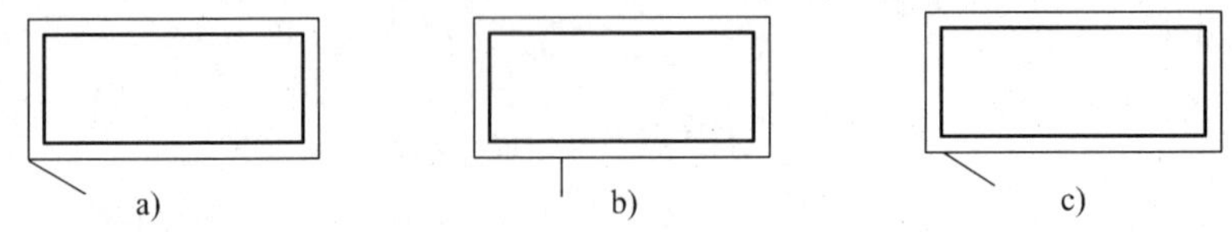

图 4—15　切入方式
a）直线切入　b）垂直切入　c）指定点切入

1. 直线切入方式

丝直接从穿丝点切入到加工起始段的起始点。

2. 垂直切入方式

丝从穿丝点垂直切入到加工起始段，以起始段上的垂足点为加工起始点。当在起始段找不到垂足点时，丝直接从穿丝点切入到加工起始段的起始点，此时等同于直线切入方式。

3. 指定切入方式

这种方式允许用户在轨迹上选择一个点作为加工起始点，丝从穿丝点沿直线走到选择的切入点，然后按事先选择的加工方向进行加工。

五、拟合方式

当要加工有非圆曲线边界时，系统需将该曲线拆分为多段短线进行拟合。拟合方式有两种选择：“直线方式”和“圆弧方式”。

1. 直线拟合方式

系统将非圆曲线分成多条直线段进行拟合。

2. 圆弧拟合方式

系统将非圆曲线分成多条圆弧段进行拟合。

两种方式相比较，圆弧拟合方式具有精度高、代码数量少的优点。

§4—3　轨迹生成

一、概述

加工轨迹是加工过程中切削的实际路径。轨迹生成是在已经构造好的轮廓的基础上，结合加工工艺，给出确定的加工方法和加工条件，由计算机自动计算出加工轨迹。

本节主要介绍线切割加工轨迹的生成方法。用户将鼠标指针移动到屏幕左侧的图标菜单区的图标上，当鼠标停留在轨迹生成图标上一段时间，则会在相应位置弹出一个亮黄底色的提示条：“切割轨迹生成”。用左键点取该图标后，系统功能菜单区弹出其子功能的菜单，如图 4—16 所示。

图 4—16　轨迹生成子菜单

二、轨迹生成

轨迹生成的功能是生成沿轮廓线切割的线切割加工轨迹，具体操作步骤如下：

1. 点取“轨迹生成”菜单条

用鼠标左键点取“轨迹生成”菜单条，系统会弹出一对话框，如图 4—17 所示。此对话框是一个需要用户填写的参数表。切入方式、拟合方式和拐角过渡方式见 § 4—2，其他各种参数的含义和填写方法如下：

（1）切割次数。生成的加工轨迹的行数。

（2）轮廓精度。对由样条曲线组成的轮廓，系统将按给定的误差把样条离散成多条线段，用户可按需要来控制加工的精度。

（3）锥度角度。锥度角度是指做锥度加工时，丝倾斜的角度。系统规定，当输入的锥度角度为正值时，采用左锥度加工；当输入的锥度为负值时，采用右锥度加工。

（4）支撑宽度。进行多次切割时，指定每行轨迹始末点间保留的一段没切割的部分的宽度。

（5）补偿实现方式。系统提供两种实现补偿的方式供用户选择。

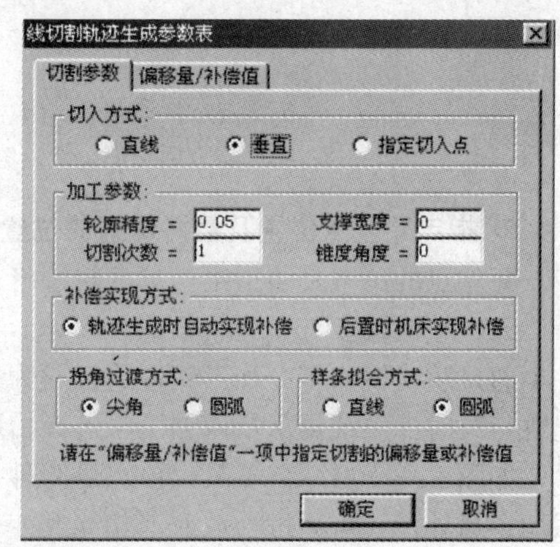

图 4—17　线切割轨迹生成参数表

注意：CAXA 线切割 V2 系统不支持带锥度的多次切割。当加工次数大于 1 时，需在“偏移量/补偿值”参数表里填写每次加工丝的偏移量。

2. 拾取轮廓线

在确定加工的参数后，按对话框中的“确定”按钮，系统提示拾取轮廓。单击空格键，系统弹出如图 4—18 所示的轮廓曲线拾取工具菜单。

S 单个拾取
C 链拾取
L 限制链拾取

图 4—18　轮廓曲线拾取工具菜单

（1）单个拾取。需用户挨个拾取同时处理的各条轮廓曲线，适合于曲线数量不多并且不适合使用“链拾取”功能的情形。

（2）链拾取。需用户指定起始曲线及链搜索方向，系统按起始曲线及搜索方向自动寻找所有首尾相接的曲线。适合于需批量处理的曲线数目较多，同时无两根以上曲线搭接在一起的情形。

（3）限制链拾取。需用户指定起始曲线、搜索方向和限制曲线，系统按起始曲线及搜索方向自动寻找所有首尾相接的曲线至指定的限制曲线。适用于避开有两根或两根以上曲线搭接在一起的情形，从而正确拾取所需的曲线。

3. 拾取轮廓线方向

当拾取第一条轮廓线后，此轮廓线变为红色的虚线（见图 4—19）。系统给出提示：选择链搜索方向。此方向表示加工方向，同时也表示拾取轮廓线的方向。选择方向后，如果采用的是链拾取方式，则系统自动拾取首尾相接的轮廓线；如果采用单个拾取方式，则系统提示继续拾取轮廓线；如果采用限制链拾取，则系统自动拾取该曲线与限制曲线之间连接的曲线。

4. 选择加工的侧边

当拾取完轮廓线后，系统要求选择切割侧边，即丝偏移的方向，如图 4—20 所示，生成加工轨迹时将按这一方向自动实现丝的补偿，补偿量即为指定的偏移量加上加工参数表里设置的加工余量。

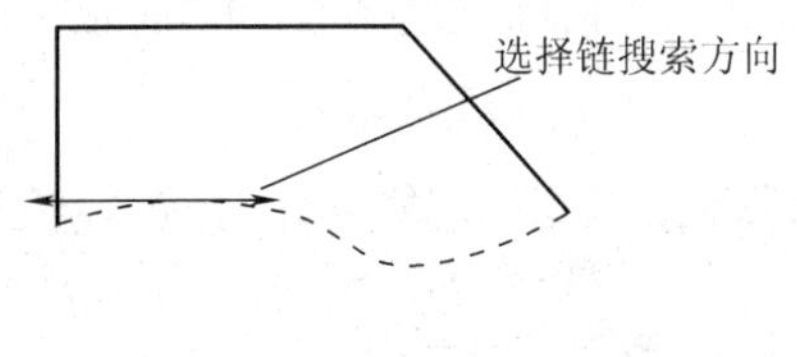

图 4—19　轮廓线方向拾取

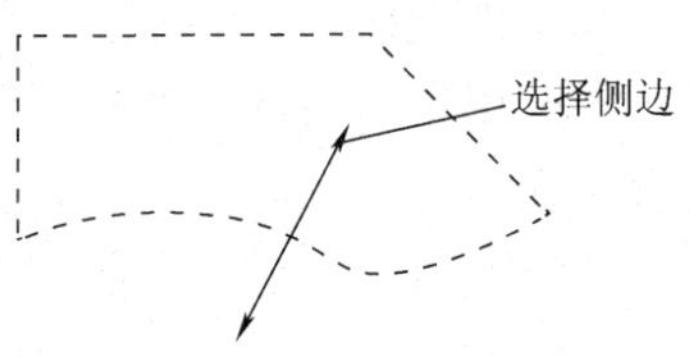

图 4—20　加工侧边选择

5. 指定穿丝点位置及最终切到的位置

穿丝点的位置必须指定，加工轨迹将按要求自动生成，至此完成线切割加工轨迹生成。

三、轨迹跳步

通过跳步线将多个加工轨迹连接成为一个跳步轨迹。当选取“轨迹跳步”时，系统提示拾取加工轨迹。拾取轨迹可用轨迹拾取工具菜单，如图 4—21 所示。工具菜单提供两种拾取方式：拾取所有和拾取添加。另外，还可通过拾取取消功能改变轨迹拾取。

W 拾取所有
A 拾取添加
D 取消所有
R 拾取取消
L 取消尾项

图 4—21　轨迹拾取工具菜单

1. 拾取所有

即拾取所有生成轨迹。

2. 拾取添加

需用户挨个拾取需批量处理的各加工轨迹。

3. 取消所有

即取消已经拾取的所有加工轨迹。

4. 拾取取消

可改变轨迹的拾取状态。与拾取轮廓线功能中的“拾取取消”相比，轨迹的拾取取消不会自动取消掉最近的拾取记录，而是由用户指定需取消的轨迹。

5. 取消尾项

取消最后拾取的一段加工轨迹。

当拾取完轨迹并确认后，系统即将所选的加工轨迹按选择的顺序连接成一个跳步加工轨迹。将所有选择的轨迹用跳步轨迹连成一个加工轨迹后，所有新生成的跳步轨迹只能保留第一个被拾取的加工轨迹的加工参数。此时，如果各轨迹采用的加工锥度不同，生成的加工代码中只有第一个加工轨迹的加工锥度。

例如，分别对一个圆和一个三角形生成加工轨迹，再用“轨迹跳步”将它们连接起来，如图 4—22 所示，读者可以比较一下两者的区别。

图 4—22　轨迹跳步实例

a）跳步前轨迹　b）跳步后轨迹

四、取消跳步

取消跳步的功能是将“轨迹跳步”功能中生成的跳步轨迹分解成各个独立的加工轨迹。当选取“取消跳步”时，系统提示拾取加工轨迹。拾取并确认后，系统即将所选的加工轨迹分解成多个独立的加工轨迹。读者可自行将图 4—22 所示的跳步轨迹拆开。

五、轨迹仿真

轨迹仿真是指对切割过程进行动态或静态的仿真。以线框形式表达的丝沿着指定的加工轨迹遍历一周，模拟实际加工过程中切割工件的情况，如图 4—23 所示。其操作过程为：点击“轨迹仿真”按钮后，选择仿真方式与步长（见图 4—24），按鼠标左键即可。

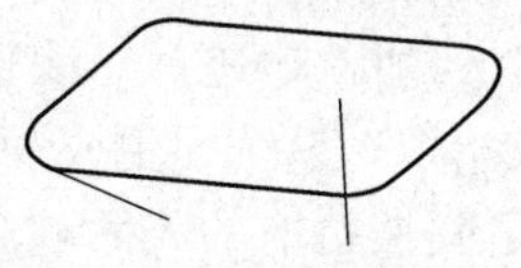

图 4—23　加工过程仿真

1: 连续 2: 步长 0.01

图 4—24　仿真方式及参数

CAXA 线切割 V2 系统提供连续和静态两种仿真方式。其中，在连续方式下，系统将完整地模拟从起切到加工结束之间的全过程。

六、计算切割面积

点击“计算切割面积”按钮后，根据系统提示，拾取需要计算的加工轨迹并给出工件厚度，确认后系统将自动计算出实际的切割面积。

§4—4　代码生成

一、概述

代码生成处理功能就是结合特定机床把系统生成的加工轨迹转化成机床代码的 G 指令或 B 指令，生成的 G 指令或 B 指令可以直接输入数控机床用于加工。考虑到生成程序的通用性，CAXA 线切割 V2 系统针对不同的机床，可以设置不同的机床参数和特定的数控代码程序格式，同时还可以对生成的机床代码的正确性进行校核。

本节主要介绍线切割加工代码的生成和校核方法。用户将鼠标指针移动到屏幕左侧图标菜单的图标上，当鼠标停留在“代码生成”上一段时间，则会在相应位置弹出一个亮黄底色的提示条：“代码生成”。用左键点取该图标后，系统功能菜单区弹出其子功能菜单，如图 4—25 所示。

图 4—25　代码生成子菜单

二、生成 3B 代码

生成 3B 代码数控程序的操作步骤如下：

(1) 点取“生成 3B 代码”功能项，系统弹出一个需要用户输入文件名的对话框，如图 4—26 所示，要求用户填写代码程序文件名。

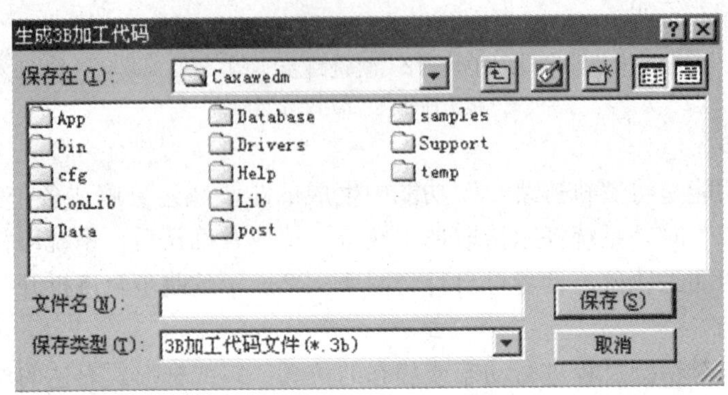

图 4—26　生成 3B 代码时输入文件名对话框

(2) 输入文件名后点取“确认”键，系统提示“拾取加工轨迹”。此时还可以设置使用的停机码、暂停码和程序格式，如图 4—27 所示。当拾取到加工轨迹后，该轨迹变为红色线。用户可以一次拾取多个加工轨迹，单击鼠标右键结束拾取，系统即生成 3B 代码数控程序。当拾取多个加工轨迹同时生成加工代码时，各轨迹之间按拾取的先后顺序自动实现跳步。与“轨迹生成”模块中的“轨迹跳步”功能相比，用这种方式实现跳步，各轨迹仍保持相互独立。

图 4—27　生成 3B 代码参数设置

三、生成 4B/R3B 代码

点取“生成 4B/R3B 代码”功能项，后续操作过程与生成 3B 代码操作过程相同，只不过代码格式不同而已。

四、校核 B 代码

校核 B 代码是指把生成的 B 代码反读进来，恢复线切割加工轨迹，以检查代码程序的正确性，具体操作步骤如下：

(1) 点击“校核 B 代码”按钮，系统弹出一个要求用户选取数控程序的对话框，如图 4—28 所示。

(2) 在此对话框中的“文件类型”栏中可以切换“3B”或“4B”格式。

(3) 用户选择好需要校对的 B 代码程序，然后系统自动根据程序 B 代码立即恢复生成线切割加工轨迹。

五、生成 G 代码

按照当前机床类型的配置要求，把已生成的加工轨迹转化生成 G 代码数据文件，即 CNC 数控程序。其操作过程如下：

(1) 选取“生成 G 代码”功能项，则弹出一个需要用户输入文件名的对话框，要求用

图 4—28　校核 B 代码对话框

户填写代码程序文件名。此外，系统还在信息提示区给出当前所生成的数控程序所适用的数控系统和机床系统信息，表明目前所调用的机床配置和后置设置情况。

（2）输入文件名后点取“确认”键，系统提示拾取加工轨迹。当拾取到加工轨迹后，该加工轨迹变为红色线。用户可以连续拾取多条加工轨迹，单击鼠标右键结束拾取，系统即生成数控程序。当拾取多个加工轨迹同时生成加工代码时，各轨迹之间按拾取的先后顺序自动实现跳步。与“轨迹生成”模块中的“轨迹跳步”功能相比，用这种方式实现跳步，各轨迹仍保持相互独立，所以各个轨迹当中仍可以保存不同的加工参数，比如各个轨迹可以有不同的加工锥度等。

六、校核 G 代码

校核 G 代码就是把生成的 G 代码文件反读进来，恢复生成加工轨迹，以检查所生成的 G 代码的正确性。如果反读的刀位文件中含圆弧插补，需用户指定相应的圆弧插补格式，否则可能得到错误的结果。若后置文件中的坐标输出格式为整数，且机床分辨率不为 1 时，反读的结果是不对的，也就是说系统不能读取坐标格式为整数且分辨率为非 1 的情况。

校核 G 代码的操作步骤为：选取“校核 G 代码”选项，系统弹出一个需要用户选取数控程序的对话框，要求用户指定需要校对的 G 代码程序（若需要校对的程序不在缺省的显示路径下，用户需自己改变路径）。拾取到要校对的数控程序文件后，系统根据程序 G 代码立即生成加工轨迹。

注意：

（1）校核只用来进行对 G 代码的正确性进行校验，由于精度等方面的原因，操作者应避免将反读的刀位重新输出，因为系统无法保证其精度。

（2）校对加工轨迹时，如果存在圆弧插补，则系统要求选择圆心的坐标编辑方式，其含义如前所述，这个选项针对采用圆心（I，J，K）编程方式，用户应正确选择对应的形式，否则会导致错误。

七、查看/打印代码

选取“查看/打印代码”选项，系统弹出一个需要用户选取代码文件的对话框，要求指定需要查看的代码（在刚生成过代码的情况下，屏幕左下角会出现一个选择当前代码或代码文件的立即菜单，若需要查看的程序不在缺省的显示路径下，用户需自己改变路径），选择文件后确定，就会弹出一个显示代码文件的窗口。若需要打印代码，可点击此窗口上的文件菜单，选择打印命令即可。

§4—5 机床设置与后置设置

一、机床设置

1. 机床设置的功能

机床设置就是针对不同的机床、不同的数控系统，设置特定的数控代码、数控程序格式及参数，并生成配置文件。生成数控程序时，系统根据该配置文件的定义生成用户所需要的特定代码格式的加工指令。

机床设置给用户提供了一种灵活方便的系统配置方法。对不同的机床进行适当的配置，具有重要的实际意义。通过设置系统配置参数，后置处理所生成的数控程序可以直接输入数控机床进行加工，而无需进行修改。机床配置主要设置如下参数：

（1）机床控制参数。包括插补方法、补偿控制、坐标选择、冷却控制、程序启停及程序首尾控制符等。

（2）程序格式参数。包括程序说明、跳步格式和程序行控制等内容。

2. 机床设置的操作步骤

选取“增加机床”功能项，弹出一个需要用户填写的参数对话框，如图 4—29 所示。参数配置包括开关走丝、数值插补方法、补偿方式、冷却控制、程序启停以及程序首尾控制符等。

（1）机床参数设置。在“机床名”一栏中输入新的机床名或用鼠标点取↓键选择一个已存在的机床进行修改。对机床的各种指令地址进行配置，可以对如下选择项进行配置：

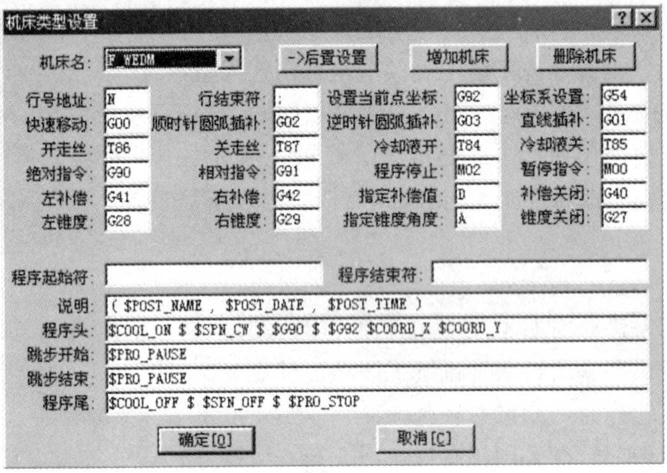

机床类型设置

机床名：F_WEDM　->后置设置　增加机床　删除机床

行号地址: N	行结束符: ;	设置当前点坐标: G92	坐标系设置: G54
快速移动: G00	顺时针圆弧插补: G02	逆时针圆弧插补: G03	直线插补: G01
开走丝: T86	关走丝: T87	冷却液开: T84	冷却液关: T85
绝对指令: G90	相对指令: G91	程序停止: M02	暂停指令: M00
左补偿: G41	右补偿: G42	指定补偿值: D	补偿关闭: G40
左锥度: G28	右锥度: G29	指定锥度角度: A	锥度关闭: G27

程序起始符：　程序结束符：

说明: ($POST_NAME , $POST_DATE , $POST_TIME)

程序头: $COOL_ON $ $SPN_CW $ $G90 $ $G92 $COORD_X $COORD_Y

跳步开始: $PRO_PAUSE

跳步结束: $PRO_PAUSE

程序尾: $COOL_OFF $ $SPN_OFF $ $PRO_STOP

确定[O]　取消[C]

图 4—29　机床类型设置参数对话框

1）行号地址（N××××）。一个完整的数控程序由许多的程序段组成，每一个程序段前有一个程序号，即行号地址。系统可以根据行号识别程序段。如果程序过长，还可以通过调用行号很方便地把光标移到所需的程序段。行号可以从 1 开始，连续递增，如 N0001、N0002、N0003 等，也可间隔递增，如 N0001、N0005、N0009 等。建议用户采用后一种方式。因为间隔行号比较灵活方便，可以随时插入程序段，对原程序进行修改，而无需改变后续行号。如果用前一种连续递增的编号方式，每加入一个程序段，都必须对后续程序段的行号进行修改，很不方便。

2）行结束符（；）。在数控程序中，一行数控代码就是一个程序段。数控程序一般以特定的符号而不是以回车键作为程序段结束标志，它是一个程序段不可缺少的组成部分。系统不同，程序段结束符一般不同。有些系统以分号符“；”作为程序段结束符，有些系统的结束符是“*”，有些是“#”等。一个完整的程序段应包括行号、数控代码和程序段结束符。如：

N10　G92　X10.000　Y5.000；

3）插补方式控制。一般地讲，插补就是把空间曲线分解为 X、Y、Z 各个方向很小的曲线段，然后以微元化的直线段去逼近空间曲线。数控系统都提供直线插补和圆弧插补，其中圆弧插补又可分为顺圆插补和逆圆插补。

插补指令都是模态代码。所谓模态代码就是只要指定一次功能代码格式，以后就不用指定，系统会以前面最近的功能模式确认本程序段的功能，除非重新指定不同类型的功能代码，否则以后的程序段仍然可以默认该程序代码。

4）开关走丝指令。

①开走丝（T86）。该指令控制打开走丝。

②关走丝（T87）。该指令控制关闭走丝。

5）冷却液开关控制指令。

①冷却液开（T84）。T84 指令控制打开冷却液阀门开关，开始开放冷却液。

②冷却液关（T85）。T85 指令控制关闭冷却液阀门开关，停止开放冷却液。

6）坐标设定。用户可以根据需要设置坐标系，系统根据用户设置的参照系确定坐标值是绝对的还是相对的。

①坐标设定（G54）。G54 是程序坐标系设置指令。一般情况下，以零件原点作为程序的坐标原点。程序零点坐标存储在机床的控制参数区。程序中不设置此坐标系，而是通过 G54 指令调用。

②绝对指令（G90）。G90 把系统设置为绝对模式编程，以绝对模式编程的指令，坐标值都以 G54 所确定的程序零点为参考点。绝对指令 G90 也是模态代码，除非被不同类型代码 G91 所代替，否则系统一直默认。

③相对指令（G91）。G91 把系统设置为相对模式编程，以相对模式编程的指令，坐标值都以该点的前一点为参考点，指令值以相对递增的方式编程。同样，G91 也是模态代码。

④设置当前点坐标（G92）。把随后跟着的 X、Y 值作为当前点的坐标值。

7）补偿。

①左补偿（G41）。指加工轨迹以进给方向为正方向，沿轮廓左边让出一个给定的偏移量。

②右补偿（G42）。指加工轨迹以进给方向为正方向，沿轮廓右边让出一个给定的偏移量。

③补偿关闭（G40）。补偿关闭是通过代码 G40 来实现的。左右补偿指令都是模态代码指令。所以，也可以通过开启一个补偿指令代码来关闭另一个补偿指令代码。

8）暂停指令（M00）。程序暂停指令 M00 将暂停程序的运行，等待机床操作者的干预。

确认进行加工后，可继续执行暂停指令后面的指令进行加工。

9）程序结束（M02）。程序结束指令 M02 将结束整个程序的运行，所有的功能 G 代码和与程序有关的一些运行开关，如冷却液开关、走丝开关等都将关闭，处于原始禁止状态。机床处于当前位置，如果要使机床停在机床零点位置，则必须操作机床使之回零。

10）锥度设置。

①左锥度（G28）。指加工轨迹以进给方向为正方向，向左倾斜给定的角度。

②右锥度（G29）。指加工轨迹以进给方向为正方向，向右倾斜给定的角度。

③锥度关闭（G27）。锥度的关闭是通过代码 G27 来实现的。

④锥度角度表示（A）。其后跟着的数值表示锥度的角度。例如：G28 A2.000，表示丝向左倾斜 2.0°。

（2）程序格式设置。程序格式设置就是对 G 代码各程序段格式进行设置。用户可以对程序起始符号、程序结束符号、程序说明、程序头、程序尾等程序段进行格式设置。

1）设置方式。使用字符串或宏指令进行设置，其中宏指令格式为：＄＋宏指令串。系统提供的宏指令串有：

当前后置文件名	POST _ NAME
当前日期	POST _ DATE
当前时间	POST _ TIME
当前 X 坐标值	COORD _ X
当前 Y 坐标值	COORD _ Y
当前程序号 P	OST _ CODE

@号为换行标志

＄为输出空格

2）程序说明。说明部分是对程序的名称、与此程序对应的零件名称编号、编制日期和时间等有关信息的记录。程序说明部分是为了管理的需要而设置的。有了这个功能项目，用户可以很方便地进行管理。比如要加工某个零件时，只要从管理程序中找到对应的程序编号即可，而不需要从复杂的程序中去一个一个地寻找需要的程序。

例如，（N126－60231，＄POST _ NAME，＄POST _ DATE，＄POST _ TIME)，在生成的后置程序中的程序说明部分输出如下说明：（N126－60231，01261，1996，9，2，15：30：30）。

3）程序头。针对特定的数控机床来说，其数控程序开头部分都是相对固定的，包括一些机床信息，如机床回零、工件零点设置、开走丝以及冷却液开启等。

例如，直线插补指令内容为 G01，那么＄G01 的输出结果为 G01；同样，＄COOL _ ON 的输出结果为 T84；＄PRO _ STOP 的输出结果为 M02；依此类推。

又如，＄COOL _ ON @ ＄SPN _ CW @ ＄G90 ＄＄G92 ＄COORD _ X ＄COORD _ Y @ G41H01，在后置文件中内容为：

T84;

T86;

G90　G92　X10.000　Y20.00;

G41　H01;

4）跳步。跳步开始及跳步结束指令可以由用户根据机床设定。

二、后置设置

后置设置就是针对特定的机床，结合已经设置好的机床配置，对后置输出的数控程序的格式，如程序段号、程序大小、数据格式、编程方式、圆弧控制方式等进行设置。本功能可以设置缺省机床及G代码输出选项。机床名选择以存在的机床名作为缺省机床。

后置设置的操作步骤为：选取“后置设置”功能项，则弹出一个需要用户填写的参数对话框，如图4—30所示。

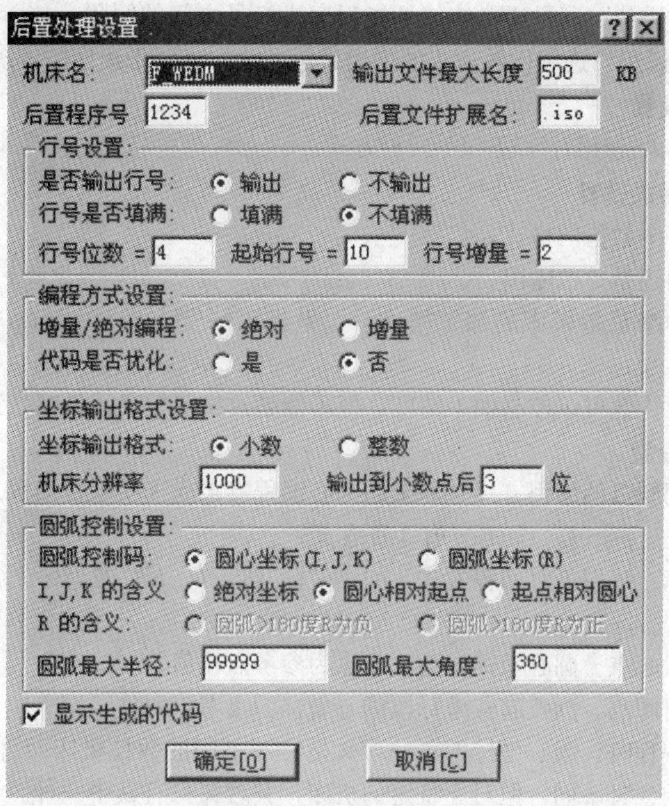

图4—30 后置设置对话框

在选项中，对应选项被选中后，其前面的小圆圈形框中出现一个小黑点。如果是需要填写具体数值的，用鼠标左键点取该项，然后用键盘输入数值。

1. 机床系统

数控程序必须针对特定的数控机床、特定的配置才具有加工的实际意义，所以后置设置必须先调用机床配置。用鼠标点取箭头就可以很方便地从配置文件中调出机床的相关配置。

2. 文件长度控制

“输出文件长度”可以对数控程序的大小进行控制，文件大小控制以K为单位。当输出的代码文件长度大于规定的长度时，系统自动分割文件。例如，当输出的G代码文件post. cut超过规定的长度时，就会自动分割为post0001. cut、post0002. cut、post0003. cut等。

3. 行号设置

程序段行号设置包括行号的位数，行号是否输出，行号是否填满，起始行号以及行号递增数值等。

（1）是否输出行号。选中行号输出，则在数控程序中的每一个程序段前面输出行号，反之亦然。

（2）行号是否填满。行号是否填满是指行号不足规定的行号位数时是否用“0”填充。行号填满就是在不足所要求的行号位数的前面补“0”，如 N0028；反之亦然，如 N28。

（3）行号递增数值。行号递增数值是指程序段行号之间的间隔，如 N0020 与 N0025 之间的间隔为 5。建议用户选用比较适中的递增数值，这样有利于程序的管理。

4. 编程方式设置

分绝对编程 G90 和相对编程 G91 两种方式。

5. 坐标输出格式设置

决定数控程序中数值的格式，包括：

（1）小数输出还是整数输出。

（2）机床分辨率是指机床的加工精度，如果机床精度为 0.001 mm，则分辨率设置为 1 000，以此类推。

（3）输出小数位数可以控制加工精度，但不能超过机床精度，否则是没有实际意义的。

6. 圆弧控制设置

主要设置控制圆弧的编程方式，即采用圆心编程方式或采用半径编程方式。当采用圆心编程方式时，圆心坐标（I，J，K）有 3 种含义。

（1）绝对坐标。采用绝对编程方式，圆心坐标（I，J，K）的坐标值为相对于工件绝对坐标系的绝对值。

（2）圆心相对起点。圆心坐标以圆弧起点为参考点取值。

（3）起点相对圆心。圆弧起点坐标以圆心坐标为参考点取值。

按圆心坐标编程时，圆心坐标的各种含义是针对不同的数控机床而言。不同机床之间，其圆心坐标编程的含义不同，但对于特定的机床，其含义只有其中一种。当采用半径编程方式时，使用半径正负区别的方法来控制圆弧是劣弧还是优弧，即圆弧半径 R 的含义表现为以下两种：

1）优弧。圆弧大于 180°，R 为负值。

2）劣弧。圆弧小于 180°，R 为正值。

7. 扩展名控制和后置设置编号

后置文件扩展名是控制所生成的数控程序文件名的扩展名。有些机床对数控程序要求有扩展名，有些机床没有这个要求，应视不同的机床而定。后置程序号是记录后置设置的程序号，不同的机床其后置设置不同，所以采用程序号来记录这些设置，以便于用户日后使用。

8. 优化代码及显示代码

如果选择优化代码的坐标值，当代码中程序段的某一坐标值与前一程序段的坐标值相等时，不再输出相同的坐标值，否则，所有坐标值都输出。如果选择窗口显示代码，代码生成后马上在窗口中显示代码内容。

§4—6　数控线切割自动编程实例

一、快速入门实例

CAXA 线切割 V2 编程可由作图、生成加工轨迹、轨迹仿真操作、生成代码和传输代码 5 个部分组成。

1. 作图

作图是进行线切割加工的基本前提。以矩形的作图步骤来说明其操作步骤如下：

(1) 用鼠标选取屏幕左侧的图标菜单“基本曲线”后，屏幕左侧的菜单区出现基本的绘图命令直线、圆、圆弧和样条等命令按钮。

(2) 选取命令按钮“直线”，选用“连续”“正交”方式，屏幕左下角提示“第一点（切点、垂足点）:”。

(3) 键盘输入“0，0”，按回车键，系统提示“第二点（切点、垂足点）:”。

(4) 键盘输入“100，0”，按回车键，系统提示“第二点（切点、垂足点）:”。

(5) 键盘输入“100，50”，按回车键，系统提示“第二点（切点、垂足点）:”。

(6) 键盘输入“0，50”，按回车键，系统提示“第二点（切点、垂足点）:”。

(7) 键盘输入“0，0”，按回车键，系统提示“第二点（切点、垂足点）:”。

(8) 结束命令，屏幕上出现 100 mm×50 mm 的矩形，绘图完成，如图 4—31a 所示。

(9) 单击屏幕左侧的图标按钮“曲线编辑”，屏幕左侧菜单区出现“曲线编辑”工具栏，在“曲线编辑”工具栏中单击“过渡”，系统弹出过渡命令的立即菜单。

(10) 单击立即菜单“1:”，选择“圆角”；单击立即菜单“2:”，选择“裁剪”，单击立即菜单“3：半径二”，选择缺省值 10。

(11) 单击矩形框上直线 1 和直线 2，实现 1、2 两边的倒圆角；单击直线 2 和直线 3，实现 2、3 两边的倒圆角；单击直线 3 和直线 4，实现 3、4 两边的倒圆角；单击直线 4 和直线 1，实现 4、1 两边的倒圆角，如图 4—31b 所示。

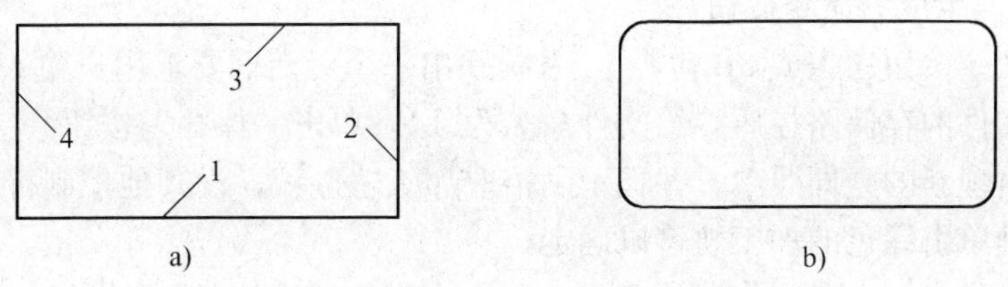

图 4—31　作图

a) 100 mm×50 mm 的矩形　b) 倒角后的矩形

2. 生成加工轨迹

在作好图形的基础上，即给出轮廓后，结合加工参数，就可以利用 CAXA 线切割 V2 的生成加工轨迹工具生成线切割加工所需的轨迹，具体步骤如下：

(1) 用鼠标选取屏幕左侧的图标菜单“轨迹操作”后，屏幕左侧的菜单区出现轨迹生成、轨迹跳步等命令按钮。

(2) 选取“轨迹生成”命令按钮，系统弹出一名为“线切割轨迹生成参数表”的对话框。

(3) 按实际需要填写相应的参数，并单击“确定”按钮。

(4) 系统提示“拾取轮廓”，用鼠标点取矩形的底边。

(5) 被拾取线条为红色虚线，沿轮廓方向出现一对反向的绿色箭头，系统提示“请选择链搜索方向”，选择逆时针方向的箭头。

(6) 选择搜索方向后，全部线条变为红色，且轮廓的法向方向上又出现一对反向的绿色箭头，系统提示“选择切割的侧边或补偿方向”，选择指向矩形内侧的箭头。

(7) 系统提示“输入穿丝点的位置”，键盘输入“50，10”，按回车键。

(8) 系统提示“输入退回点（回车则与穿丝点重合）”，单击鼠标右键，表示该位置与穿丝点重合，系统自动计算出加工轨迹，即屏幕上显示出的绿色线。

(9) 再单击鼠标右键或按 Esc 键，结束命令，生成加工轨迹图。

3. 轨迹仿真操作

(1) 单击屏幕左侧的“轨迹仿真”按钮后，出现“轨迹仿真”的立即菜单，选择仿真方式，按鼠标右键即可。系统提供“连续”和“静态”两种仿真方式。在连续方式下，系统将完整地模拟从起初到加工结束之间的全过程，不可中断，连续仿真是仿真时模拟动态的切割加工过程。静态仿真显示轨迹各段的序号，且用不同的颜色将直线段与圆弧段区分开来。

(2) 单击立即菜单“1:”，选择“连续”仿真方式。单击立即菜单“2：步长”，选择缺省值 0.01。

(3) 系统提示拾取加工轨迹，选择绿色的加工轨迹，系统就开始仿真加工过程。

4. 生成代码

结合特定机床把系统生成的加工轨迹转化成机床代码指令，生成的指令可以直接输入数控机床用于加工。在生成了线切割的加工轨迹后，要让机床自动操作，就必须生成让机床能接受的机器命令代码，从而操作机床按机器代码的要求线切割出相应的轨迹，其具体操作步骤如下：

(1) 用鼠标选取屏幕左侧的图标菜单“代码生成”后，屏幕左侧的菜单区出现生成 3B、生成 4B 等“代码生成”命令按钮。

(2) 选择命令按钮“生成 3B 代码”，系统弹出一个对话框要求用户输入文件名。

(3) 选择文件的存储路径后，给文件命名为 T1，单击“保存”按钮。

(4) 系统出现新的立即菜单，并提示“拾取加工轨迹:”，设其他控制符按系统缺省的设置，用鼠标左键单击绿色的加工轨迹以确定。

(5) 屏幕上弹出一个显示代码的窗口，其中内容为新生成的 3B 代码，关闭此窗口，代码生成结束。

5. 传输代码

生成机器代码后，要达到利用代码控制线切割机床加工出相应轨迹的目标，还必须将生成的代码传输给机床。传输代码的操作步骤如下：

(1) 确认线切割控制器与计算机之间的通信电缆连接无误。

(2) 将线切割控制器置于联机状态。

(3) 选择命令按钮“传输与后置”，系统弹出“后置设置”工具栏。

(4) 单击图标按钮（同步传输 3B/4B），系统弹出一对话框，要求用户指定被传输的文件。

(5) 选择目标文件后，按“确定”，系统提示“按键盘任意键开始传输（Esc 退出）”，按任意键即可开始传输文件。

(6) 传输完毕，状态栏显示“传输结束”。

二、检验样板的编程

图 4—32 所示为某焊管机组张减辊孔型检验样板的零件图，要求利用 CAXA 线切割 V2 系统设计该零件并生成 3B 加工代码和 G 代码。

1. 零件图设计

(1) 选择点画线，点击“基本曲线”下的“直线”按钮，绘制中心线。

(2) 选择粗实线，绘制水平线①，如图 4—32 所示。

(3) 点击“绘制”下拉菜单“基本曲线”下的“等距线”，选择“空心”方式，输入距离“62.5”，作中心线的等距线②。

(4) 参照上一步骤绘制直线①的等距线③、直线②的等距线④。

(5) 选择角度线方式，绘制 120°角度线⑤。

(6) 点击“圆”按钮，绘制半径为 $R42$ 的圆。

到此为止，绘制的图形如图 4—33 所示。

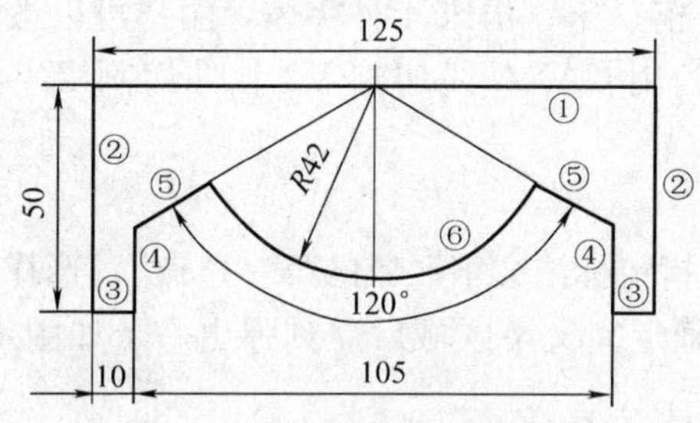

图 4—32　张减辊孔型检验样板

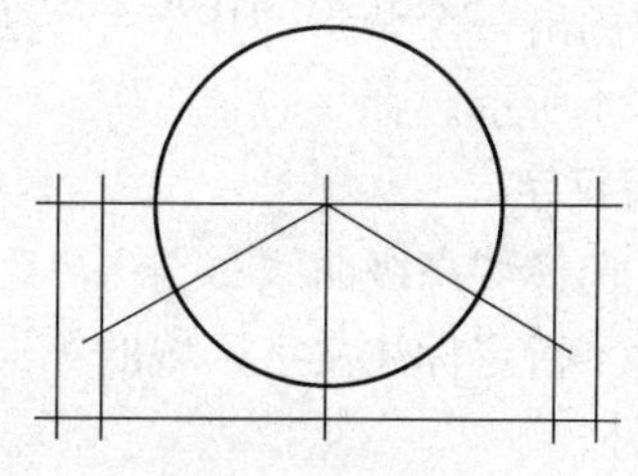
图 4—33　草图

(7) 点击“曲线编辑”下的“裁剪”按钮，把多余部分线段裁剪掉。

(8) 选择下拉菜单“绘制”中“工程标注”下面的“尺寸标注”子菜单，完成各尺寸标注，即生成如图 4—32 所示的零件图。

2. 生成加工轨迹

(1) 为便于后续操作（如输入穿丝点位置），点击屏幕左侧图标菜单“平移”按钮，采用两点方式，将样板左下角平移至（0，0）点。

(2) 用鼠标选取屏幕左侧的图标菜单“轨迹操作”下的命令按钮“轨迹生成”，系统即弹出一个如图 4—17 所示的“线切割轨迹生成参数表”。

(3) 按实际需要填写相应的参数（本例中轮廓精度设为 0.05 mm，偏移量设为 0.1 mm），点击“确定”。

(4) 系统提示“拾取轮廓”，用鼠标点取样板图形的左边直线②。

(5) 被拾取线变为红色虚线，并沿轮廓方向出现一对反向的红色箭头，系统提示“请选择链搜索方向”，选择顺时针方向的箭头。

(6) 全部线条变为红色，且在轮廓的法线方向上又出现一对反向的红色箭头，系统提示

“选择切割的侧边或补偿方向”，选择指向图形外侧的箭头。

(7) 系统提示“输入穿丝点的位置”，输入“0，－10”，按回车键。

(8) 系统提示“输入退回点（回车则与穿丝点重合）”，单击鼠标右键，表示该位置与穿丝点重合。

(9) 系统提示“输入切入点位置”，输入“0，0”，按鼠标右键，系统自动计算出加工轨迹，即屏幕上显示出的绿色线。

(10) 再单击鼠标右键，结束命令。

3. 代码生成

(1) 生成3B代码。

1) 点击“后置设置”，选择增量编程方式。

2) 点取“生成3B代码”功能项，输入文件名“zjg”，拾取加工轨迹，按鼠标右键，即生成张减辊样板的3B代码数控线切割加工程序。

(2) 生成G代码。选取“生成G代码”功能项，输入文件名“zjg”，拾取加工轨迹，按鼠标右键，即生成张减辊样板的G代码数控线切割加工程序。

三、汉字切割

运用CAXA线切割V2软件，用户可以方便的切割出所需的文字，包括中文、英文和一些常用的特殊符号。其中，软件提供了黑、楷、宋、仿宋4种字体，用户可以按需使用。以下以切割出一个凸形“中”字为例来说明利用CAXA线切割V2软件切割汉字的步骤，如图4—34所示。

1. 写汉字

(1) 选择“高级曲线-文字”，系统提示“指定标注文字区域的第一角点”，选择完点后，系统提示“指定标注文字区域的第二角点”，确定完文字区域后立刻弹出一个如图4—35所示的对话框。

图4—34 工件图

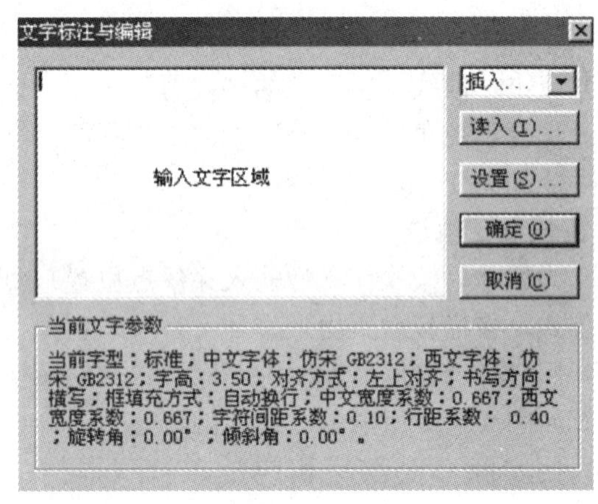

图4—35 文字标注与编辑对话框

(2) 点击“设置”按钮，会弹出一个设定文字格式的对话框，在对话框中可以确定文字的字体、字高、书写方式、倾斜角等，本例中设字体为“仿宋体”。

(3) 确定后，按CTRL键和SPACE（空格）键，可以激活系统汉字输入法（用CTRL＋SHIFT可以切换不同的输入法）。

（4）输入汉语拼音“zhong”，按所需汉字前的数字键可选中该字（若所需字不在当前的页面内，用户可用“+”或“-”进行翻页），按回车键，文字将写到文字输入区域。

（5）文字输入完成后，按 CTRL 键和 SPACE（空格）键退出中文输入状态，按“确定”关闭对话框。

2. 生成加工轨迹

（1）选择“切割轨迹生成-轨迹生成”，在弹出的对话框中按缺省值确定各项加工参数，并按“确定”键。

（2）依提示将“第一次偏移量”设为 0，则加工轨迹与字形轮廓完全重合。

（3）系统提示“拾取轮廓”。

（4）单击“中”字外轮廓最左侧的竖线，此时该轮廓线变为红色的虚线，同时在鼠标点击的位置上沿轮廓线出现一对双向的绿色箭头，系统提示“选择链搜索方向”（系统缺省是链拾取）。

（5）按照实际加工需要，选择一个方向后，在垂直轮廓线的方向上又会出现一对绿色箭头，系统提示“选择切割的侧边”。

（6）拾取指向轮廓外侧的箭头，系统提示“输入穿丝点位置”。

（7）在“中”字外选一点作为穿丝点，系统提示“输入退出点（回车则与穿丝孔重合）”。

（8）按右键或回车键确定，系统计算出外轮廓的加工轨迹。

（9）此时系统提示继续“拾取轮廓”并重新输入新的加工偏移量。

（10）拾取“中”字内部左侧的“口”形轮廓。

（11）系统又会顺序提示“选择链拾取方向”“选择切割的侧边”“输入穿丝点位置”和“输入退出点”，其中，应选择加工内侧边，穿丝点为内部的一点。

（12）然后，系统会再次顺序提示“选择链拾取方向”“选择切割的侧边”“输入穿丝点位置”和“输入退出点”，生成“中”字内部右侧的“口”形轮廓的加工轨迹，仍应选择加工内侧边，穿丝点为内部的一点。

（13）点鼠标右键或 ESC 键结束轨迹生成功能，选择“轨迹跳步”功能按提示将以上 3 段轨迹连接起来。

（14）选择“生成 3B 代码”生成该轨迹的加工代码，假设字高为 10，3 个穿丝点分别为（0，7），（2，5），（4，5），则可得到 3B 代码。

四、复杂零件切割

零件如图 4—36 所示，具体操作如下文所述。

1. 作图步骤

（1）选择“基本曲线-圆”，用“圆心-半径”方式作圆。

（2）输入“0，0”以确定圆心位置，再输入半径值“25”。

（3）在“基本曲线-直线”功能中选择“两点线”“单个”“正交”方式，输入“-30，0”作圆的水平中心线，同样作一铅垂中心线。

（4）再将直线功能切换为“平行线”，选择“偏移方式”“单向”，点取水平中心线，向上移动鼠标，可以看到一条随鼠标移动的水平直线，输入距离值为“21”。

（5）此时得到一条水平直线，我们称其为“*L*”。

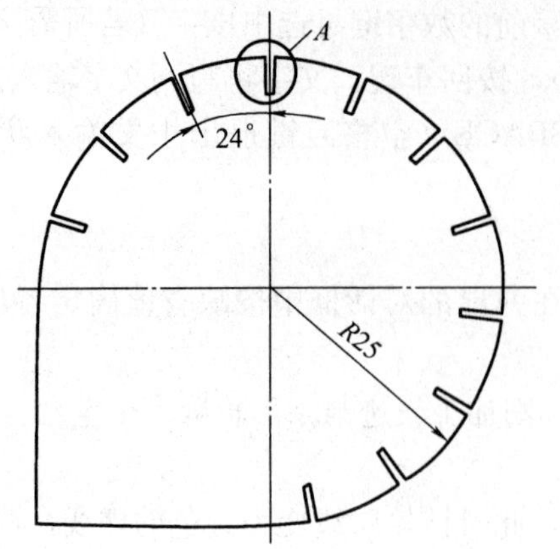

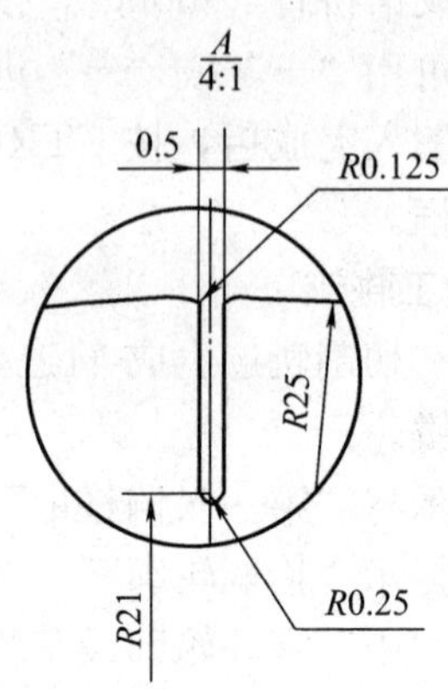

图 4—36　复杂零件图

（6）点取垂直中心线，向左移动鼠标，再输入新的距离值“0.25”。

（7）这样又得到一条铅垂直线，我们称其为“H”，并称 L 与 H 的交点为“P”。

（8）选择“曲线编辑-过渡”，选用“圆角”“裁剪”方式，输入半径值“0.25”。

（9）先在点 P 的右侧点取直线 L，再在点 P 的上侧点取直线 H，得到槽根部的圆弧过渡（如此拾取直线是为了控制圆弧过渡的方向）。

（10）再将过渡半径改为“0.125”，改用“圆角”“裁剪始边”方式。

（11）先在 $R25$ 圆的内侧部分点取直线 L，再在直线 L 的左侧部分点取 $R25$ 的圆弧，完成过渡。

（12）选择“曲线编辑-镜像”，用“选择轴线”“拷贝”方式，此时系统提示拾取元素。

（13）分别点取刚生成的 L、$R0.125$ 和 $R0.25$，按鼠标右键确定后，系统提示拾取轴线。

（14）点取竖直中心线便可得到一个完整的槽的图形。

（15）删除掉直线 H。

（16）再次选择平行线功能，输入距离值“25”，作水平中心线向下、竖直中心线向左的平行线。

（17）选择“曲线编辑-阵列”，选用“圆形阵列”“旋转”“均布”方式，因切槽间夹角为 24°，所以，输入“份数：15”，系统提示“拾取元素”。

（18）选中组成切槽的 6 段线，系统提示“输入中心点”。

（19）输入“0，0”，得到其他位置上的切槽图形。

（20）删除掉第三象限中不存在的切槽图形。

（21）删除两条中心线。

（22）选择“曲线编辑-裁剪”，选用“快速裁剪”方式，系统提示“拾取要裁剪的曲线”，注意选取被裁掉的线段。

（23）分别用鼠标左键点取例图中不存在线段，便可将其删除掉，完成图形。

2. 生成加工轨迹

（1）选择“轨迹生成”，在弹出的对话框中按缺省值确定各项加工参数，将“第一次偏移量”设为 0，则加工轨迹与图形轮廓完全重合，并按“确定”键。

（2）系统提示“拾取轮廓”。

（3）点取左端竖直线。

（4）选择向下的箭头，即为逆时针加工方向。

（5）选择加工内侧边。

（6）输入穿丝点和出丝点的位置“0，0”，系统自动计算加工轨迹。

3. 生成G代码

（1）选择“机床设置”，填写相应的机床指令。

（2）选择“后置设置”，填写相应的控制参数。

（3）选择“生成G代码”，选择适当的文件路径，并输入文件名，确定后，系统提示“拾取加工轨迹”。

（4）点取加工轨迹后，系统生成代码文件，并显示在一新窗口中。

（5）关闭该窗口，完成。

复　习　题

1. 简述CAXA线切割V2系统编程的工作步骤。

2. 运用CAXA线切割V2系统编写题图4—1所示各零件的线切割加工程序。

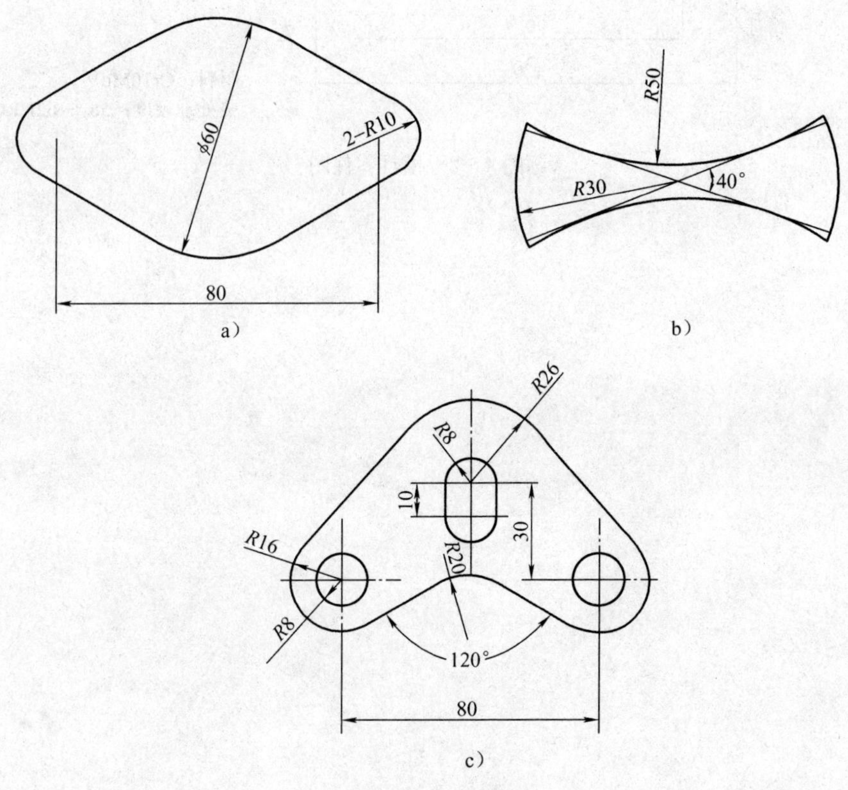

题图4—1　零件图

3. 运用 CAXA 线切割 V2 系统编写如题图 4—2 所示模具零件的加工程序。

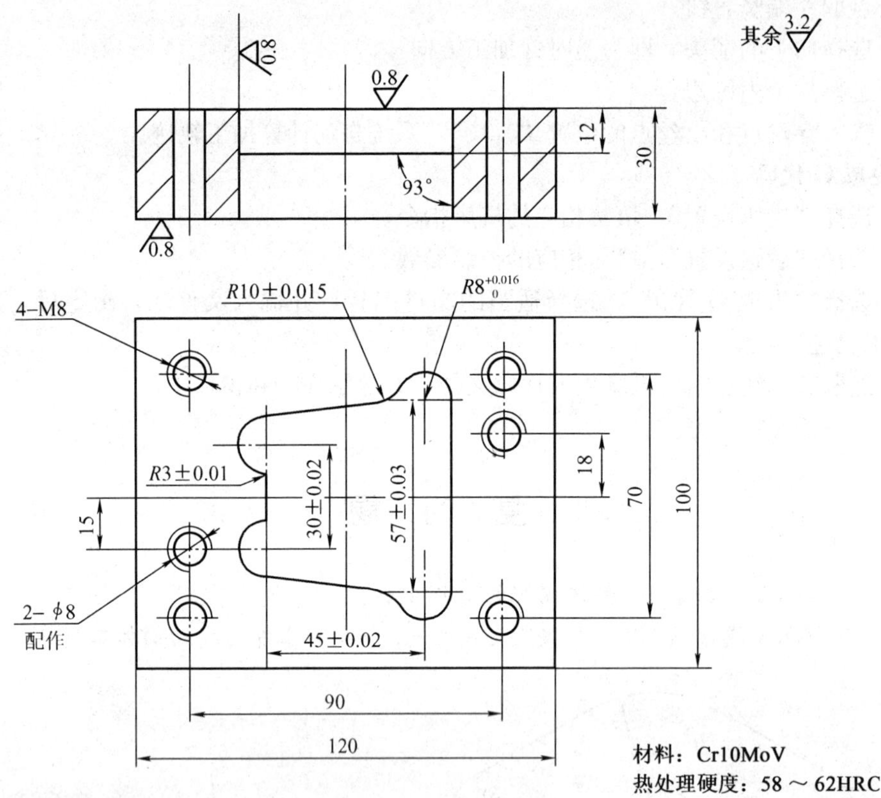

题图 4—2 模具零件图

第五章 数控冲床的编程及操作

§5—1 数控冲床概述

数控冲床属于压力加工机床，主要用于钣金加工，如冲孔、裁剪和拉伸。任何复杂形状的平面钣金零件都可在数控冲床上完成其所有孔和外形轮廓的冲裁等加工。数控冲床在实际中应用很广泛。

一、数控冲床的特点

现代数控冲床均采用液压式，它具有纯机械式冲床无法比拟的优点，被工业界公认为未来钣金柔性加工系统的方向。液压数控冲床具有以下特点：

1. 智能化冲头

液压冲床的冲头具有软冲功能（SOFT－CUT），即冲头速度可实现快进、缓冲，既能提高劳动生产率，又能改善冲压件质量。液压冲床加工时振动小、噪声低、模具寿命长。数控液压冲床的冲压行程长度的调节可由软件编程控制，从而可以完成步冲、百叶窗、打泡、攻螺纹等多种成型工序。液压系统中采用了安全阀和减压阀元件，一旦冲压发生超负荷时，能提供瞬间减压及停机保护，避免机床、模具损坏，而且复机简易、快速。

2. “恒冲力”加工

一般机械式冲床的压力是由小到大，到达顶点时只是一瞬间，无法在全冲程的任何位置都有足够的冲压力。而液压式冲床完全克服了机械式冲床的缺点，建立了液压冲床“恒冲力”的全新概念。

3. 冲裁精度高

4. 寿命长

二、数控冲床的结构

液压数控冲床的机身有桥形框架、O 形框架和 C 形框架等结构。液压数控冲床的冲模一般采用转塔式的安装方式，并具有特定的自动分度装置，每个自动分度模位中的模具均能自行转位，给冲剪加工工艺带来了极大的柔性。国内外有许多种液压数控冲床，下面以日本生产的 VIPRIS－357Q 型数控冲床为例，介绍数控冲床的结构。

VIPRIS－357Q 型数控冲床的结构如图 5—1 所示。

工件夹具固定在横向滑架上，夹紧板料，板料由纵向拖板（Y 轴）和横向滑板（X 轴）定位在冲头之下，可实现精确的定位冲压。冲床的模具安装在旋转的转塔上，转塔又称模具库，可同时容纳 58 套模具，根据模具的尺寸范围可将其分为 A～J 等多种不同规格的工位，以便于不同规格模具的安装。通过程序指令可指定任一工位为当前工位，转盘（T 轴）转动将其送至冲床滑块之下，同时转盘上还有两个由步进电动机单独控制、可自行任意旋转的分度工位（C 轴），在当前工位时可成任意角度进行冲裁。这样，通过程序对 X 轴、Y 轴、T

图 5—1　VIPRIS－357Q 型数控冲床的结构

1—控制面板“B”　2—模具平衡装置　3—手柄指示器　4—滑架　5—工件夹具
6—电源指示灯　7—NC 控制柜　8—电源箱　9—控制面板“A”　10—X 轴定位标尺
11—脚踏开关　12—工作台　13—工件夹持器　14—转塔

轴、C 轴的控制，机床可以实现直线冲压、横向冲压和扭转冲压。

VIPRIS－357Q 型液压数控冲床有以下安全装置，确保机床和操作者的安全。

1. 退模失效的检测

如果因为磨损或不恰当的间隙，使“凸模”退缩受阻滞时，退模失效灯（STRIPPING MISS）亮，机床操作停止。

除此以外，还有曲轴超转检测、未夹紧保护、低气压保护安全装置。

2. *X* 轴定位器的连锁

当 X 轴定位器升高时，X 轴定位器的信号灯亮；除非 X 轴定位器下降，否则机床不能启动。

3. 超程保护

如果工作台或输送台超出最大行程，在其两端的 X、Y 轴的上限位开关将起作用，机床将立即停止，且超行程轴将在 NC 控制面板上出现报警。

4. 超程检测装置

该机床的设计可使夹具避免进入上下转盘之间，其特点是使不能冲压的范围减至最小。检测器可以指示夹具的位置，如果夹具有被冲压的危险时，检测器可以使操作中断，超程灯亮。

5. 超负荷保护（DC 伺服电动机）

如果直流伺服系统发生故障（过负荷或其他不良作用），在 NC 控制面板上出现报警，机床立即停止。

6. 工具更换门连锁

当模具更换门打开的时候，“TOOL CHANGE DOOR”（工具更换门）灯亮，机床停止启动，必须将门关闭才可正常启动机床。

§5—2　数控冲床的编程

不同控制系统的数控冲床，其数控编程指令是不相同的。下面以“GE－FANUC”数控系统为例，介绍数控冲床的加工编程。

数控冲孔加工的编程是指将钣金零件展开成平面图，放入 X、Y 坐标系的第一象限，对平面图中的各孔系进行坐标计算的过程。在数控冲床上进行冲孔加工的过程是：零件图→编程→程序制作→输入 NC 控制柜→按启动按钮→加工。

在数控冲床上进行冲孔加工的工艺特点如下：

（1）冲压顺序应从右上角开始，在右上角结束；应从小圆开始，然后是大方孔、切角，翻边和引深等放在最后。

（2）冲压宽度不要小于板厚，并且应禁止用细长模具沿横向进行冲切。

（3）同样的模具不要选择两次。

（4）一般不要用和缺口同样尺寸的冲模来冲缺口。

（5）不要用长方形冲模按短边方向进行步冲，因为这样做冲模会因受力不平衡而滑向一边。

（6）实行步冲时，送进间距应大于冲模宽度的 1/2。

一、常用编程指令的用法

1. 模具号指定（T×××）

指定要用的模具在转盘上的模位号，若连续使用相同的模具，一次指令后，下面可以省略，直到不同的模具被指定。

例如：

G92　X1830.0　Y1270.0；	机床一次装夹最大加工范围为 1 830 mm×1 270 mm
G90　X500.0　Y300.0　T102；	调用 102 号模位上的冲模，在（500，300）位置冲孔
G91　X50.0；	在 X 方向再移动 50 mm，用同一冲模冲孔
G90　X700.0　Y450.0　T201；	在（700，450）位置，调用 201 号模位上的冲模冲孔

在最前面的冲压程序中，一定要写入模具号。

2. 圆周上等分孔的循环（G26）

指令格式为：

G26　I__　J__　K__　T×××；

圆周极坐标编程，以当前位置或 G72 指定的点为圆心，在半径为 I 的圆弧上，以与 X 轴成角度 J 的点为冲压起始点，冲制 K 个将圆周等分的孔。

I：其取值为圆弧半径，为正数。

J：其取值为冲压起始点的角度，逆时针方向为正，顺时针方向为负。

K：其取值为冲孔个数。

如图 5—2 所示，孔的冲压加工指令为：

G72　G90　X300.0　Y250.0；	G72 定义图形基准点（300，250）作为圆心
G26　I80.0　J45.0　K6　T203；	圆周极坐标编程，以基准点为圆心，采用 203 号冲模（直径为 10 mm 的圆形冲头）在半径为 80 mm 的圆周上，以与 X 轴成 45°角的点为冲压起始点，冲制 6 个将圆周等分的孔

如果要在图形基准点（300，250）冲孔时，则省去 G72，并将 T203 移至上面一条程序，该图形的终止点和起始点是一致的。

3. 夹爪自动移位（G27）

要扩大加工范围时，写入 G27 和 X 方向的移动量。移动量是指夹爪的初始位置和移动后位置的间距。例如，G27 X－500.0 执行后将使机床发生的动作为：

（1）材料固定器压住板材，夹爪松开。

（2）滑座以增量值移动－500 mm。

（3）夹爪闭合，材料固定器上升，释放板材。

材料固定器和滑座的位置关系如图 5—3 所示。

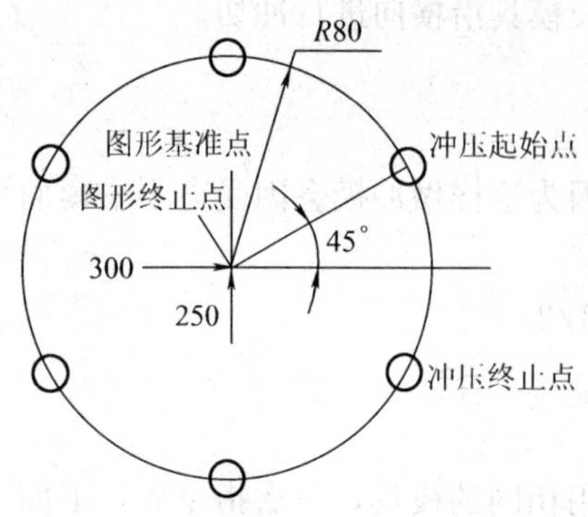

图 5—2 圆周上等分孔的循环

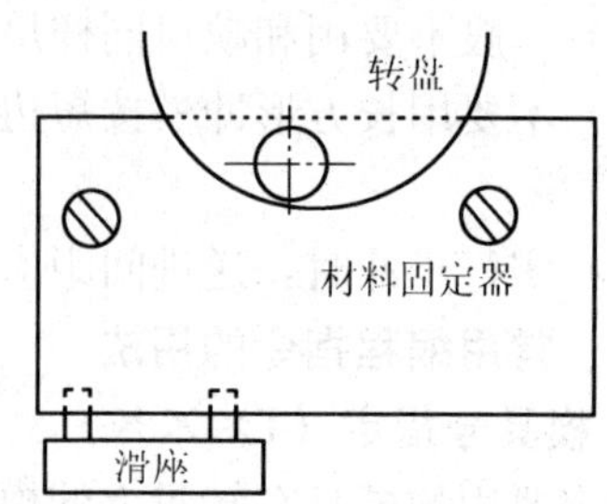

图 5—3 材料固定器和滑座的位置关系

4. 斜线孔路径循环（G28）

以当前位置或 G72 指定的点开始，沿着与 X 轴成 J 角的直线冲制 K 个间距为 I 的孔。指令格式为：

G28 I_ J_ K_ T×××；

I：其取值为间距，如果为负值，则冲压沿中心对称的方向（此中心为图形基准点）进行。

J：其取值为角度，逆时针方向为正，顺时针方向为负。

K：其取值为冲孔个数，图形的基准点不包括在内。

如图 5—4 所示，孔的冲压加工指令为：

G72 G90 X300.0 Y200.0； G72 定义图形基准点（300，200）

G28 I25.0 J30.0 K5 T203； 从基准点开始，采用 203 号冲模（直径为 10 mm 的圆形冲头）沿着与 X 轴成 30°角的直线冲制 5 个间距为25 mm的孔

如果要在图形基准点（300，200）上冲孔时，则省去 G72，并将 T203 移到上一条程序，即：

G90 X300.0 Y200.0 T203； 在当前位置（300，200）采用 203 号冲模冲孔

G28 I25.0 J30.0 K5； 从当前位置（300，200）开始，沿着与 X 轴成 30°角的直线再冲制 5 个间距为 25 mm 的孔，共 6 个孔

如果将 I25.0 改为 I－25.0，则冲孔沿 180°对称的反方向进行。

5. 圆弧上等距孔的循环（G29 ）

指令格式为：

G29 I_ J_ P_ K_ T×××；

以当前位置或 G72 指定的点为圆心，在半径为 I 的圆弧上，以与 X 轴成角度 J 的点为冲压起始点，冲制 K 个角度间距为 P 的孔。

I：其取值为圆弧半径，为正数。

J：其取值为冲压起始点的角度，逆时针方向为正，顺时针方向为负。

P：其取值为角度间距，为正值时按逆时针方向进行，为负值时按顺时针方向进行。

K：其取值为冲孔个数。

如图 5—5 所示，孔的冲压加工指令为：

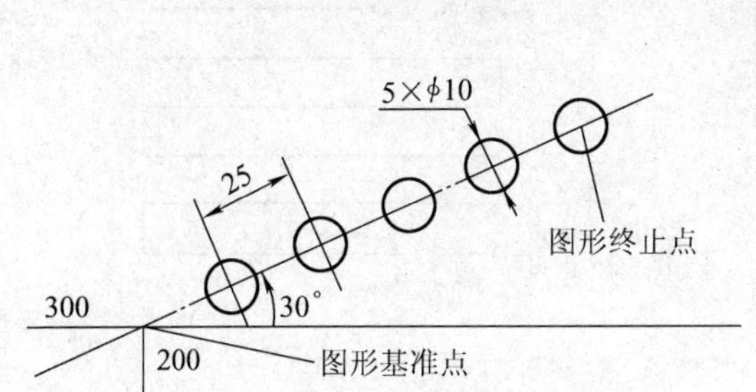

图 5—4　斜线孔路径循环

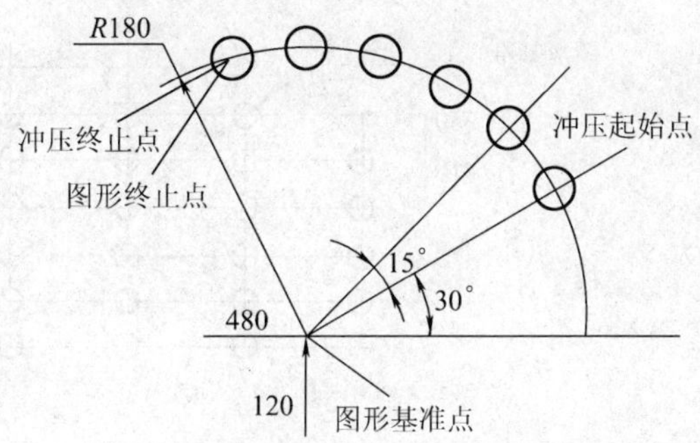

图 5—5　圆弧上等距孔的循环

G72　G90　X480.0　Y120.0　；G72 定义图形基准点（480，120）作为圆心

G29　I180.0　J30.0　P15.0　K6　T203　；圆弧极坐标编程，以基准点为圆心，采用 203 号冲模（直径为 10 mm 的圆形冲头）在半径为 180 mm 的圆弧上，以与 X 轴成 30°角的点为冲压起始点，冲制 6 个角度间距为 15°角的孔

如果要在图形基准点（480，120）冲孔时，则省去 G72，并将 T203 移至上面一条程序。

如果将 P15.0 改为 P－15.0，则从冲孔起始点出发，按顺时针方向进行冲孔。

6. 阵列坐标编程（G36、G37）

指令格式为：

G36　I＿　P＿　J＿　K＿　T×××；或 G37　I＿　P＿　J＿　K＿　T×××；

阵列坐标编程，以当前位置或 G72 指定的点为起点，冲制一批排列成格子状的孔。它们在 X 轴方向的间距为 I，个数为 P，它们在 Y 轴方向的间距为 J，个数为 K。

G36 沿 X 轴方向开始冲孔，如图 5—6b 所示；G37 沿 Y 轴方向开始冲孔，如图 5—6c 所示。

I：其取值为 X 方向的间距，为正时沿 X 轴正方向进行冲压，为负时则相反。

P：其取值为 X 轴方向上的冲孔个数，不包括基准点。

J：其取值为 Y 轴方向的间距，为正时沿 Y 轴正方向进行冲压，为负时则相反。

K：其取值为 Y 轴方向上的冲孔个数，不包括基准点。

如图 5—6b 所示，孔的加工指令为：

G72　G90　X350.0　Y410.0　；G72 定义图形基准点（350，410）

G36　I50.0　P3　J－20.0　K5　T203　；阵列坐标编程，沿 X 轴方向开始冲孔

如图 5—6c 所示，孔的加工指令为：

G72　G90　X350.0　Y410.0　　　　　　；

G37　I50.0　P3　J－20.0　K5　T203　；阵列坐标编程，沿 Y 轴方向开始冲孔

如果要在图形基准点（350，410）冲孔时，则省去 G72，并将 T203 移至上面一条程序，即：

G90　X350.0　Y410.0　T203　　　　　；在图形基准点（350，410）冲孔

G36　I50.0　P3　J－20.0　K5　　　　；阵列坐标编程，沿 X 轴方向开始冲孔

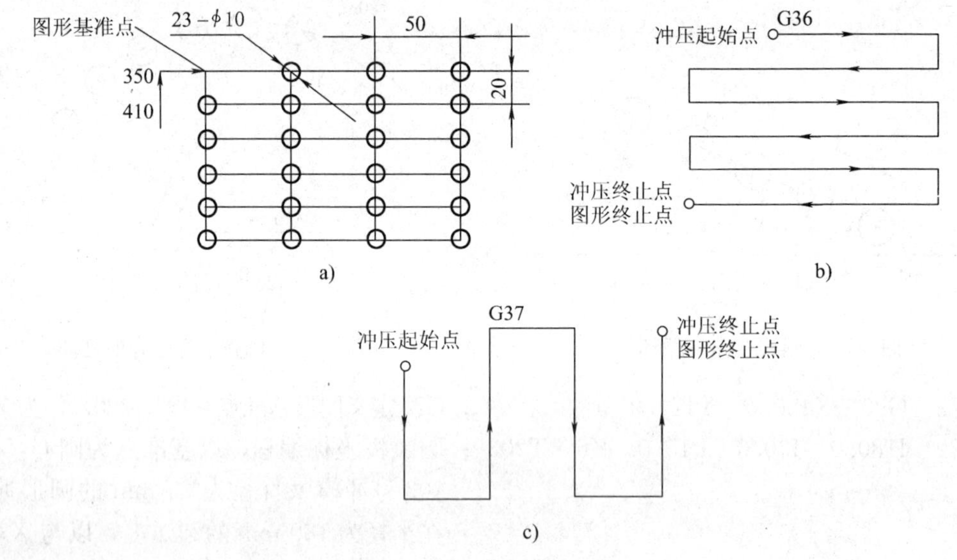

图 5—6　排列成格子状的孔

a）零件孔位　b）沿 X 方向冲孔　c）沿 Y 方向冲孔

7. 长方形槽的冲制（G66）

指令格式为：

G66　I__　J__　P__　Q__　T×××；

以当前位置或 G72 指定的点为起点，沿着与 X 轴成角度 J 的直线的左侧，采用 $P\times Q$ 的方形冲模在长度 I 上进行步进冲孔。

I：其取值为步冲长度。

J：其取值为角度，逆时针方向为正，顺时针方向为负。

P：其取值为冲模长度（直线方向的长度）。

Q：其取值为冲模宽度（与直线成 90°方向的宽度）。

P 和 Q 的符号必须相同。P 值与 Q 值相等时可省略 Q。

如图 5—7 所示，长方形槽的冲压加工指令为：

G72　G90　X350.0　Y210.0　　　　　　　；

G66　I120.0　J45.0　P30.0　Q20.0　T210　；以基准点（350，210）为起点，沿着与 X 轴成 45°的直线的左侧，采用 30 mm×20 mm 的方形冲模在长度为 120 mm 的范围内进行冲孔

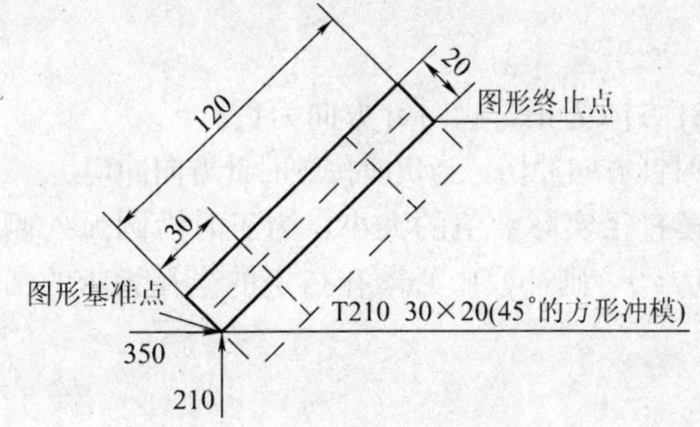

图 5—7 冲制任意方向长方形槽

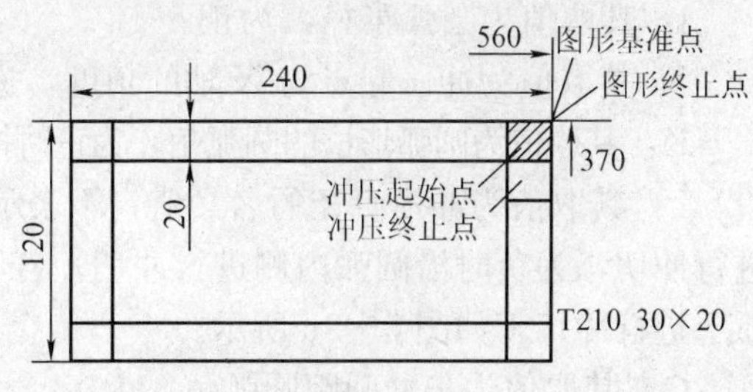

图 5—8 冲制大方槽

如果将 P30.0 Q20.0 改为 P—30.0 Q—20.0，则按图示虚线实施步冲。P 值和 Q 值用于确定冲模的中心位置和进给距离。步冲长度 I 值必须大于冲模宽度 P 值的 1.5 倍。

8. 大方槽的冲制（G67）

指令格式为：

G67 I＿ J＿ P＿ Q＿ T×××；

以当前位置或 G72 指定的点为起点，用 $P\times Q$ 的方形冲模步进冲切大型长方形孔。该长方形孔在平行于 X 轴方向上的长度为 I，在平行于 Y 轴方向上的长度为 J。

I：其取值为 X 轴方向的步冲长度，为正时冲压沿 X 轴正向进行，为负时冲压沿 X 轴负向进行。

J：其取值为 Y 轴方向的步冲长度，为正时冲压沿 Y 轴正向进行，为负时冲压沿 Y 轴负向进行。

P：其取值为 X 轴方向的冲模长度，为正。

Q：其取值为 Y 轴方向的冲模宽度，为正。

P 值与 Q 值相等时可省略 Q。最好不用长方形冲模，而用方形冲模。

如图 5—8 所示，大方槽的冲压加工指令为：

G72 G90 X560.0 Y370.0 ；

G67 I—240.0 J—120.0 P30.0 Q20.0 T210 ；以基准点（560，370）为起点，用 30 mm×20 mm的长方形冲模步进冲切大型长方形孔，该长方形孔在平行于 X 轴方向上的长度为 240 mm，在平行于 Y 轴方向上的长度为 120 mm，在 X 和 Y 轴方向上均向负方向冲孔

使用 G67 时，因为最终会产生废料，所以在程序的末尾要加入 M00 或 M01。图形基准点原则上取右上角。I 值和 J 值应分别大于 P 值和 Q 值的 3 倍以上。

9. 圆弧形槽的冲制（G68）

指令格式为：

G68 I＿ J＿ K＿ P＿ Q＿ T×××；

以当前位置或 G72 指定的点为中心，在以 I 为半径的圆弧上，从与 X 轴成角度 J 的点

开始，到角度 $J+K$ 为止，用直径为 P 的圆形冲模，角度间距为 Q 步进冲切圆弧形槽，槽的宽度等于冲模的直径。

I：其取值为圆弧半径，为正。

J：其取值为冲压起点与 X 轴的角度，逆时针方向为正，顺时针方向为负。

K：其取值为圆弧形槽的圆弧角，为正时按逆时针方向冲切，为负时按顺时针方向冲切。

P：其取值为冲模直径的名义值，不表示冲模直径实际数值的大小，为正时沿圆弧外侧进行冲切，为负时沿圆弧内侧进行冲切；若 P 值为 0，则冲模中心落在指定的半径为 I 的圆弧上进行冲切，如图 5—9b 所示。

Q：其取值为步冲间距圆弧角，为正。

用 G68 冲切大型圆孔时，中间会残留一块材料，这时为易于取出残留材料，J 值（最初冲压点与 X 轴所成的角度）取为 90°或 45°，并且在下一条程序前加入 M00 或 M01，以便取出残留材料。

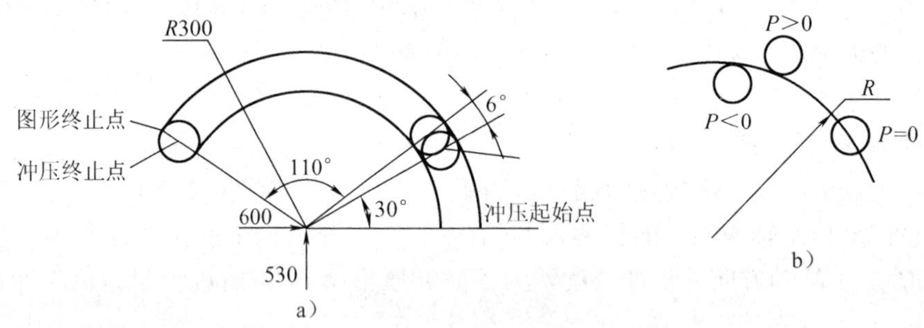

图 5—9　冲制圆弧形槽

如图 5—9 所示，圆弧形槽的冲压加工指令为：

G72　G90　X600.0　Y530.0　；

G68　I300.0　J30.0　K110.0　P−80.0　Q6.0　T237　；

以基准点（600，530）为中心，在半径为 300 mm 的圆弧上，从与 X 轴成 30°角的点开始，到角度 110°＋30°＝140°为止，用直径为 80 mm 的圆形冲模、步冲间距圆弧角为 6°、沿圆弧外侧步进冲切圆弧槽，步进冲切圆弧形槽所使用的圆形冲模的半径应远小于圆弧的半径

10. 长直圆槽的冲制（G69）

指令格式为：

G69　I__　J__　P__　Q__　T×××；

以当前位置或 G72 指定的点为起点，沿着与 X 轴成角度 J 的直线，在长度 I 上用直径为 P 的圆形冲模，并以间距为 Q 进行步进冲切，槽的宽度等于冲模直径。

I：其取值为在进行步进冲切的直线上，从冲压起始点到冲压终止点的长度。

J：其取值为在起始冲压点与 X 轴的角度，逆时针方向为正，顺时针方向为负。

P：其取值为冲模直径的名义值，不表示冲模直径实际数值的大小，为正时冲模落在沿直线前进方向的左侧，为负时冲模落在沿直线前进方向的右侧；若 P 值为 0，则冲压起始点与图形基准点一致。

Q：其取值为步冲间距，为正。

如图 5—10 所示，长直圆槽的冲压加工指令为：

G72　G90　X300.0　Y120.0　；

G69　I180.0　J30.0　P25.0　Q6.0　T316　；以基准点（300，120）为起始点，沿着与X轴成30°角的直线，在长度为180 mm的范围内用直径为25 mm的圆形冲模，以6 mm的间距进行步进冲切

11. 定位不冲压（G70）

在要求移动工件但不进行冲压的时候，可在X、Y坐标值前写入G70。

12. 零点偏置（G93）

指令格式为：

G93　X__　Y__；

其中，X__　Y__为偏置量，如图 5—11 所示。

G90　G93　X50.0　Y75.0　；将零点从O偏置到O′（50，75）

G90　G93　X250.0　Y125.0　；将零点从O偏置到O″（200，125）

G91　G93　X150.0　Y50.0　；增量零点偏置，将零点从O′偏置到O″（150，50），上面两条为绝对零点偏置

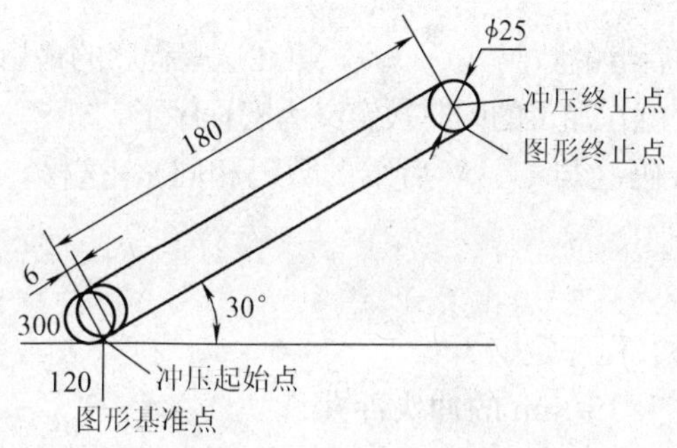

图 5—10　冲制长直圆槽

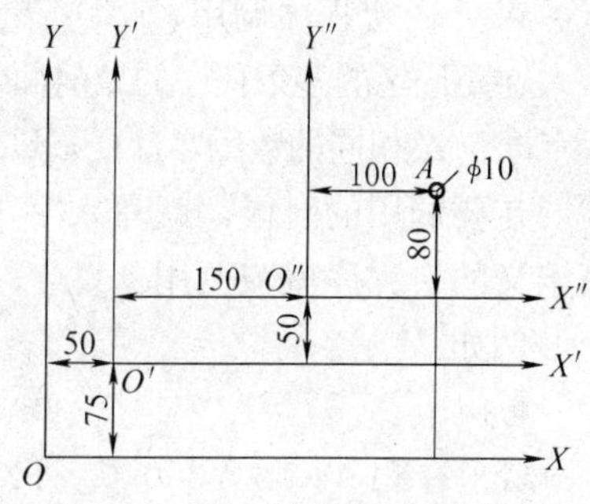

图 5—11　坐标系偏移

在图 5—11 所示中，要求在点A冲孔的几种编程方法如下：

①G90　X300.0　Y205.0　T203　；

②G90　G93　X50.0　Y75.0　；

　X250.0　Y130.0　T203　；

③G90　G93　X200.0　Y125.0　；

　X100.0　Y80.0　T203　；

由偏置零点回到原坐标系零点的方法为：G90　G93　X0　Y0。G93仅仅用于设定坐标系，既不定位也不冲压，G93的指令一般用于没有展开图零件的程序编制、多工件冲压或须留出夹持余量的场合。在G93出现的同一条指令中，不可以出现除G90、G91、X、Y以外的其他指令，如不可以用T、M等指令。例如，G90　G93　X50.0　Y100.0　T201就是错误的指令。

13. 图形记忆（A__）、图形调用（B__）

对于用G26、G28、G29、G36、G37、G66、G67、G68、G69指令冲切的现象，在相

同图形反复出现的时候，可以在图形指令前加 A 和一位后续编号，即可进行图形的记忆。必要时，使用 B 和一位后续数字编号（前面用 A 记忆时使用的编号），即可无数次地进行调用，注意编号只能取 1～5。

如图 5—12 所示，孔系的冲压加工指令为：

G72　G90　X350.0　Y250.0　；定义图形基准点

A1　G26　I150.0　J0　K6　T203　；图形记忆

G72　X850.0　；图形基准点偏移

B1　；图形调用编程

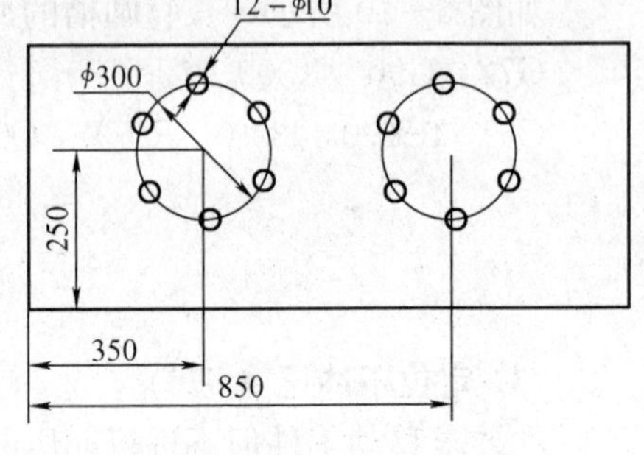

图 5—12　图形记忆与调用编程

A＿、B＿只能用于图形，不可以用于坐标值的记忆和调用。

A＿一定要在图形指令前写入，B＿一定要单独一行。

如果对于不同的图形使用同一个编号，则前面的相同编号所记忆的图形就被抹去。

14. 宏程序

指令格式为：

U＿　宏程序定义开始；

V＿　宏程序定义结束；

W＿　宏程序调用。

在要记忆的多条程序的最前面，写入字母 U 及后继的数码（1～99），再在这些程序的最后写入字母 V 及相同的数码，这样，U 和 V 之间的程序就在加工的同时被定义为宏程序了。

在要调用的时候，就写入字母 W 及后继的数码（与 U、V 后继的数码相同），这样，前面定义的宏程序就被调用。

例如：

U1　；第一号宏程序定义开始

G90　X100.0　Y350.0　T203　；用直径为 10 mm 的冲头冲孔

A1　G28　I120.0　J30.0　K9　；

X75.0　；

B1　；

G91　X200.0　Y－100.0　T306　；增量坐标编程，采用 20 mm×20 mm 的方形冲头冲孔

X－18.0　；

V1　；第 1 号宏程序定义结束

G90　G93　X500.0　Y0　；

W1　；调用第 1 号宏程序

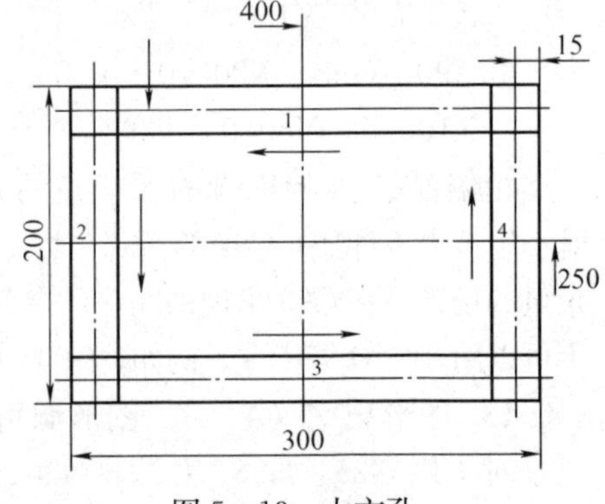

图 5—13　大方孔

二、起始冲压位置（X_0，Y_0）（绝对值）的计算

1. 大方孔

如图 5—13 所示，起始冲压位置为：

X_0＝大方孔右上端的 X 值$-\frac{1}{2}$（冲模在 X 轴方向的长度）

Y_0＝大方孔右上端的 Y 值$-\frac{1}{2}$（冲模在 Y 轴方向的长度）

2. 长方形槽孔

如图 5—14 所示，起始冲压位置为：

X_0＝长方形槽孔左下端的 X 值$+\frac{1}{2}$（冲模在 X 轴方向的长度）

Y_0＝长方形槽孔左下端的 Y 值$+\frac{1}{2}$（冲模在 Y 轴方向的长度）

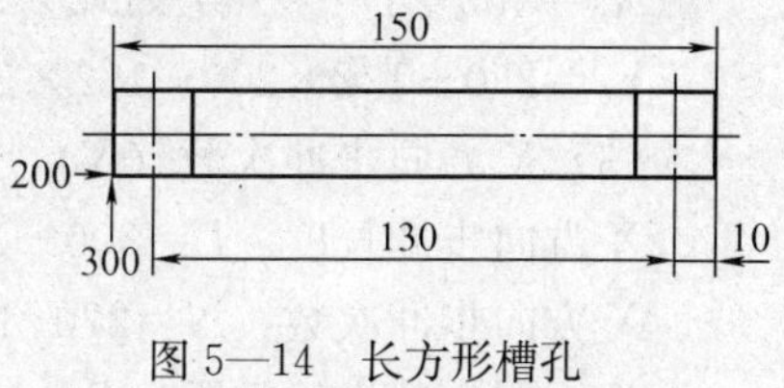

图 5—14　长方形槽孔

3. 四角带圆角的长方形孔

如图 5—15 所示，起始冲压位置为：

（1）方模起始位置。

X_0＝右上端的 X 值$-\frac{1}{2}$（冲压方模在 X 轴方向的长度）$-R$

Y_0＝右上端的 Y 值$-\frac{1}{2}$（冲压方模在 Y 轴方向的长度）$-R$

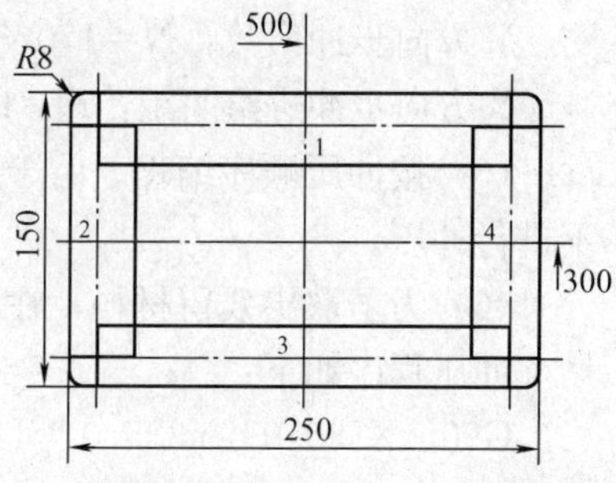

图 5—15　四角带圆角的长方形孔

其中，R 为冲压圆模的半径。

（2）圆模起始位置。

右上角（绝对值）：

X＝右上端的 X 值$-R$

Y＝右上端的 Y 值$-R$

其他角（增量值）：

X＝孔的长度$-2R$

Y＝孔的宽度$-2R$

三、数控冲压加工的其他数值计算

1. 步冲长度

$$步冲长度（L）＝全长－冲模宽度$$

2. 步冲次数

$$步冲次数（N）=\frac{步冲长度}{模具宽度}$$

若为小数，则采用收尾法处理。

3. 进给间距

$$进给间距（P）=\frac{步冲长度}{步冲次数}$$

四、冲孔实例

例 5—1　如图 5—13 所示，大方孔的步进冲孔加工。

（1）冲压顺序。以右上角为始点，逆时针方向冲孔再返回始点，如图 5—13 中 1→2→3→4 所示。

（2）起始冲压位置（X_0，Y_0）。

$X_0=400+1/2\times300-1/2\times30=535$ mm

$Y_0=250+1/2\times200-1/2\times30=335$ mm

（3）X 方向步冲次数（N）、进给间距（P）的计算。

X 方向步冲长度：$L=300-30=270$ mm

X 方向步冲次数：$N=270/30=9\rightarrow10$ 次

X 方向步冲进给间距：$P=270/10=27$ mm

（4）Y 方向步冲次数（N）、进给间距（P）的计算。

Y 方向步冲长度：$L=200-30=270$ mm

Y 方向步冲次数：$N=170/30$ 次$=5.6\rightarrow6$ 次

Y 方向步冲进给间距：$P=170/6=28.33$ mm

（5）按冲压顺序编程。由于最终冲压位置和最初冲压位置重合，所以在最终冲压位置上不进行冲压。

（6）为了取出残留材料，在程序的最后加入 M00，使程序停止。

冲压程序如下：

G90　X535.0　Y335.0　T210；	在起始位置（535，335）采用 210 号模位上的冲头冲孔
G91　X−27.0；	增量编程，在 X 方向步冲 10 次，要求 9 次执行 X−27.0程序段
……	程序采用省略形式，下同
Y−28.33；	在 Y 方向步冲 6 次
……	
X27.0；	在 X 方向步冲 10 次
……	
Y28.33；	在 Y 方向步冲 6 次
……	
M00；	程序停止

例 5—2　如图 5—14 所示，长方形槽孔的步进冲压加工。

（1）起始冲压位置（X_0，Y_0）（绝对值）的计算。设冲压模具为 20 mm×20 mm 的方模。

（2）$L=150-20=130$ mm。

（3）$N=130/20=6.5\rightarrow7$ 次。

（4）$P=130/7=18.57$ mm。

冲压程序如下：

G90　X210.0　Y310.0　T306	；在起始位置（210，310）采用 306 号模位上的冲头冲孔
G91　X18.75	；T306 冲模为 20 mm×20 mm 的方形冲头，增量编程，步冲 7 次

X18.75　　　　　　　　　　；在以后的程序中，采用省略形式

X18.75　　　　　　　　　　；

X18.75　　　　　　　　　　；

X18.75　　　　　　　　　　；

X18.75　　　　　　　　　　；

例 5—3　如图 5—15 所示，四角带圆角的长方形孔的步进冲孔加工。

（1）冲压顺序。先加工 4 个角的 $R8$ 部分，起始点和终止点取在右上角。图 5—14 所示的冲压顺序为：$R8$ 的 4 个角→1→2→3→4。

（2）4 个圆角的冲压位置计算。右上角的冲压位置，从相邻边的 X、Y 值分别向内移 R（绝对值）：

$X=500+1/2\times250-8=617$ mm

$Y=300+1/2\times150-8=367$ mm

其他角的冲压位置，边长$-2\times R$（增量值）：

$X=250-2\times8=234$ mm

$Y=150-2\times8=134$ mm

（3）方孔的起始冲压位置（X_0，Y_0）（绝对值），设冲压模具为 20 mm×20 mm 的方模：

$X_0=500+1/2\times250-8-1/2\times20=607$ mm

$Y_0=300+1/2\times150-1/2\times20=365$ mm

（4）X 方向步冲次数（N）、进给间距（P）的计算。

X 方向步冲长度：$L=250-2\times8-20=214$ mm

X 方向步冲次数：$N=214/20=10.7$→11 次

X 方向步冲进给间距：$P=214/11=10.45$ mm

（5）Y 方向步冲次数（N）、进给间距（P）的计算。

Y 方向步冲长度：$L=250-2\times8-20=214$ mm

Y 方向步冲次数：$N=114/20=5.7$→6 次

Y 方向步冲进给间距：$P=114/6=19$ mm

（6）为了取出残留材料，在程序的最后加入 M00，使程序停止。

冲压程序如下：

G90　X617.0　Y367.0　T105　；在右上角起始位置（617，367）采用 105 号模位上的直径为 16 mm 的圆形冲头冲孔

G91　X−234.0　　　　　　；增量编程，在左上角位置冲孔

Y−134.0　　　　　　　　　；增量编程，在左下角位置冲孔

X234.0　　　　　　　　　　；增量编程，在右下角位置冲孔

G90　X607.0　Y365.0　T306　；在方孔的起始位置（607，365）采用 306 号模位上的 20 mm×20 mm 的方形冲头冲孔

G91　X−19.45　　　　　　；增量编程，在 X 方向步冲 11 次，程序采用省略形式

⋮

X−8.0　Y−8.0　　　　　　；增量编程，换方向冲孔

Y−19.0　　　　　　　　　　；增量编程，在 X 方向步冲 6 次，程序采用省略形式

```
⋮
X8.0  Y-8.0                  ；增量编程，换方向冲孔
X19.45                       ；增量编程，在X方向步冲11次，程序采用省略形式
⋮
X8.0  Y8.0                   ；增量编程，换方向冲孔
Y19.0                        ；增量编程，在Y方向步冲6次，程序采用省略形式
⋮
M00                          ；程序停止
```

五、综合应用实例

例 5—4 加工工件各孔的位置分布如图 5—16 所示，图中所示的零件是未展开前的图样，对未展开图进行编程。

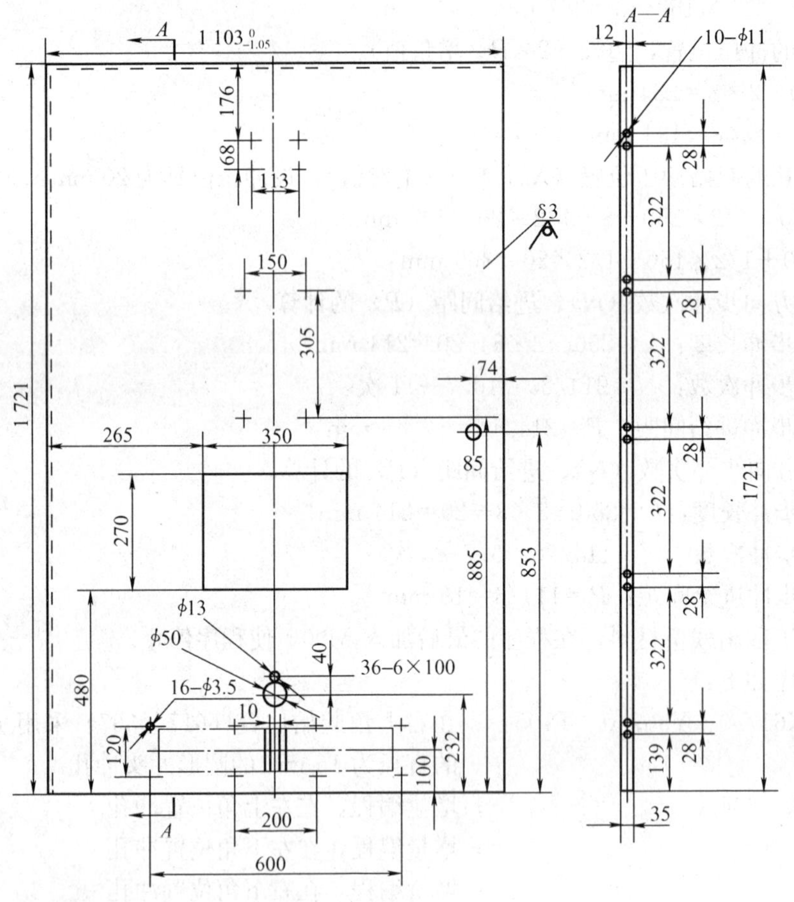

图 5—16 加工工件

(1) 计算工件的展开尺寸。如图 5—17 所示，钣金件折弯后的长度 L 为：$L=A+B-1\_fold\_90$，基本表达式对每一个 90°折弯减去一个修正量 1 _ fold _ 90。

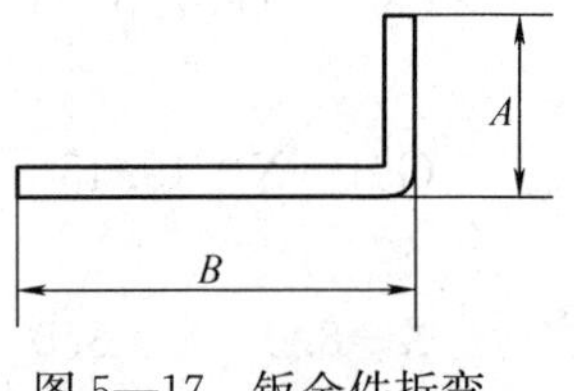

图 5—17 钣金件折弯

对非 90°折弯要根据具体折弯角度去计算修正量。

一般按钣金件展开手册上的相应计算公式或企业内部根据所使用弯边机常用的计算公式处理。大部分机床钣金件的修正量为：1 mm 板厚，修正量为 1.7 mm；2 mm 板厚，修正量为 3.5 mm；3 mm 板厚，修正量为 5.4 mm。所以图 5—17 所示工件的展开尺寸为：

X=1 721＋35×2－5.4×2＝1 780.2 mm

Y=1 103＋35×2－5.4×2＝1 162.2 mm

(2) 计算工件夹具的位置。距工件夹具的位置左右 100 mm、夹具正前 50 mm 内不能冲孔，否则夹具会受到冲击或损坏，图 5—17 所示加工工件最佳的夹具位置应为：

X1＝35－5.4＋139＋28＋322/2＝357.6 mm

X2＝35－5.4＋139＋(28＋322)×2＋28＋322/2＝1 057.6 mm

(3) 冲压顺序最好从右上角开始，并在右上角结束；从小圆开始，然后是大方孔和切角，翻边和引深等放在最后。

(4) 采用上述方法对工件进行编程，程序如下：

```
%                                      程序开始
G92  X1830.  Y1270.                    ；机床一次装夹最大加工范围为：1 830 mm×1 270 mm
G90  G93  X29.6  Y0                    ；原点偏移
G90  X139.  Y1140.2  T310              ；加工工件右侧 φ11 mm 的圆孔
G91  X-28.                             ；
X-322.                                 ；
X-28.                                  ；
X-322.                                 ；
X-28.                                  ；
X-322.                                 ；
X-28.                                  ；
G90  G93  X0  Y0                       ；
G90  G93  X29.6  Y29.6                 ；
G90  X853.  Y74.  T116                 ；加工左侧标记号为“85”，中间孔径为 φ26 mm 圆周上的螺栓孔，孔径为 φ6 mm
G26  I13.5  J0  K4  T237               ；
G90  X885.  Y476.5  T148               ；加工排列成格子状直径为 φ3.5 mm 的孔
G37  I305.  J150.  P1  K1              ；
G90  X40.  Y251.5                      ；
G36  I120.  J200.  P1  K3              ；
G90  X272.  Y551.5  T331               ；
G72  G90  X232.  Y551.5                ；用 φ25 mm 的冲头加工 φ50 mm 的大圆孔
G68  I25.  J0  K360.  P-25.  Q4  T102  ；
G90  X505.  Y513.  T243                ；用 50 mm×50 mm 的方模冲 270 mm×250 mm 的大方孔
```

```
G37  I44.   J50.   P5   K6              ;
G90  G93  X0  Y0                        ;
G90  X7.6  Y4.6  T243                   ;
Y1157.6                                 ;
G90  G93  X0  Y0                        ;
G90  G93  X29.6  Y29.6                  ;
G70  G90  X900.  Y600.                  ;
G27  X510.                              ; 夹具移位 510 mm，扩大 X 方向的加工范围
G90  X1477.  Y495.  T148                ;
G37  I68.  J113.  P1  K1                ;
G90  G93  X0  Y0                        ;
G90  X1772.6  Y4.6  T243                ;
Y1157.6                                 ;
G90  G93  X29.6  Y0                     ;
G90  X1539.  Y1140.2  T310              ;
G91  X28.                               ;
M00                                     ;
%
/1780.6×1162.6×3/300.×1000.             板材的尺寸和夹爪的位置
```

§5—3　数控冲床的操作

下面以 VIPRIS－357Q 型数控冲床为例，介绍数控冲床的操作。

一、电源的接通与切断

1. 电源的接通

(1) 确认 NC 控制柜的前、后门及纸带阅读机门处于正常的关闭状态。

(2) 接通连接 NC 控制柜的电源。

(3) 按 NC 控制柜操作面板上的 POWER ON 按钮（约 1～2 s）。

(4) 电源接通数秒后，NC 控制柜的 CRT 应有图像显示。图 5—18 所示为 NC 控制柜的操作面板。

(5) 确认 NC 控制柜电气箱冷却风扇电动机旋转。

2. 电源的切断

(1) 确认控制面板“A”上的循环启动按钮指示灯熄灭。

(2) 确认机床移动部件停止运动。

(3) 确认纸带阅读机开关被设定在释放位置。

(4) 按 NC 控制柜操作面板上的 POWER OFF 按钮（约 1～2 s)。

(5) 切断机床电源。

二、加工前的准备工作（见图 5—18）

(1) 接通电源，按 NC 控制柜操作板面上的 POWER ON 按钮（1)，一个显示将在

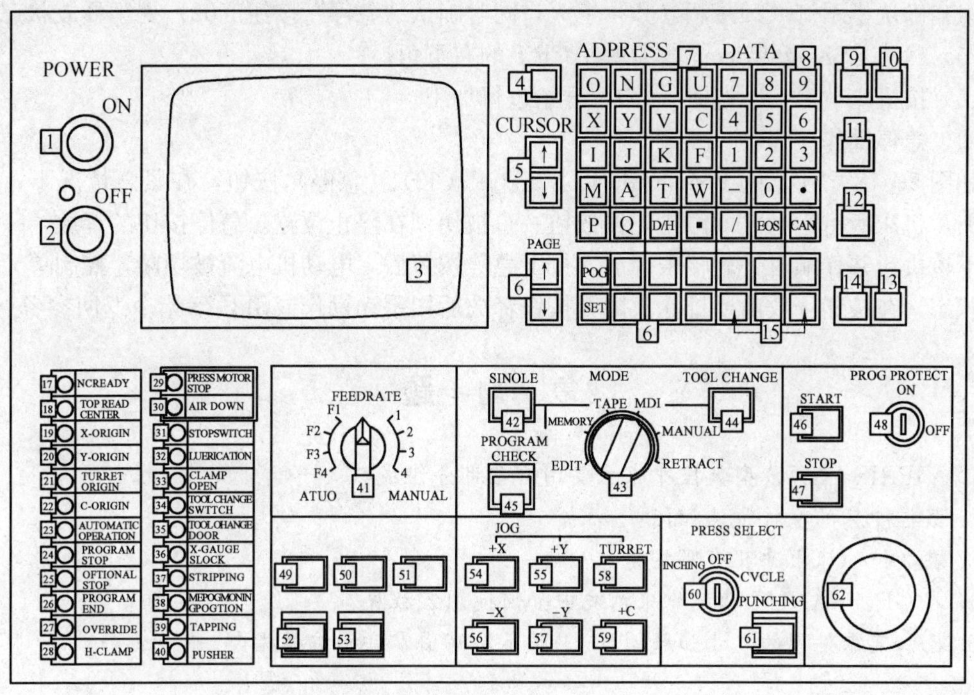

图 5—18 NC 控制柜的操作面板

CRT 上出现几秒钟，压力电动机启动，灯 NC READY（17）及 TOP READ CENTER（18）亮，灯（29）至（39）熄灭。

（2）LSK 及 ABS 符号将出现在 CRT 的右下角，将方式选择开关（43）旋转至手动方式（MDI）。

（3）按 JOG 点动按钮－X（56）及－Y（57）移动两轴向负方向运动，至少和其原点距离 200 mm。

（4）将方式选择开关（43）旋转至返回方式（RETRACT），按 JOG 点动按钮＋X（54）及＋Y（55）直至 X、Y 原点灯（19）及（20）亮，指明它处于原点位置。

（5）按转盘（TURRET）按钮（60），直至转盘停止在它的原点，转盘原点灯（21）亮。

（6）当机床配有自动分度装置时，按＋C 按钮（59）直至 C 轴停止在它的原点 C，原点灯（22）亮。此时机床为自动操作做好了准备。

三、数控冲床加工操作顺序

先准备好加工工件的毛坯和加工程序，然后按以下步骤进行操作：

（1）确认以下灯是亮的：X 原点灯（19）、Y 原点灯（20）、转盘原点灯（21）、C 原点灯（22）。

（2）选择机床自动操作模式：纸带（TYPE）、内存（MEMORY）、手动（MDI）、RS232 输入模式，旋转模式开关（43）至相应的工作方式，将要加工的程序输入数控系统中。

（3）踩下脚踏开关的压板，使工件夹具打开，“夹具打开”灯（33）亮，将加工工件放在工作台上，升起 X 轴定位标尺，X 轴定位标尺灯亮，将工件靠紧两个工件夹具和 X 轴定位标尺边，再踩下脚踏开关的压板，使工件夹具闭合，“夹具打开”灯熄灭，降下 X 轴定位标尺，X 轴定位标尺灯熄灭。

(4) 确认指示灯（29）至（39）熄灭，同时确认“急停”按钮（62）处于释放状态。

(5) 确认 LSK 及 ABS 符号出现在 CRT 的右下角。

(6) 按机床“启动”按钮（46），开始进行加工。

四、急停操作

如图 5—18 中所示的 EMERGENCY STOP（62）（急停）按钮，在紧急情况下，按下此按钮，机床所有运动立即停止，该按钮一直被闭锁在停止位置。急停按钮的释放，一般通过按下该按钮并作顺时针旋转来释放。按下急停按钮后，电动机电流被切断，控制单元处于复位状态，在按钮释放前要排除故障，按钮释放后用手动操作或用 G28 指令返回参考点。

复 习 题

1. VIPRIS—357Q 型数控冲床主要由哪些部分组成？
2. 数控冲床的操作步骤如何？
3. 在数控冲床上冲孔有哪些特点？
4. 在 GE—FANUC 数控冲床系统中如何使用宏程序？
5. 已知某零件图的尺寸如题图 5—1 所示，写出零件的编程指令。

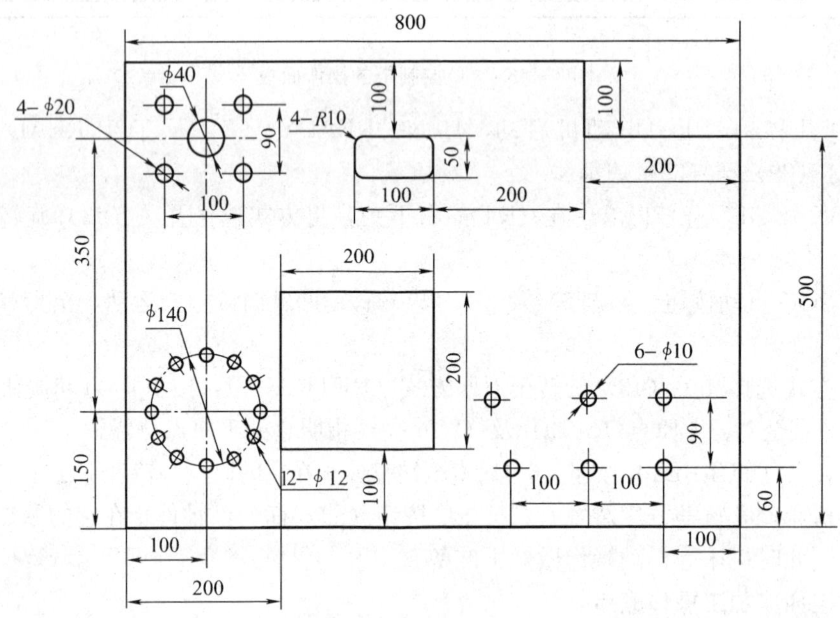

题图 5—1　零件图

参 考 文 献

1 黄康美主编. 数控加工实训教程. 北京：电子工业出版社，2004

2 刘雄伟主编. 数控机床操作与编程培训教程. 北京：机械工业出版社，2001

3 李忠文主编. 电火花机和线切割机编程与机电控制. 北京：化学工业出版社，2004

4 罗学科，李跃中主编 . 数控电加工机床. 北京：化学工业出版社，2003

5 唐健编. 数控加工及程序编制基础. 北京：机械工业出版社，2000

6 武友德，陈洪涛主编 . 模具数控加工. 北京：机械工业出版社，2002

7 何友义主编. CAD/CAM 技术与应用. 北京：机械工业出版社，2002

8 张学仁主编. 数控电火花线切割加工技术. 哈尔滨工业大学出版社，2001

9 眭润舟主编. 数控编程与加工技术. 北京：机械工业出版社，2001

10 韩鸿鸾，荣维芝主编. 数控机床加工程序的编制. 北京：机械工业出版社，2003

11 北京北航海尔软件有限公司. CAXA 线切割 V2 用户手册.

12 杭州无线电专用设备一厂. DK7740 型电火花线切割机使用说明书.

13 杭州天工数控设备有限公司. WBKX－6 智能数控系统用户手册.

14 法那科公司. CE－FANUC 数控冲床系统编程用户手册.

15 汉川机床厂. HCKX250A 型电火花线切割机使用说明书.